PROGRAMME 2019

WANDERLUST

Kooperativ ans Ziel — ALLEMAND

2de A2 → B1

Laetitia BALLY
Professeure agrégée, Collège Edouard Manet
Villeneuve la Garenne (92)

Sibylle CAMHAJI
Professeure agrégée, Lycée Louis Armand
Eaubonne (95)

Charlotte COURTOIS
Professeure agrégée, Lycée Jacques Monod
Clamart (92)

Rémy DANQUIN
Professeur agrégé, Lycée Descartes
Antony (92)

Volker KLOSTIUS
Professeur agrégé, Lycée Jean Jaurès
Argenteuil (95)

Dorian KRÖGER
Professeur agrégé, Lycée François Couperin
Fontainebleau (77)

Fabienne LE DUC
Professeure agrégée, Collège-Lycée La Salle St Rosaire
Sarcelles (95)

bordas
éditeur

Les auteurs tiennent à remercier Esteban et Ayrton Abinal-Bally, Laurent et Iris Bally, Andrea Bonanno, Claude et Jean-Luc Courtois, Helga et Peter Hackenberg, Gabriele et Walter Klostius, Xavier Pain et Jean Spiri.

L'éditeur tient à remercier chaleureusement les enseignants consultés lors d'études réalisées en cours de conception de *Wanderlust*. Leurs contributions ont permis d'enrichir le concept pour une meilleure adéquation aux besoins et usages des professeurs et des élèves de lycée. Nous remercions tout particulièrement : Fawzy Benachera (Paris – 75), Sylvelie Diegner (Morangis – 91), Gian Lamari (Rozay-en-Brie – 77), Bénédicte Sebag (Paris – 75) et Fabrice Tristant (Montreuil – 93).
L'éditeur tient aussi à remercier Anne-Danielle Naname et son équipe (Adeline Calame et Tin Cuadra), Sophie Suberbère pour leur patience, leur disponibilité, leur créativité et leur bonne humeur ainsi que Céline Gary et ses élèves du lycée Edgar Quinet (Paris).

CECR

En **LVA**, les élèves de **Seconde** confortent leur niveau **B1** du Cadre européen commun de référence pour les langues vivantes (**CECR**, 2001) pour atteindre le niveau **B2** à la fin de la **Terminale**.

En **LVB**, les élèves de **Seconde** consolident et complètent leur niveau **A2** pour atteindre le niveau **B1** à la fin de la **Terminale**.

Un **volume complémentaire du CECR avec de nouveaux descripteurs** a été publié en 2018.

Des **grilles pour l'auto-évaluation, incluant l'interaction à l'écrit et la médiation**, sont disponibles pp. 177-182 de ce volume, consultable et téléchargeable à l'adresse suivante :
https://rm.coe.int/cecr-volume-complementaire-avec-de-nouveaux-descripteurs/16807875d5

Vous trouverez les pdf des **grilles des niveaux A1 à B2,** ainsi que des **nouveaux programmes de Seconde,** parus au BOS n°1 du 22/1/2019, **sur le site** lycee.editions-bordas.fr.

Réception	Interaction	Production	Médiation
Écouter	Interaction orale	Production orale	Médiation de textes
Lire	Interaction écrite et en ligne	Production écrite	Médiation de concepts
			Médiation de la communication

Édition : Élisabeth Neyroud, Cécilia Pinaud-Jacquemier, assistées d'Aïda Djoupa
Direction éditoriale : Véronique Gilles de la Londe
Direction artistique : Pierre Taillemite
Conception graphique et réalisation, intérieur et couverture : Anne-Danielle Naname, Adeline Calame
Droits étrangers : Aurore Kauffmann
Iconographie : Sophie Suberbère
Illustrations : Nicolas Trève
Lecture-correction : Christian Stonner
Cartographie : Nicolas Poussin/Edicarto
Photogravure : Anne-Danielle Naname, Tin Cuadra
Fabrication : Françoise Leroy
Réalisation sonore : Studio Quali'sons/Jean-Paul Palmyre – Direction d'acteurs : Catherine Creux

ISBN 978-2-04-733638-0

Liebe Schülerinnen und Schüler

Avec WANDERLUST, vous allez cette année, comme le titre du manuel vous y invite, explorer avec joie et entrain les différentes facettes de l'art de vivre ensemble et découvrir toute la richesse et la diversité de la culture des pays de langue allemande.

À partir de documents accessibles et proches de vos centres d'intérêt, vous allez développer avec l'aide de votre professeur vos compétences en allemand en réalisant des activités de difficulté progressive qui vous impliquent TOUS en classe et vous engagent collectivement grâce au travail collaboratif.
Pour optimiser votre participation active au cours d'allemand, construire votre propos à l'oral comme à l'écrit et comprendre ce que vous lisez et entendez, vous devez aussi enrichir votre connaissance de la langue. C'est pourquoi nous avons conçu des pages ***Training*** qui vous entraîneront à manipuler les différentes structures grammaticales et le lexique. Elles sont une aide à leur mémorisation et à leur réinvestissement en contexte. Ces pages peuvent également être utilisées en autonomie, en dehors de la classe.
Dans la perspective des épreuves de la certification en Seconde et des épreuves communes en cours d'année comptant pour le baccalauréat en classes de Première et de Terminale, vous pouvez vérifier votre niveau de maîtrise dans les cinq activités langagières avec les pages ***Fit für die Zertifikation***. Des conseils méthodologiques vous proposent des stratégies pour les différentes situations de communication écrite et orale (par exemple comment raconter, résumer, expliquer, commenter, justifier un point de vue, argumenter, débattre…).
Pour vous entraîner à votre rythme et approfondir certains aspects, vous pouvez télécharger les fichiers audio au format ***MP3*** sur le site lycee.editions-bordas.fr

Avec WANDERLUST, vous allez gagner en assurance pour vous exprimer en allemand, vous engager activement en cours, vous impliquer dans les activités proposées et développer vos compétences culturelles et langagières. Cela sera un véritable atout non seulement pour votre cursus de lycéen/lycéenne, mais aussi pour votre futur parcours d'étudiant/e et votre avenir professionnel.
Wir wünschen Ihnen viel Spaß und viel Erfolg mit WANDERLUST !

Das Autorenteam

Sommaire des pages de début

Vidéo | MP3 élève | CD classe

AU FIL DES PAGES

Pour découvrir les différentes facettes des pays germanophones

2 doubles-pages de leçon par séquence

- Rappel de l'axe
- Didactisation progressive des documents
- Tâches à réaliser dans le cadre d'un travail collaboratif favorisant l'engagement actif de tous les élèves dans les apprentissages
- Mise en activité à partir d'une question fédérant les contenus de la double-page

Pour améliorer votre capacité de compréhension et votre expression à l'oral et à l'écrit

LERNTEMPODUETT
Réviser à son rythme

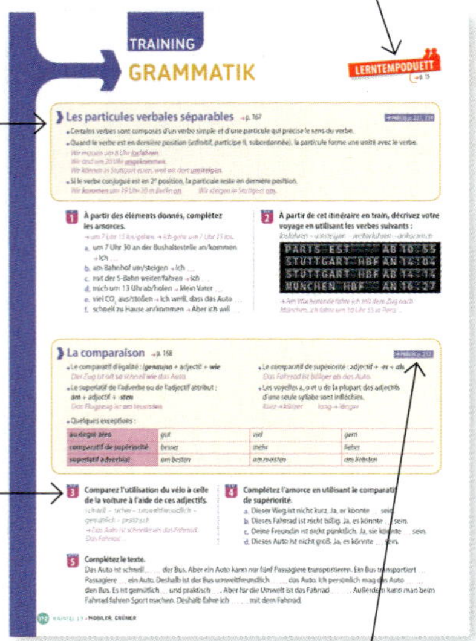

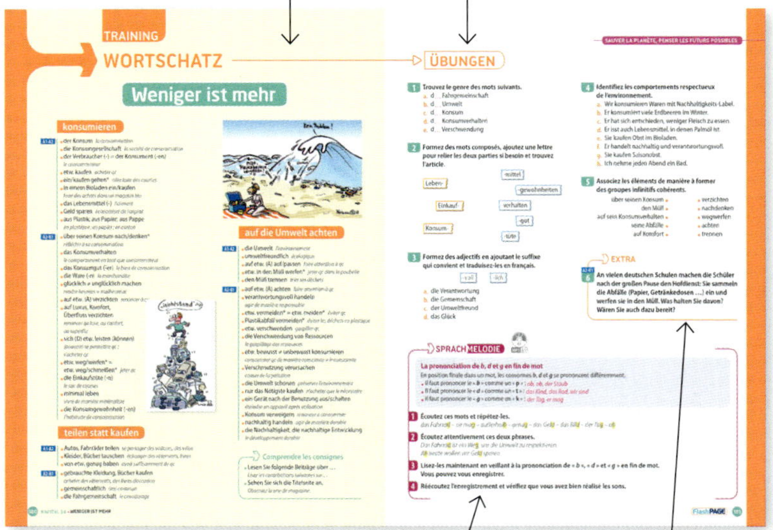

- Rappel des règles de grammaire
- Exercices de difficulté graduée
- Renvoi vers le Précis grammatical
- Synthèse et approfondissement du lexique de l'unité
- Activités de manipulation de difficulté progressive pour favoriser la mémorisation
- Phonétique et phonologie
- Activité de communication

ACTIVITÉS LANGAGIÈRES (AL)

Écouter | Lire | Production orale | Interaction orale | Production écrite | Interaction écrite | Médiation

Pour réinvestir vos acquis : approche par projet

Projet de fin de séquence vous permettant de réinvestir en autonomie les compétences et connaissances travaillées dans le chapitre

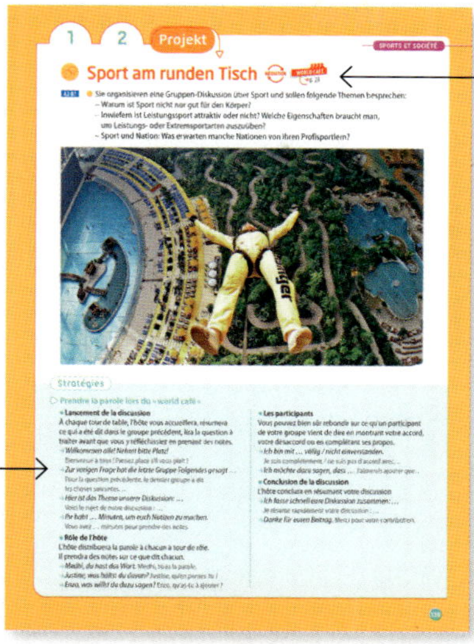

WORLD CAFÉ – Travail collaboratif

Des conseils méthodologiques pour favoriser l'autonomie

BAC 2021

Les langues vivantes font partie du tronc commun et à ce titre font l'objet de

Trois épreuves communes du contrôle continu

ÉPREUVE 1
- 2e trimestre de Première

3 écoutes d'un document ou 3 visionnages d'une vidéo
Restitution en français

ÉPREUVE 2
- 3e trimestre de Première

1 ou 2 textes (éventuellement complétés par un document iconographique)
Compte rendu libre ou guidé de la compréhension dans la langue cible

ÉPREUVE 3
- 2e trimestre de Terminale

(toutes les épreuves)
2 sujets au choix

Expression et interaction orales à partir de documents illustrant un axe

Pour vous entraîner déjà aux épreuves du Baccalauréat

Une autoévaluation de vos acquis dans toutes les AL avec les pages « *Fit für die Zertifikation* »

ENTRAÎNEMENT AUX ÉPREUVES COMMUNES EN COURS D'ANNÉE

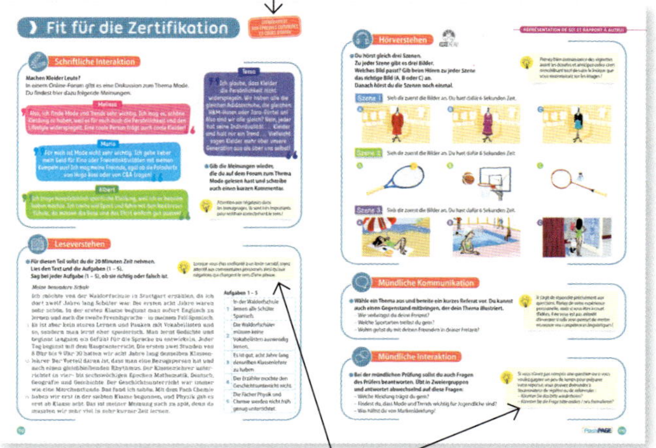

Des conseils méthodologiques pour favoriser l'autonomie

- **Une lecture plaisir : *Geteilte Stadt* (BD)** p. 208
- **Précis grammatical** p. 224

DES ACTIVITÉS INTERACTIVES AUTOCORRECTIVES ACCESSIBLES VIA LE MANUEL NUMÉRIQUE

SOMMAIRE

Compréhension de l'oral · Expression orale en continu · Expression orale en interaction · Compréhension de l'écrit

Expression écrite · Expression écrite en interaction · MÉDIATION Médiation

SOMMAIRE

Compréhension de l'oral · Expression orale en continu · Expression orale en interaction · Compréhension de l'écrit

Expression écrite — Expression écrite en interaction — MÉDIATION Médiation

Votre Manuel augmenté !

Avec FlashPAGE, vous avez un accès facile et rapide aux ressources numériques de votre manuel papier.

1

Téléchargez l'application bordas Flash PAGE sur votre smartphone ou tablette.

Disponible sur Google play — Disponible dans l'App Store — L'application est gratuite.

2

Scannez les pages comportant le picto FlashPAGE.

Le picto se trouve à côté du numéro de la page.
Positionnez votre appareil au-dessus de la page et flashez la page entière en appuyant sur le bouton . L'appli reconnaîtra la page.

3

Découvrez les ressources numériques du manuel : audios élève, pdf, tutoriels vidéo pour l'oral.

Une fois flashées, ces ressources restent en mémoire.

→ L'usage du smartphone ou de la tablette n'est pas possible ?
Pas de souci, la plupart des ressources du manuel sont accessibles depuis le site lycee.editions-bordas.fr.

Ressources élève

	FlashPAGE	Manuel numérique	Site
Audios élève (voir liste p. 11)	✓	✓	✓
Tutoriels vidéo pour l'oral (vidéos et pdf) (voir liste p. 13)	✓	✓	✓
Annuaire de liens		✓	✓
Banque d'exercices interactifs autocorrectifs (grammaire)		✓	

Site ressources élève lycee.editions-bordas.fr

MP3 33

LISTE MP3 ÉLÈVE

Fichiers sons sur le site
lycee.editions-bordas.fr

LISTE VIDÉOS

Liens vidéos sur le site et le manuel numérique enseignant

Les stratégies

Stratégies de réception

Volume complémentaire au CECR (2018)

- Formulation d'hypothèses
- Repérage d'indices
- Identification, inférences
- Interprétation
- Mobilisation du répertoire

Stratégies de production

Volume complémentaire au CECR (2018)

- Répétition, paraphrase
- Adaptation du message
- Explicitation, illustration
- Correction, autocorrection
- Appui sur des connaissances culturelles et interculturelles propres

▷ Stratégies d'interaction

CECR Volume complémentaire au CECR (2018)

Construction commune de sens :
– Reprise, relance
– Coopération verbale et non verbale
– Explicitation, illustration
– Négociation

LERNSTRATEGIEN

Tuto : Tutoriels vidéo pour l'oral

VALABLES POUR TOUTES LES MATIÈRES

Disponibles avec FlashPAGE, sur lycee.editions-bordas.fr et dans le manuel numérique

- **Tuto** : Prendre la parole en public
- **Tuto** : Se présenter
- **Tuto** : Faire un exposé
- **Tuto** : Débattre
- **Tuto** : Mener une interview
- **Tuto** : Lire un texte littéraire
- **Tuto** : L'épreuve orale de français : l'explication de texte
- **Tuto** : L'épreuve orale de français : l'entretien

Chaque vidéo propose des conseils et des exercices (à faire par les élèves, seuls ou à deux, ou en groupe), avec pour chacune une fiche mémo et une grille d'évaluation en pdf.

Les langues,

Une 2e langue, en plus de l'anglais, est souvent indispensable pour certains métiers et/ou secteurs.

La brochure *Les métiers des langues et de l'international : communication, traduction, enseignement, commerce, transport* de l'Onisep présente toutes les filières : BTS, DUT, licences professionnelles, licences et masters, écoles de commerce, écoles de relations internationales, écoles de traduction, IEP (institut d'études politiques), etc. et précise les cursus à suivre pour chaque métier. **En voici quelques exemples.**

L'Onisep propose également *Cursus Lab*, un jeu éducatif pour accompagner la découverte des formations, des métiers, du monde économique et professionnel, ainsi qu'un site secondes2018-2019.fr pour aider les lycéens / lycéennes à construire leur avenir au lycée et le site horizons2021.fr pour choisir ses enseignements de spécialité en Seconde.

Et dans WANDERLUST : nos chapitres *Les univers professionnels, le monde du travail* p. 54-75.

Assistant/e de direction trilingue : BTS (Bac + 2), éventuellement complété par une licence professionnelle (+ 1 an)

Chargé/e de communication : Master universitaire, diplôme IEP ou d'école spécialisée en communication internationale (Bac + 5)

Interprète : Master ou diplôme d'école spécialisée (Bac + 5)

Expert/e, consultant/e : Master universitaire en affaires européennes et/ou publiques ; diplôme d'IEP ou d'école spécialisée (Bac + 5)

Journaliste à l'étranger : Diplôme d'école de journalisme ou d'IEP ; Master universitaire (Bac + 5)

à quoi ça mène ?

Commercial/e export :
BTS commerce international (Bac + 2) ; licence professionnelle (Bac + 3) ; école de commerce à vocation internationale (Bac + 3 ou 5)

J'ai le sens des affaires

- → Commercial/e export
- → Juriste international/e
- → Logisticien/ne international/e
- → Responsable marketing

J'ai envie de voyager

- → Assistant/e de français à l'étranger
- → Acheteur/euse international/e
- → Chef/fe de produit touristique
- → Diplomate

J'aime transmettre une culture

- → Guide conférencier/ère
- → Traducteur/trice audiovisuel/le
- → Traducteur/trice littéraire
- → Professeur/e

→ Retrouvez certains de ces métiers dans un autre numéro de la collection « Parcours », *Les métiers du tourisme*, 2015.

Les métiers des langues et de l'international I 2017

Chef/fe de produit touristique :
École de commerce ou de communication ; licence professionnelle ou Master (en communication événementielle, en tourisme d'affaires) (Bac + 3 ou 5)

Diplomate : Accès sur concours avec un Bac + 5.

Guide conférencier/ère :
Licence guide conférencier (Bac + 3) ou Master (Bac + 5)

Professeur/e de langue dans le secondaire : Licence LLCER (Bac +3), puis Master MEEF (Bac + 5) afin de passer les concours (agrégation, CAPES, CAPLP).

KOOPERATIV ANS ZIEL

POUR PROGRESSER EN COURS DE LANGUES*

Pourquoi s'intéresser aux méthodes collaboratives ?

Les méthodes collaboratives stimulent la participation et le travail actif de chaque élève en cours de langues. Il s'agit en effet d'une forme d'investissement des élèves qui ne repose pas uniquement sur la participation de ceux qui connaissent la réponse et osent prendre la parole.
Ces méthodes permettent une mise au travail efficace de tous les élèves dans un cadre moins compétitif, mais reposant sur le travail personnel, l'échange, une réalisation commune et la présentation orale du travail produit.

Pourquoi est-ce efficace ?

- **Le travail individuel précède le travail de groupe**
  Chaque élève vient dans le groupe avec le fruit de sa réflexion personnelle et ses notes, il participe d'autant plus efficacement à la discussion qu'il l'aura préparée.

- **Le groupe produit un travail commun**
  Les membres du groupe doivent se mettre d'accord sur une présentation commune. Ils doivent pour cela débattre, arbitrer, coopérer et échanger en allemand, qui est la langue de leur production commune.

- **Tous les élèves s'impliquent**
  En effet, le professeur désigne à la fin du travail de groupe un élève au hasard pour la présentation orale devant les autres. Le professeur ne se repose pas sur les volontaires.
  Chaque élève sait qu'il peut être désigné pour présenter oralement en allemand et s'investit davantage dans la production commune.
  Certaines méthodes permettent même à tous les élèves d'un groupe de présenter en même temps, donc à tous de prendre la parole !

Comment cela fonctionne-t-il ?

1 Une phase en plénière qui prépare le travail en groupe

En préambule, le professeur peut introduire le sujet, faire des liens avec les cours précédents, sonder les connaissances sur le sujet et présenter la méthode utilisée et les objectifs. Il peut aussi exposer oralement un point complexe qu'il juge être une entrave à la compréhension des documents.

2 Mise en œuvre

3 étapes : Think → Pair → Share.

1. Travail individuel (Think)

2. Échange avec un ou plusieurs pairs (Pair)

3. Présentation orale (Share)

3 Retour en plénière (ou en groupes élargis)

Échanges (prof-élèves et élèves-élèves) sur les présentations pouvant être complétés par des exercices ou une correction, élaboration de la trace écrite du cahier pour fixation de structures ou du lexique…

* D'après Wolfgang Mattes, *Methoden für den Unterricht. Kompakte Übersichten für Lehrende und Lernende*, Bildungshaus Schulbuchverlage, Schoeningh, 2011 • Rémy Danquin / Wolfgang Mattes, *52 méthodes pratiques pour enseigner*, Réseau Canopé, 2015

À quoi faut-il veiller ?

Qualité du travail de groupe

On doit aider les élèves à avoir un comportement adapté au travail de groupe. Le processus du travail de groupe pourra faire l'objet d'une évaluation par le professeur voire d'une auto-évaluation du groupe et être valorisé comme compétence transversale.

Le temps

Il est impératif de donner un temps limité à chacune des 3 étapes sinon le tout traîne en longueur. Certaines méthodes exigent davantage qu'une heure de cours. Les présentations peuvent par exemple s'effectuer au cours suivant pour laisser assez de temps pour le travail personnel et le travail de groupe.

Clarté des consignes et des objectifs

Une tâche formulée précisément favorise l'autonomie des groupes.

Posture du professeur

Le professeur doit être présent et observer, prendre des notes (par ex. les erreurs de langue les plus entendues pour une reprise ultérieure en plénière), mais il n'interviendra pas nécessairement dès qu'un groupe est en difficulté. Il peut également déléguer certaines tâches à d'autres élèves comme le respect du temps imparti, la recherche de vocabulaire…

Qualité des présentations orales

Les présentations orales ne doivent pas être de l'écrit oralisé, les élèves doivent prendre appui sur des notes sous forme de mots-clés et groupes infinitifs afin que leur prise de parole soit la plus naturelle possible.

Moduler la classe

Le travail collaboratif peut impliquer lors d'une séance une modification de la configuration des groupes ou une alternance : travail individuel et travail en binôme / groupe. Pour cette raison, il est préférable de disposer les tables de façon modulable et de sensibiliser les élèves à l'importance de déplacer le mobilier dans le calme.

Attribution de rôles

Lorsque vous avez des classes avec un nombre impair d'élèves, vous pouvez attribuer à un ou plusieurs élèves le rôle de modérateur.

Pancartes du modérateur

1 PARTNERBRIEFING

Briefing de binôme

→ p. 34, 59, 73, 80, 101, 102, 112, 124, 132, 147, 154, 157, 176, 188, 200, 201

Objectifs

- Travailler et présenter un document adapté à son niveau.
- Résumer le document présenté par son binôme.

Organisation

- Le professeur divise la classe en deux. Il a attribué le document A à chaque élève d'une moitié de la classe et le document B à chaque élève de la seconde moitié.

1. Chaque élève travaille sur son document : lecture / écoute, prise de notes, réponse aux consignes.
2. Chaque élève A s'assoit en face d'un élève B. L'élève A présente son document. L'élève B écoute, peut poser des questions puis il résume. Les rôles sont ensuite inversés.
3. L'élève présente en plénière (ou à plusieurs groupes) son propre document ou celui de son binôme (plus difficile).

Astuces et points de vigilance

- Si le travail individuel est donné comme travail à la maison, il doit impérativement être effectué par tous les élèves pour que le briefing en cours réussisse.
- Avec des élèves performants, on peut prévoir en présentation une synthèse des 2 documents.

2 PARTNERINTERVIEW

Interview de binôme

→ p. 195

Objectifs

- Synthétiser un document écrit à l'aide de questions.
- Répondre aux questions sur un texte préparé.

Organisation

1. Chaque élève lit le document et formule des questions permettant de synthétiser le document.
2. Le professeur forme des binômes au hasard. L'élève A pose ses questions à l'élève B qui essaie d'y répondre. Ils revoient ensemble les réponses. On peut ensuite inverser les rôles (si on a le temps).
3. Les élèves exposent en plénière ou à un groupe élargi les réponses de leur binôme.

3 DREI-SCHRITT-INTERVIEW

Interview à 3

On peut ajouter à un ou plusieurs binômes une troisième personne. Ceci peut s'avérer très pratique si l'effectif de la classe est impair. La troisième personne aura le rôle du secrétaire. Dans ce cas, seul le secrétaire fait la prise de notes, ce qui allège le travail de l'intervieweur.
Il peut donc y avoir 3 tours si l'on veut que chaque élève ait été intervieweur, interviewé et secrétaire.

Astuces et points de vigilance

- Il faut définir le nombre de questions. On peut en donner 2 et demander de compléter par d'autres.
- Il faut expliquer aux élèves qu'il ne s'agit pas de chercher des questions pièges pour mettre le binôme inutilement en difficulté.

4 LERNTEMPODUETT

Duo synchronisé

→ p. 40, 50, 62, 72, 84, 94, 106, 116, 128, 138, 150, 160, 172, 182, 194, 204

Objectif

- Faire des exercices d'entraînement (par ex. *Wortschatz* et *Grammatik*) ou de révision à son rythme.

Organisation

- Le professeur donne 3 ou 4 exercices.

1. Chaque élève commence par le 1er exercice.
2. Une fois le 1er exercice terminé, l'élève se lève ou lève la main.
3. Il rejoint à une table ou dans un coin un élève qui s'est manifesté à peu près au même moment pour échanger et comparer.
4. Il retourne à sa place et fait le 2e exercice et on reprend le processus.

Astuces et points de vigilance

- La méthode ne permet guère de faire plus de 3 tours, c'est pourquoi il est important de graduer les 3 exercices en difficulté (*dans le manuel, le degré de difficulté est indiqué par le nombre de* *).
- Les élèves ne sont pas obligés de faire tous les exercices, l'important est qu'ils les fassent entièrement à leur rythme. En plénière, on pourra procéder à une reprise partielle ou à une correction complète des exercices donnés.
- Un élève peut être extrêmement rapide et avoir fini son dernier exercice bien avant les autres, il peut alors venir en aide aux élèves en difficulté.

5 PARTNERPUZZLE

Puzzle de binômes

→ p. 58, 68, 134, 205

Objectif

- Travailler à 2 sur un document plutôt difficile.

Organisation

- Le professeur forme un nombre pair de binômes (ex. 21 élèves = 10 binômes + 1 modérateur).
- Il répartit 2 documents de difficulté égale aux binômes (5 binômes reçoivent le document A, 5 autres binômes reçoivent le document B).

Pas de travail individuel pour cette méthode, l'élève est directement placé avec son binôme.

1. Les élèves prennent ensemble connaissance du document et des consignes. Ils prennent des notes afin de l'expliquer le mieux possible.

2. Les binômes sont redistribués. Chaque élève se trouve face à un élève de l'autre groupe. L'élève A présente son document, l'élève B résume. L'élève A corrige si besoin. On inverse ensuite les rôles.

Astuces et points de vigilance

- La qualité du puzzle dépend des compétences de transmission, c'est pourquoi on attachera beaucoup d'importance à la phase plénière d'échanges et de fixation pour compenser les faiblesses du puzzle.
- Les binômes doivent être espacés pour ne pas se gêner.

6 GRUPPENPUZZLE

Groupes puzzles

→ p. 110, 190

Objectifs

- Se partager le travail sur plusieurs documents traitant différents aspects d'un même thème.
- Présenter un sous-thème du sujet en tant qu'« expert ».

Organisation

- Le professeur forme des groupes dont l'effectif dépend du nombre de documents (3 documents = 3 groupes de 3 élèves ; 4 documents = 4 groupes de 4 élèves etc.).
- Chaque groupe reçoit l'ensemble des documents avec autant de sous-thèmes que d'élèves.

1. Le groupe se répartit les sous-thèmes et chaque élève travaille le sien au sein du groupe.

PHASE 2 Groupes d'experts
Travail sur les thèmes

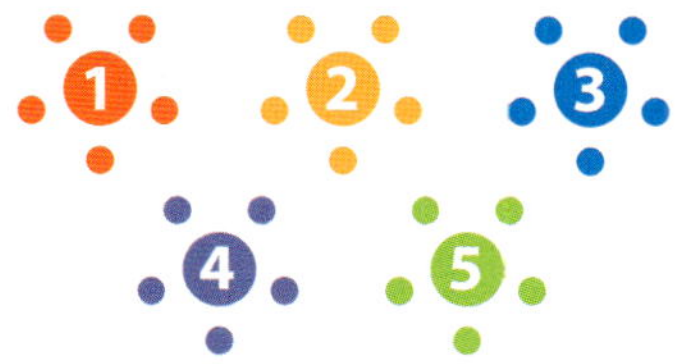

2 Les élèves qui ont travaillé sur le même sous-thème se regroupent entre experts et élaborent une présentation commune.

PHASE 3 Groupes d'origine
Présentation puis échange

3 Chaque élève revient dans son groupe d'origine et présente à son groupe le résultat des experts.

Astuces et points de vigilance

- Cette méthode exige plus d'une heure de cours.
- Si l'effectif ne permet pas de respecter le dispositif : vous pouvez faire appel à un modérateur ou indiquer dans un groupe que 2 élèves (au lieu d'1) traiteront du même sous-thème (définissez-le) et qu'ils auront à se partager la présentation orale.
- Il est important que les élèves décident eux-mêmes de la répartition des documents au sein du groupe, cela les responsabilise et renforce leur autonomie.
- Ne donnez pas le travail individuel en devoir maison tant que les groupes n'ont pas été formés et qu'ils ne se sont pas réparti le travail.

7 GRUPPENMIX

Mélange de groupes

Organisation

- Il s'agit d'une variante plus courte du *Gruppenpuzzle*. Dans le *Gruppenmix*, les groupes ne sont mélangés qu'une fois. Afin que les élèves prennent connaissance du document, ils auront besoin d'une phase de travail individuel.

1 **Phase 1 :** vous regroupez les élèves qui ont lu le même document. En groupe, ils doivent en élaborer la présentation. Pendant ce travail, vous distribuez à chaque participant d'un groupe un numéro ou une couleur (qui détermine son groupe de phase 2).

2 **Phase 2 :** les élèves ayant le même numéro ou la même couleur se regroupent. Il y aura donc dans chaque nouveau groupe, un (ou deux) représentant(s) des groupes de la 1re phase. Le (les) représentant(s) soumet(tent) aux autres leur présentation.

3 On peut conclure par quelques présentations en plénière.

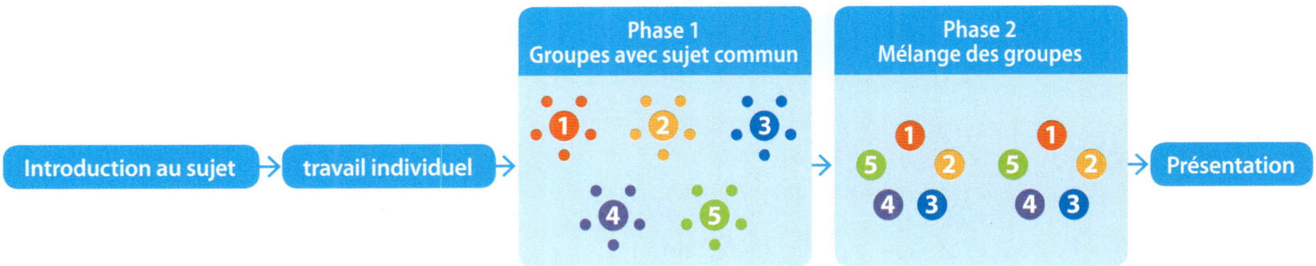

8 PRO-KONTRA-DEBATTE

Débat contradictoire

→ p. 51, 183

Objectif

- Discuter en fin de séquence d'un sujet dont les avis sont tranchés.

Organisation

- Le professeur divise au hasard les élèves en 2 groupes : *Pro* et *Kontra*.
- Le professeur sera le modérateur.

1 Chaque groupe cherche des arguments pour défendre sa position et désigne un avocat.

2 Les avocats de chaque groupe prennent la parole chacun leur tour et présentent les arguments principaux en 1-2 minutes. Les autres peuvent réagir et le débat commence.

3 À la fin, on vote pour le groupe le plus convaincant.

Astuces et points de vigilance

- Les élèves se voient assigner un groupe, ils doivent également apprendre à défendre une position qui n'est pas la leur.
- Le tour de parole doit être strictement respecté c'est pourquoi il est préférable que ce soit le professeur qui modère.

9 WORLD CAFÉ

→ p. 139

Objectifs

- Faire échanger les élèves entre eux sur une problématique travaillée lors de la séquence.
- Maximiser l'expression orale en interaction.

Organisation

Préparation

- Le professeur détermine 3 ou 4 sujets sur un thème global à traiter. Les sujets doivent permettre le débat et l'échange d'opinions (pas de *Ja-Nein-Fragen*).
- Il forme autant de groupes de tables que de sujets. Sur chaque groupe de tables se trouveront les feuilles sur lesquelles figurent les sujets numérotés en titre (une feuille par sujet) ainsi que des feuilles vierges et des stylos.

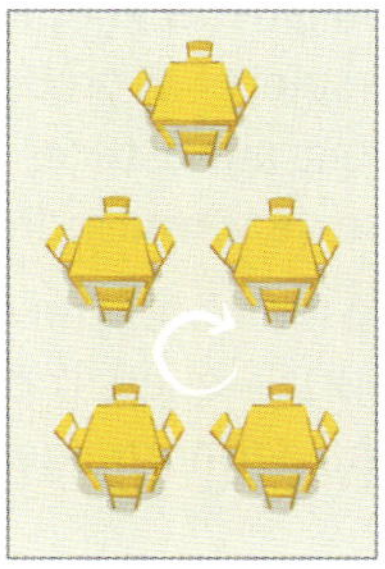

Déroulement

1. La classe est divisée en groupes selon le nombre de tables (ne pas dépasser 5 élèves par groupe). Chaque groupe s'installe à une table et désigne un(e) élève qui sera l'hôte et le modérateur de la discussion.
2. Tous les hôtes présentent le 1er sujet. Les élèves prennent 3 à 5 minutes pour y réfléchir et noter leurs idées sur des feuilles vierges.

   Les hôtes amorcent la discussion en distribuant la parole. Ils notent les idées importantes et animent en relançant si possible par d'autres questions.

   À la fin de la discussion, les hôtes résument les opinions et les échanges d'après leurs notes.
3. Les hôtes restent à leur table, conservent le résumé où ils notent le numéro du groupe. Les autres élèves du groupe rejoignent une autre table.

   Les élèves sont accueillis par un autre hôte qui leur résume les échanges du groupe précédent. Tous les hôtes introduisent alors le 2e sujet et le processus recommence.

Exploitation

- Vous pouvez ramasser et regrouper les résumés par groupe afin de les relire.
- Ces notes peuvent servir de base à un travail à la maison ou à une synthèse en plénière.

Astuces et points de vigilance

- Cette méthode exige plus d'une heure de cours.
- Les groupes doivent être synchronisés. Vous veillerez donc au temps imparti (adapté au niveau des élèves) pour chaque phase en annonçant chaque phase aux élèves : réflexion (3 à 5 min), discussion (7 à 9 min), résumé de l'hôte (1 min).
- Chaque élève doit prendre au moins une fois la parole à chaque table.
- Il n'est guère possible de faire plus de 4 tours, c'est pourquoi 4 groupes avec 4 questions constituent un maximum.

10 GALERIEGANG

Galerie d'exposition

→ p. 173

Objectifs

- Présenter le travail d'un groupe (par ex. projet final).
- Plusieurs présentations ont lieu en même temps, tous les participants du groupe sont amenés à présenter.

Organisation

- Le professeur définit des groupes. Il faut autant de groupes que de sujets à travailler : 4 sujets = 4 groupes de 4 élèves, 5 sujets = 5 groupes de 5.
  Si ce n'est pas possible, reportez-vous aux astuces ci-dessous.
  On peut faire précéder d'une phase de travail individuel si nécessaire (documents à lire).
- Le professeur prépare pour chaque membre d'un groupe une étiquette différente sur laquelle il indique une lettre (un chiffre ou une couleur). Il répète l'opération pour chaque groupe en conservant les mêmes lettres (chiffres ou couleurs). Cela lui permettra de définir les groupes de la phase 2.

PHASE 1 Chaque groupe travaille sur un sujet différent

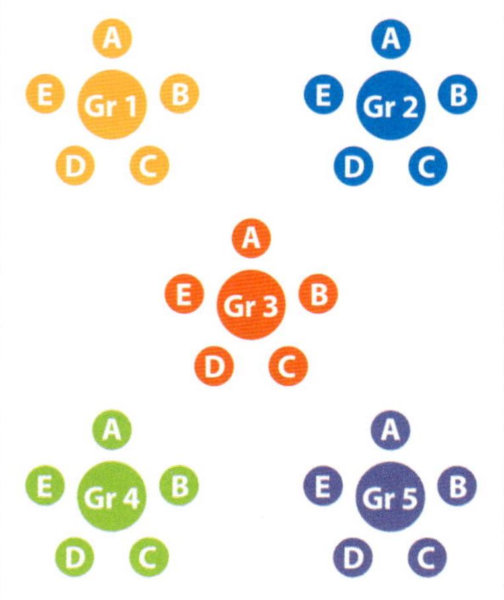

1 Les élèves travaillent en groupe à la présentation commune d'un sujet (carte mentale, affiche…). Pendant ce temps, le professeur distribue à chaque élève sa lettre (de A à E sur le schéma). Le visuel élaboré en commun reste sur la table ou est affiché au mur.

2 Le professeur regroupe devant un visuel tous ceux qui ont la même lettre.
Il donne un temps imparti (3-4 minutes). L'élève qui a participé à l'élaboration de ce visuel fait la présentation.

3 À l'issue du temps imparti, les groupes changent de table (ou de mur) dans le sens des aiguilles d'une montre.
On recommence jusqu'à ce que tous les groupes aient consulté toutes les productions et que tous les élèves aient fait une présentation.

Astuces et points de vigilance

- Si vous n'avez pas l'effectif pour le dispositif, vous devez ajouter (et non enlever) 1 participant à un ou plusieurs groupes. Lors de la présentation, 2 élèves du même groupe se partageront la présentation. Dans ce cas, ces 2 élèves d'un même groupe reçoivent la même lettre (chiffre ou couleur). Par exemple : 17 élèves : 3 groupes de 4 + 1 groupe de 5
  20 élèves : 4 groupes de 5 élèves
- Afin de ne pas perdre de temps, il est préférable que les élèves restent debout autour du visuel.
- Espacez bien les visuels pour que les groupes ne se gênent pas et circulent facilement. Vous pouvez également utiliser les murs du couloir si votre salle est trop exiguë.

11 MINDMAP

Carte mentale

→ p. 58, 110

Objectifs

- Élaborer en groupe un support de présentation et de révision.
- Synthétiser sur un schéma clair ses idées.

Organisation

1. Placer au centre le thème.
2. Placer les branches principales qui correspondent par exemple aux questions d'une consigne.
3. Placer les branches secondaires avec les informations et réponses (mots-clés, groupes infinitifs, phrases difficiles).

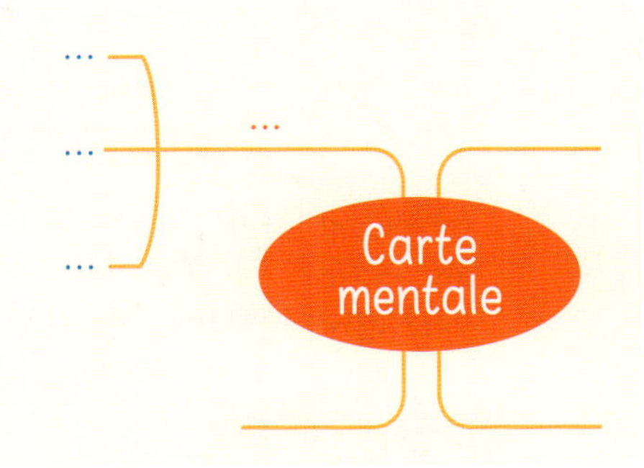

Astuces et points de **vigilance**

- Une carte mentale est rarement satisfaisante au premier jet, il faut toujours prévoir un brouillon.
- Utilisez des couleurs et des tailles de lettres différentes pour différencier les branches principales des branches secondaires, cela facilitera la présentation.

12 TISCHSET

Set de table

→ p. 135

Objectifs

- Faire un brainstorming sur une question vue en cours.
- Faire le bilan d'une séquence (lexique, structures).

Organisation

- Le professeur crée des groupes de 3 ou 4.
- Il distribue une feuille A3 (le set de table) avec en tête la consigne, une case centrale et autour autant de cases que de membres.

1. Les élèves remplissent leur case à tour de rôle avec leurs idées sur la question. À chaque tour, on peut voir les réponses des autres.
2. Chaque élève expose et explique ce qu'il a écrit. Les idées, mots-clés qui synthétisent sont notés par le groupe dans la case commune.
3. Un élève par groupe sera désigné par le professeur pour présenter la case commune aux autres.

Exemples de sets :

Pour 3 élèves

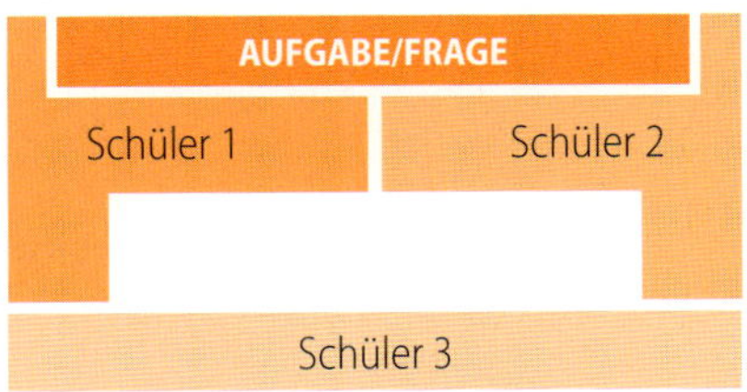

Pour 4 élèves

Astuces et points de **vigilance**

- La tâche ne doit pas être trop fermée afin d'apporter une diversité de réponses.
- Il peut arriver qu'un groupe ne joue pas le jeu, ne remplisse pas la case commune ou la remplisse d'absurdités. Le résultat étant montré à tous, on peut désamorcer la situation en amenant le groupe à justifier ses réponses (ou non réponses) et les autres élèves à commenter. Il est fort peu probable que cela se reproduise.

BASIS-WORTSCHATZ

Schule

- der Schüler (-); die Schülerin (-nen) *l'élève*
- der Lehrer (-); die Lehrerin (-nen) *le professeur ; la professeure*
- lernen *apprendre*
- schreiben* *écrire*
- lesen* *lire*
- das Klassenzimmer (-) *la salle de classe, de cours*

Aussehen

- groß ≠ klein *grand ≠ petit*
- jung ≠ alt *jeune ≠ vieux*
- blonde, schwarze, braune, rote, lange, kurze Haare haben *avoir des cheveux blonds, noirs, châtains, roux, longs, courts*
- blaue, grüne, braune Augen haben *avoir des yeux bleus, verts, marrons*

Gefühle

- glücklich ≠ traurig *heureux ≠ triste*
- lachen *rire*
- weinen *pleurer*

Kleidung

- ein T-Shirt, eine Hose, Schuhe, Jeans, einen Pulli, eine Brille tragen* *porter un T-shirt, un pantalon, des chaussures, un pull, des lunettes*

was ich mag

- mögen = ich mag, du magst, er mag *aimer bien*
- essen* *manger*
- trinken* *boire*
- Hunger / Durst haben *avoir faim / soif*

Alltagsaktivitäten

- auf/stehen* *se lever*
- duschen *prendre une douche*
- frühstücken *prendre son petit déjeuner*
- schlafen* *dormir*
- kochen *cuisiner*

Hobbys

- Fußball ; Gitarre ; Videospiele spielen *jouer au foot ; de la guitare ; aux jeux vidéo*
- schwimmen* *nager*
- fern/sehen* *regarder la télévision*
- tanzen *danser*
- singen* *chanter*
- Fahrrad; Ski fahren* *skier ; faire du vélo*

Familie

- der Vater (¨) *le père*
- die Mutter (¨) *la mère*
- die Eltern *les parents*
- der Bruder (¨) *le frère*
- die Schwester (-n) *la sœur*
- die Geschwister *les frères et sœurs*
- das Kind (-er) *l'enfant*
- die Oma (-s) *la grand-mère*
- der Opa (-s) *le grand-père*
- die Großeltern *les grands-parents*

zu Hause

- zu Hause sein *être à la maison*
- nach Hause gehen* *aller à la maison*
- in der Stadt, auf dem Land wohnen / leben *habiter / vivre en ville, à la campagne*
- die Wohnung *l'appartement*
- das Haus *la maison*
- das Wohnzimmer *le salon, la salle de séjour*
- die Küche *la cuisine*
- das Zimmer *la chambre*

unterwegs

- mit dem Auto / Bus / Zug fahren* *se déplacer en voiture, en bus, en train*
- zu Fuß gehen* *aller à pied*
- die Straße *la rue*
- der Bahnhof *la gare*

Freunde

- der Freund; die Freundin (-nen) *l'ami ; l'amie*
- die beste Freundin *la meilleure amie*
- seine Freunde treffen* *rencontrer ses amis*

Klassenzimmerdeutsch

1 Alltagskommunikation — *Communication courante*

Frau Mercier! Herr Schmidt!	*Madame ! Monsieur !*
Kannst du die Tür zumachen?	*Peux-tu fermer la porte ?*
Können Sie bitte das Fenster aufmachen?	*Pouvez-vous ouvrir la fenêtre svp ?*
Können wir am Ende der Stunde darüber sprechen?	*Pouvons-nous en parler à la fin de l'heure ?*
Auf Deutsch, bitte!	*En allemand, svp !*
Entschuldigung, ich kann die Tafel nicht sehen.	*Excusez-moi, mais je ne vois pas le tableau.*

2 Gemeinsame Arbeit, Übungen, Hausaufgaben — *Travail collectif, exercices, travail à la maison*

Macht das Buch auf Seite 32 auf.	*Ouvrez le livre à la page 32.*
Das steht oben / unten auf Seite 57.	*C'est en haut / en bas de la page 57.*
Macht bitte die Bücher zu!	*Fermez les livres, svp.*
Soll ich weitermachen? Soll ich anfangen?	*Je continue ? Je commence ?*
Wer ist dran? Ich bin dran.	*C'est à qui ? C'est à moi.*
Ich habe „…" geschrieben. Ist das richtig?	*J'ai écrit « … ». Est-ce que c'est juste ?*
Ich bin nicht einverstanden. Ich schlage vor: …	*Je ne suis pas d'accord. Je propose à la place : …*
Ich kann die Frage Nummer 3 nicht beantworten.	*Je ne sais pas répondre à la question numéro 3.*
Ich verstehe diese Übung nicht.	*Je ne comprends pas cet exercice.*
Ich bin noch nicht fertig. Ich bin schon fertig.	*Je n'ai pas encore fini. J'ai déjà fini.*
Seid ihr soweit? Die Zeit ist um!	*Est-ce que vous y êtes ? Le temps est écoulé !*
Habt ihr (noch) Fragen?	*Avez-vous (encore) des questions ?*
Haben wir etwas (als Hausaufgabe) auf?	*Est-ce qu'on a des devoirs ?*
Gibt es eine Note?	*Est-ce que c'est noté / Il y a une note ?*
Darf ich meine Notizen / mein Heft nehmen?	*Est-ce que je peux prendre mes notes / mon cahier ?*
Ich habe meine Hausaufgaben zu Hause vergessen.	*J'ai oublié mes devoirs à la maison.*

3 Wenn ich Hilfe brauche — *Quand j'ai besoin d'aide*

Ich habe (noch) eine Frage.	*J'ai (encore) une question.*
Kannst du bitte lauter sprechen?	*Tu peux parler plus fort, stp ?*
Auf welcher Seite ist das?	*C'est à quelle page ?*
Was steht unter … / über … / hinter … / vor …?	*Qu'est-ce qui est écrit sous… / au-dessus de… / après… / avant… ?*
Könnten Sie den Satz / das Wort an die Tafel schreiben, bitte?	*Pourriez-vous écrire la phrase / le mot au tableau svp ?*
Wer kann diesen Satz ins Französische übersetzen?	*Qui peut traduire cette phrase en français ?*

4 Wenn ich etwas nicht verstehe — *Lorsque je ne comprends pas quelque chose*

Kannst du / Können Sie wiederholen, bitte?	*Peux-tu / Pouvez-vous répéter, stp / svp ?*
Ich habe (die Frage) nicht verstanden.	*Je n'ai pas compris (la question).*
Wie bitte?	*Comment ? Pardon ?*
Wie heißt „…" auf Deutsch?	*Comment dit-on « … » en allemand ?*
Nicht so schnell! Moment, bitte!	*Pas si vite ! Attends / Attendez, stp / svp !*
Das verstehe ich nicht.	*Je ne comprends pas cela.*
Was bedeutet das?	*Qu'est-ce que ça veut dire ?*
Können Sie / Kannst du mir helfen?	*Peux-tu / Pouvez-vous m'aider ?*
Ich verstehe das Wort „…" / den Satz „…" nicht.	*Je ne comprends pas le mot « … » / la phrase « … ».*
Kannst du / Können Sie bitte buchstabieren?	*Peux-tu / Pouvez-vous épeler, stp / svp ?*
Könnten Sie den Ton lauter / leiser stellen?	*Pourriez-vous monter / baisser le son, s'il vous plaît ?*

5 Wenn ich zu spät komme, wenn ich gefehlt habe — *Lorsque j'arrive en retard, lorsque j'ai été absent*

Entschuldigung. / Ich bitte um Entschuldigung.	*Excuse(z)-moi. / Je te / vous prie de m'excuser.*
Es tut mir Leid, dass ich zu spät komme.	*Je suis désolé(e) d'arriver en retard.*
Ich habe den Bus / die Straßenbahn verpasst.	*J'ai manqué le bus / le tram.*
Ich war im falschen Raum.	*Je n'étais pas dans la bonne salle.*
Ich war nicht da. Ich war nämlich krank.	*Je n'étais pas là, j'étais malade.*

› Évaluations diagnostiques

(DE DÉBUT D'ANNÉE)

Leseverstehen

● **Lesen Sie den Text und antworten Sie auf die Fragen.**

Mein Aufenthalt[1] in Frankreich

Mein Name ist Janina und ich werde mein Auslandsjahr in Frankreich verbringen! Und wisst ihr was? Damit geht ein Traum für mich in Erfüllung! Auch wenn sich die meisten von euch denken, dass Frankreich ja extrem langweilig ist. Aber seit meine Cousine 2008/09 ein Jahr in Frankreich war, wusste ich, dass ich das auch will! Ich habe mich von Anfang an in diese Kultur verliebt! Die Menschen, das Essen, die Sprache, das „savoir vivre à la française" – das alles fasziniert mich wahnsinnig, seit ich dort war!

Und jetzt? Jetzt geht es bald los. Ich habe schon eine Gastfamilie[2] bekommen! Und plötzlich ist alles so real, es ist kein banges Warten! Ich weiß, wo ich hinkomme! Ich weiß, wer meine Familie ist! Ich weiß, dass ich mich im Moment einfach nur freue! Meine Gastfamilie scheint perfekt zu sein! Es ist eine sehr erfahrene Gastfamilie, die schon seit Jahren jedes Jahr ein bis zwei Gastschüler aufnimmt[3]! Ja, ihr habt richtig gehört, zwei Gastschüler! Und so ist es dieses Jahr auch bei mir! Ich werde zusätzlich zu meinen 5 französischen Gastgeschwistern – von denen aber nur noch 2 zu Hause wohnen und davon eine für dieses Jahr in Chile[4] ist - noch eine isländische Gastschwester bekommen!

Jetzt zu meiner Gastfamilie: Meine Gastfamilie wohnt in der Mitte Frankreichs, eher im Westen, als im Osten, eher im Norden als im Süden, aber generell ist es ziemlich schwierig die Lage zu beschreiben. Die nächste große Stadt, die man vielleicht kennt, ist Tours (für alle die gerade Google zur Hilfe haben, die nächst größere Stadt heißt Châtellerault). Ich werde in einem 900 Einwohner Dorf leben und in Châtellerault zur Schule gehen. Meine Gastfamilie ist eine sehr aktive und sehr sportliche Familie. Und das Beste ist, meine Gasteltern spielen Handball! Mein ganzes Leben hat bis jetzt eigentlich nur aus Handball bestanden und jetzt komme ich nach Frankreich und werde das, was ich am meisten liebe, weiter machen können.

Ich hoffe, ich kann euch bald mit neuen Infos füttern!

Bis bald, eure Janina

www.blog/mein-jahr-in-frankreich/

1. der Aufenthalt (-e) *le séjour* 2. die Gastfamilie *la famille d'accueil* 3. auf/nehmen* *accueillir, recevoir* 4. Chile *le Chili*

A Geben Sie die richtige Antwort an.

1 Janina will
a. 3 Monate in Frankreich leben.
b. 6 Monate in Frankreich leben.
c. 12 Monate oder ein Jahr in Frankreich leben.
d. für immer in Frankreich leben.

2 Für Janina ist Frankreich
a. das Land der Liebe.
b. ein langweiliges[1] Land.
c. ein Land mit einer Kultur, die sie besonders mag.
d. das Land der Mode.

3 Janina
a. wollte schon immer nach Frankreich gehen.
b. hat Angst, weil sie nicht weiß, ob sie die französische Kultur mag.
c. war noch nie in Frankreich.
d. freut sich, mit ihrer Cousine nach Frankreich zu gehen.

1. langweilig *ennuyeux*

4 Ihre französische Gastfamilie wohnt
a. in Tours.
b. in Paris.
c. in einem Dorf bei Châtellerault.
d. in Châtellerault.

5 Janina weiß über ihre Gasteltern
a. noch gar nichts.
b. dass sie nicht sportlich sind.
c. dass sie sportlich sind.
d. dass sie Handball spielen, was sie verunsichert, weil sie diese Sportart nicht besonders mag.

B Sagen Sie, ob die Aussagen richtig oder falsch sind. Belegen Sie Ihre Wahl mit einem Zitat aus dem Text.
1. Janina findet ihre Gastfamilie sehr gut.
2. Janina wird nicht die einzige ausländische Gastschülerin in dieser Familie sein.
3. Diese Gastfamilie nimmt zum ersten Mal eine ausländische Gastschülerin auf.
4. Wenn Janina in Frankreich ist, arbeitet sie als Au-Pair-Mädchen.
5. Ihre Gastfamilie hat fünf Kinder.
6. Eine ihrer Töchter ist für ein Jahr nach Island gegangen.

Hörverstehen

CD 1 1

Trois écoutes successives du document *Schüler erklären, warum sie die Klasse wiederholen mussten*.
Après la première écoute, vous lirez les questions.
Après la deuxième écoute, vous commencerez à répondre aux questions.
Après la troisième écoute, vous terminerez de répondre aux questions.

Ordnen Sie die Informationen dem passenden Schüler bzw. der passenden Schülerin zu.

1 Wer ist wie alt?

a. 13 Jahre
b. 16 Jahre
c. 17 Jahre

1. Lukas
2. Tom
3. Anna-Lena

2 Wer besucht welche Klasse?

a. die 6. Klasse
b. die 9. Klasse
c. die 10. Klasse

1. Lukas
2. Tom
3. Anna-Lena

3 Warum wiederholen sie die Klasse?

a. hatte schlechte Noten
b. hatte Familienprobleme
c. hat nicht genug für die Schule gelernt

1. Lukas
2. Tom
3. Anna-Lena

4 Wie fühlen sie sich jetzt?

a. ist froh, die Klasse zu wiederholen.
b. würde lieber dieselbe Klasse besuchen wie seine/ihre alten Klassenkameraden.
c. hatte am Anfang Angst, dass seine/ihre neuen Mitschüler ihn/sie nicht akzeptieren.

1. Lukas
2. Tom
3. Anna-Lena

5 Was sind ihre Pläne? Was haben sie vor?

a. will bessere Noten bekommen, damit seine/ihre Eltern zufrieden[1] sind.
b. will bessere Noten bekommen, um gute Berufschancen zu haben.
c. will bessere Noten bekommen, um später Architektur zu studieren.

1. Lukas
2. Tom
3. Anna-Lena

1. zufrieden *satisfait*

Mündliche Kommunikation

Im Alltag spielen Gegenstände (Computer, Handy, Fahrrad, Teddybär, Musikinstrument …) oft eine große Rolle, in Ihrem Leben sicher auch.

Nennen Sie mindestens zwei Objekte, die Ihnen sehr wichtig sind. Beschreiben Sie sie kurz und erklären Sie, was sie damit machen und vor allem warum sie Ihnen so wichtig sind: Welche Erinnerungen sind mit ihnen verbunden? Warum würden Sie sie vermissen? …
Sie sollen etwa drei Minuten sprechen und fünfzehn Sätze bilden, wenn möglich mit Verbindungswörtern.

Évaluations diagnostiques

(DE DÉBUT D'ANNÉE)

Schriftliche Kommunikation

Lesen Sie aufmerksam diese vier kurzen Statements von deutschen Jugendlichen zum Thema „Sommerferien".

Markus, 16

„Ich muss wieder die Sommerferien mit meinen Eltern verbringen. Aber das finde ich wirklich öde! Ich muss ihnen immer sagen, wohin ich gehe und mit wem ich zusammen bin. Und wehe, wenn ich abends nach 22 Uhr zurückkomme!"

Sevim, 16

„Im Sommer fahre ich aufs Land zu meinen Großeltern. Sie wohnen in einem kleinen Dorf in der Türkei. Das Leben dort ist ganz anders als hier in Köln. Aber jedes Jahr ist es für mich eine sehr schöne Zeit. Und meine Großeltern freuen sich immer so sehr auf uns!"

Tom, 17

„In den Sommerferien fahre ich mit meinem besten Freund Sascha für eine Woche nach London. Wir machen beide einen Sprachkurs. Unsere Eltern haben sich für zwei verschiedene Gastfamilien entschieden. Wir sollen ja in Englisch besser werden! Aber nachmittags haben wir frei und da wollen wir die Stadt erkunden. Das verspricht viel Spaß!"

Tina, 15

„In diesem Jahr werden wir nicht in Urlaub fahren, aber ich finde es auch schön, hier zu bleiben. In Berlin ist immer etwas los und während der Schulzeit habe ich oft keine Zeit, das kulturelle Angebot der Stadt zu nutzen. Meine Freundin, Suzie, bleibt auch in Berlin und wir haben sehr viel vor!"

- **Behandeln Sie nun alle Aspekte des folgenden Themas:**
  - Geben Sie die Ferienpläne der vier Jugendlichen in eigenen Worten wieder.
  - Erzählen Sie von Ihren schönsten Sommerferien! Geben Sie möglichst viele Details (Wie alt waren Sie? Wo waren Sie? Mit wem waren Sie zusammen? Wie war das Wetter? Was haben Sie gemacht? Warum waren diese Sommerferien wirklich schön für Sie? …)
  - Was meinen Sie? Sollen Fünfzehnjährige ihre Sommerferien mit ihren Eltern oder ohne sie verbringen? Was sind die Vor- und Nachteile von Ferien mit den Eltern?

Mündliche Interaktion

Zusammen mit drei Mitschülern wollen Sie an einem Sauzay-Austausch teilnehmen.

Von Ihrem Deutschlehrer haben Sie diese drei Schülerprofile bekommen.
Sie müssen sich darauf einigen, wer welchen deutschen Schüler bzw. welche deutsche Schülerin als Austauschpartner bzw. Austauschpartnerin haben wird.
In der Diskussion muss jeder seine Wahl nicht nur verteidigen, sondern sie auch begründen und mindestens dreimal zu Wort kommen.
Am Ende der Diskussion müssen Sie einen Konsens gefunden haben und jeder muss einen Austauschpartner haben.

PROFIL 1

Name: Mitschel
Vorname: Tobias
Alter: 15

Schule: Gymnasium in Frankfurt am Main
Im 5. Jahr Französisch

Beruf der Eltern: Lkw-Fahrer[1] / Krankenschwester[2]

Geschwister (Geschlecht/Alter): einen Bruder, 7, eine Schwester, 20

Haustiere: Hund

Lieblingsfächer: Mathe, Sport

Charakter (Ich nenne mindestens drei Eigenschaften): eher ruhig, kontaktfreudig, offen

Lieblingssportarten/bevorzugte Freizeitbeschäftigungen: Videospiele, Sport

Freizeitbeschäftigungen, die mich überhaupt nicht interessieren: Lesen, Kino

Weitere Informationen und besondere Wünsche an den Austauschpartner/die Austauschfamilie (evtl. auch Allergien usw.): keine

Wohnlage:
- ☒ Städtische Wohnlage
- ☐ ländliche Wohnlage

Schulweg:
- ☐ zu Fuß
- ☐ mit dem Rad
- ☒ mit dem Bus
- ☐ mit dem Auto ca. 30 Minuten

- ☐ Der Austauschschüler hat ein eigenes Zimmer.
- ☒ Der Austauschschüler muss mit seinem Partner das Zimmer teilen.

1. der Lkw-Fahrer *le chauffeur de poids lourd* 2. die Krankenschwester *l'infirmière*

PROFIL 2

Name: Funkes
Vorname: Hanna
Alter: 17

Schule: Gymnasium in Stadtlohn (Nordrhein-Westfalen), etwa 30 Kilometer von Münster entfernt
Im 2. Jahr Französisch

Beruf der Mutter: Bankangestellte

Geschwister (Geschlecht/Alter): keine

Haustiere: Katze

Lieblingsfächer: Englisch, Französisch

Charakter (Ich nenne mindestens drei Eigenschaften): zurückhaltend, zuverlässig, vorsichtig

Lieblingssportarten/bevorzugte Freizeitbeschäftigungen: Musik (Klavier), Lesen, Fernsehen

Freizeitbeschäftigungen, die mich überhaupt nicht interessieren: Sport

Weitere Informationen und besondere Wünsche an den Austauschpartner/die Austauschfamilie (evtl. auch Allergien usw.): Vegetarierin

Wohnlage:
- ☐ Städtische Wohnlage
- ☒ ländliche Wohnlage

Schulweg:
- ☒ zu Fuß
- ☐ mit dem Rad
- ☐ mit dem Bus
- ☐ mit dem Auto ca.10 Minuten

- ☒ Der Austauschschüler hat ein eigenes Zimmer.
- ☐ Der Austauschschüler muss mit seinem Partner das Zimmer teilen.

PROFIL 3

Name: Metin
Vorname: Mehmet
Alter: 16

Schule: Gymnasium in Hamburg
Im 3. Jahr Französisch

Beruf der Eltern: Ingenieur / Grundschullehrerin

Geschwister (Geschlecht/Alter): einen Bruder, 14, zwei Schwestern, 17 und 19

Haustiere: keine

Lieblingsfächer: Biologie, Deutsch

Charakter (Ich nenne mindestens drei Eigenschaften): lebhaft, neugierig, kontaktfreudig

Lieblingssportarten/bevorzugte Freizeitbeschäftigungen: Fußball, Computerspiele

Freizeitbeschäftigungen, die mich überhaupt nicht interessieren: Kochen

Weitere Informationen und besondere Wünsche an den Austauschpartner/die Austauschfamilie (evtl. auch Allergien usw.): allergisch gegen Katzenhaar

Wohnlage:
- ☒ Städtische Wohnlage
- ☐ ländliche Wohnlage

Schulweg:
- ☐ zu Fuß
- ☒ mit dem Rad
- ☐ mit dem Bus
- ☐ mit dem Auto ca. 20 Minuten

- ☒ Der Austauschschüler hat ein eigenes Zimmer.
- ☐ Der Austauschschüler muss mit seinem Partner das Zimmer teilen.

SPRACHBOX

- das Familientreffen (-) *la réunion de famille*
- lächeln *sourire*
- glücklich aus/sehen* *avoir l'air heureux*
- picknicken *pique-niquer*
- Zeit zusammen verbringen* *passer du temps ensemble*
- Spaß haben *s'amuser*
- eine idealisierte Darstellung *une représentation idéalisée*
- Wir können uns vorstellen, dass … *Nous pouvons imaginer que…*

→ p. 38

Kapitel 1

VIVRE ENTRE GÉNÉRATIONS

Mehrere Generationen

Welche Beziehung hat die deutsche Jugend zu den anderen Generationen?

- Présenter sa famille idéale. (p. 34)
- Imaginer la suite d'une histoire. (p. 36)

- Présenter une situation à l'aide du présent. (p. 35)
- Exprimer la possession ou l'appartenance. (p. 37)

Projekt

Présenter un proche. (p. 41)

Fit für die Zertifikation (p. 52)

Was für eine Beziehung?

A1-A2 1 Schauen Sie sich das Foto an und stellen Sie Hypothesen auf! Was verbindet die Personen?

A2 2 Schreiben Sie eine Legende zu diesem Bild.

Der Familienkreis

A Familienbilder

MÉDIATION

PARTNERBRIEFING → p. 18

CD 1 2-4 MP3 1-3

A2

1. PARTNER A schaut sich die Bilder an und stellt Hypothesen auf. Wer ist wer?
   PARTNER B hört gut zu und sagt, welche Informationen er verstanden hat: Um welche Familie handelt es sich?
2. Beide Partner tauschen ihre Informationen aus.
3. Im Plenum präsentieren zwei Schüler ihr Dokument (oder das des Partners).

a

b

c

SPRACHBOX

Geschwisterbeziehungen
- die Beziehung (-en) zu jm *la relation avec qn*
- jn nerven *énerver qn*
- jn necken *taquiner qn*
- Geheimnisse teilen *partager des secrets*
- sich mit jm gut verstehen* *bien s'entendre avec qn*
- mit jm etw. unternehmen* *entreprendre qc avec qn*
- einen ähnlichen Charakter haben *avoir un caractère semblable*
- sich streiten* *se disputer*
- grundverschieden ≠ ähnlich *fondamentalement différent ≠ semblable*
- sich von jm durch etw. (A) unterscheiden* *se distinguer de qn par qc*

Familienbande
- Einzelkind sein ≠ Geschwister haben
  être enfant unique ≠ avoir des frères et sœurs
- der Stiefvater; die Stiefmutter
  le beau-père ; la belle-mère (d'un nouveau mariage)
- verheiratet, getrennt, geschieden sein
  être marié, séparé, divorcé

→ p. 38

B Geschwister

A2 **1** Schauen Sie sich die Titelseite der Zeitschrift *Dein Spiegel* an und beschreiben Sie sie.

2 Lesen Sie den Text und erzählen Sie, was Geschwister gemeinsam haben.

A2-B1 **3** Wodurch können sie sich unterscheiden?

4 Reagieren Sie auf diesen Artikel! Braucht ein Kind Geschwister? Welche Vorteile haben Einzelkinder?

Mit Geschwistern ist man nie allein. Mit ihnen übersteht[1] man langweilige Familientreffen. Sie trösten[2] bei Stress mit Freunden und helfen, Geheimnisse vor den Eltern zu bewahren[3]. Jeder, der Geschwister hat, weiß aber auch zu gut: Niemand auf der Welt kann einem so sehr auf die Nerven gehen. […] Sie sind der Grund dafür, dass man alles teilen muss: die Süßigkeiten, den Platz auf dem Sofa, das Zimmer, die Aufmerksamkeit[4] der Eltern. Auf den ersten Blick sind sich Geschwister ähnlich: Oft haben Brüder und Schwestern die gleiche Augenfarbe und ähnliches Haar. Kein Wunder, die Gene von Geschwistern sind zur Hälfte identisch. […] Weil Geschwister meistens zusammenwohnen, machen sie in ihrer Kindheit ähnliche Erfahrungen[5]. Sie bekommen von ihren Eltern die gleichen Regeln und Strafen[6]. Wenn sie krank sind, essen sie die gleiche Hühnersuppe. Oft teilen Geschwister auch den Humor oder den Musikgeschmack. Doch wenn Geschwister so viel gemeinsam haben – warum gibt es dann so häufig Streit? […] Große Geschwister übernehmen häufig die Rolle des Vorbilds. Die Jüngsten werden oft nicht ernst genommen[7] und wollen sich deswegen besonders laut durchsetzen[8]. Und die in der Mitte sind meistens super darin, den Streit zwischen Jüngeren und Älteren zu schlichten[9]. […] Aber auch nach dem schlimmsten Streit ist der Bruder immer noch der Bruder und die Schwester die Schwester. Die Beziehung zwischen ihnen hält meist länger als jede andere im Leben.

Antonia Bauer, Franziska Bohn, *Dein Spiegel*, Nr. 12 | 2017

1. etw. überstehen* *surmonter qc* 2. trösten *consoler* 3. Geheimnisse bewahren *garder des secrets* 4. die Aufmerksamkeit *l'attention* 5. die Erfahrung (-en) *l'expérience* 6. die Strafe (-n) *la punition* 7. ernst genommen werden *être pris au sérieux* 8. sich laut durch/setzen* *s'imposer bruyamment* 9. schlichten *arbitrer*

SPRACHBOX

Présenter une situation / quelqu'un

- Ich **bin** 15 Jahre alt. Ich **habe** einen Halbbruder, der 4 Jahre alt **ist**.
- Wir **wohnen** alle zusammen mit meinem Vater und meiner Stiefmutter. Sie **kommt** aus Spanien und **spricht** Deutsch mit einem Akzent.
- Meine Mutter **trägt** eine Brille, genauso wie ich!

→ p. 40

Nun sind Sie dran!!

Wie stellen Sie sich die ideale Familie vor?

Eine wichtige Person in meinem Leben

A Familienmitglieder

CD 1 5-7

A1-A2 1 Hören Sie sich die Interviews mit diesen drei deutschen Jugendlichen an und sagen Sie, welches Familienmitglied für sie eine wichtige Rolle spielt.

A2 2 Aus welchen Gründen haben die Jugendlichen eine besondere Beziehung zu diesem Familienmitglied?

SPRACHBOX

Besondere Familienbeziehungen

- sich geborgen fühlen *se sentir en sécurité*
- Ratschläge brauchen *avoir besoin de conseils*
- jm nah sein *être proche de qn*
- das Vorbild *le modèle, l'exemple à suivre*
- jm vertrauen *faire confiance à qn*
- verständnisvoll, aufgeschlossen, ruhig sein *être compréhensif, ouvert, calme*
- mit jm Zeit verbringen* *passer du temps avec qn*
- der Patenonkel; die Patentante; das Patenkind *le parrain ; la marraine ; le filleul, la filleule*
- der Enkel; die Enkelin; die Enkelkinder *le petit-fils ; la petite-fille ; les petits-enfants*
- das Familienmitglied (-er) *le membre de la famille*
- weise *sage, avisé, sensé*
- die Weisheit *la sagesse*
- nützlich *utile*

→ p. 38

B Meine weise Oma

A1-A2 1 Warum geht die Erzählerin zu ihrer Großmutter?

A2 2 Was erwartet sie von ihrer Oma? Was bringt sie ihr?

3 Welche Beziehung hat die Großmutter zu ihrer Enkelin?

Anna hat einen wunderschönen Abend mit einem Freund, Ivan, verbracht. Jedoch hat sie nicht nach seiner Nummer gefragt. Und er auch nicht. Jetzt stellt sie sich viele Fragen ...

Als ich aufwache, bin ich verwirrt[1]. Kurz überlege ich, ob ich den gestrigen Abend vielleicht nur geträumt habe. Doch dann fällt mir ein, dass ich vor dem Einschlafen schon genauso verwirrt war.
Was war das mit Ivan? [...]

Ich beschließe, meine Oma zu besuchen. Die wird mir weiterhelfen. Schließlich sind alte Frauen weise und lebenserfahren und können gute Ratschläge geben. Sagt man. In fast jedem Buch kommt spätestens bei der Hälfte eine alte, weise Frau vor, die der Hauptfigur weiterhilft. Ob Fantasy, Liebesroman oder Krimi, immer sind es die alten Frauen. [...] Sie erzählen von ihrer ersten Jugendliebe, die sie leider aus den Augen verloren haben, und diese Geschichte öffnet der Hauptfigur die Augen und hilft ihr, zu ihren eigenen Gefühlen zu finden. [...]

Meine Oma ist nicht unbedingt der Typ weise Frau, aber sie ist die einzige alte Frau, die ich kenne [...]. Als ich sie anrufe, ist sie überglücklich und freut sich, mich bekochen[2] zu dürfen.

Meine Eltern freuen sich auch, dass ich gute Enkelin spiele. Meine Mutter gibt mir Geld, um am Bahnhof Blumen zu kaufen. Mein Vater wünscht mir viel Spaß.

Doch um Spaß geht es mir nicht. Ich will Weisheit, Weltwissen[3] und nützliche Ratschläge. [...]

Meine Oma wohnt nur eine halbe Stunde mit dem Zug entfernt, trotzdem besuchen wir sie fast nie. Wir telefonieren regelmäßig und meine Mutter fährt ab und zu hin. [...]

„Wie geht's denn in der Schule?" fragt meine Oma.

„Wie immer." Das ist auch kein besonders weises Gesprächsthema. Ich muss mir schnell was überlegen.

„Oma, wie oft warst du verliebt?"

Elisabeth Etz, *Alles nach Plan*, 2015

1. verwirrt *troublé* 2. jn bekochen *faire la cuisine à qn* 3. das Weltwissen *la connaissance du monde*

SPRACHBOX

Exprimer la possession

- Jasmins Bruder ist nett. Sie unternimmt viel mit **ihm**.
- Tina verbringt viel Zeit mit **ihren** Eltern.

→ p. 40

Nun sind Sie dran!

Wie könnte das Gespräch zwischen der Großmutter und ihrer Enkelin weitergehen? Setzen Sie sich in Zweiergruppen zusammen und bereiten Sie das Rollenspiel vor.

TRAINING

WORTSCHATZ

Mehrere Generationen

seine Familie präsentieren

A2

- der Stiefvater (¨) *le beau-père*
- die Stiefmutter (¨) *la belle-mère*
- der Halbbruder (¨) *le demi- frère*
- die Zwillingsschwester *la sœur jumelle*
- der Cousin (-s) *le cousin*
- die Cousine (-n) *la cousine*
- der Onkel (-) *l'oncle*
- die Tante (-n) *la tante*
- das Enkelkind (-er) *le petit-fils, la petite-fille*
- das Familienmitglied (-er) *le membre de la famille*
- älter ≠ jünger als jn sein *être plus âgé ≠ plus jeune que qn*

A2-B1

- jn heiraten *se marier avec qn*
- sich von jm scheiden lassen* *divorcer de qn*
- single = ledig, verheiratet, getrennt, geschieden sein *être célibataire, marié, séparé, divorcé*
- (keine) Geschwister haben *(ne pas) avoir des (de) frères et sœurs*
- Einzelkind sein *être enfant unique*
- etw. gemeinsam haben *avoir qc en commun*
- jm ähnlich sein; sich ähnlich sein *ressembler à qn ; se ressembler*
- das Vorbild (-er) *l'exemple à suivre*
- der Unterschied (-e) *la différence*
- sich von jm durch etw. (A) unterscheiden* *se distinguer de qn par qc*

ein besonderes Verhältnis zu jemandem haben

A2

- sich gut ≠ schlecht mit jm verstehen* *bien ≠ mal s'entendre avec qn*
- sich streiten* *se disputer*
- der Streit *la dispute*
- jm vertrauen *faire confiance à qn*
- jn nerven *énerver qn*
- Spaß haben *s'amuser*

A2-B1

- die Beziehung zu jm = das Verhältnis zu jm *la relation avec qn*
- sich geborgen / in Sicherheit fühlen *se sentir en sécurité*
- eine enge, gute Beziehung zu jm haben *avoir une relation proche, de qualité avec qn*
- etw. zusammen / mit jm unternehmen* *entreprendre qc ensemble / avec qn*
- Geheimnisse erzählen; teilen *raconter ; partager des secrets*
- Ratschläge brauchen; geben* *avoir besoin de conseils ; donner des conseils*
- verständnisvoll, aufgeschlossen sein *être compréhensif, ouvert*
- sich auf jn verlassen* *compter sur qn*

Comprendre les consignes

- Schreiben Sie eine Legende zu diesem Bild. *Légendez cette image.*
- Stellen Sie Hypothesen auf. *Faites des hypothèses.*

ÜBUNGEN

1 **Retrouvez les mots en remettant les lettres dans l'ordre suivant le modèle et indiquez l'article du mot reconstitué.**

GEÜLFH → das Gefühl

a. BEZNEHGUI → d... Be _ _ _ _ _ _ _
b. GETWEIRSCHST → d... Ge _ _ _ _ _ _ _ _ _
c. VODIBRL → d... Vo _ _ _ _ _
d. ELTNER → d... El _ _ _ _
e. FAMMITGLIEENDILI → d... Fam _ _ _ _ _ _ _ _ _ _ _ _ _
f. ENKKENDLREI → d... Enk _ _ _ _ _ _ _ _ _ _ _ _ _

2 **Reformulez les phrases suivantes en remplaçant les éléments soulignés à l'aide des éléments donnés. Pensez à conjuguer les verbes.**

eine gute Beziehung – Einzelkind sein – geschieden sein – Humor haben – jn nerven – sich ähnlich sein

a. Mein Vater hat sich von meiner Mutter scheiden lassen.
b. Ich habe keine Geschwister.
c. Du bist humorvoll!
d. Wir haben ein gutes Verhältnis.
e. Mein Bruder geht mir auf die Nerven.
f. Sie haben viele Gemeinsamkeiten.

3 **Complétez les phrases avec le mot qui convient.**

ähnlich – aufgeschlossen – geborgen – lustig – verständnisvoll

a. Er ist sehr offen. Ich kann über alles mit ihm sprechen. Er ist sehr ... .
b. Ich kann ihr von meinen Problemen erzählen. Sie versteht mich. Sie ist sehr ... .
c. Ich lache oft, wenn ich mit ihm zusammen bin. Er ist immer sehr ... .
d. Ich habe viel mit ihm gemeinsam. Ich bin ihm sehr ... .
e. Ich fühle mich sehr ... bei meiner Tante. Sie bringt mir Sicherheit.

4 **Complétez par la préposition qui convient :**

auf (x2) – mit – über – von – zu

a. Sie hat sich letztes Jahr ... ihrem Mann scheiden lassen.
b. Er versteht sich sehr gut ... ihr.
c. Du gehst mir ... die Nerven!
d. Mit dir kann ich ... alles reden.
e. Er hat ein sehr gutes Verhältnis ... seinen Eltern.
f. Sie kann sich ... ihn verlassen.

Extra

A1-A2 **5** **Stellen Sie sich vor. Geben Sie Informationen zu Ihrem Wohnort, Ihrer Familie, Ihrem Charakter, Ihren Liebsten ...**

SPRACHMELODIE

CD 1 8 MP3 4

Le *Umlaut*

- **Le *Umlaut* change la prononciation de la voyelle.**
  a ≠ ä (comme en français « mer »)
  o ≠ ö (comme en français « eux » ou « œufs »)
  u ≠ ü (comme en français « mur »)
  au ≠ äu (comme « oy » dans « boy » en anglais)
- La présence du *Umlaut* peut changer le sens du mot :
  ich konnte (je pouvais) ≠ *ich könnte* (je pourrais)
  ich hatte (j'avais) ≠ *ich hätte* (j'aurais)

1 **Écoutez ces mots et répétez-les.**
fühlen – meine Brüder – ähnlich – älter – die Ratschläge – trösten – häufig – die Lösung – größer – jünger

2 **Écoutez attentivement ces deux phrases.**
Mein älterer Bruder tröstet mich und gibt mir häufig gute Ratschläge.
Ihre Mutter und sie sehen sehr glücklich und ähnlich aus.

3 **Lisez-les maintenant en veillant à bien prononcer le *Umlaut*. Vous pouvez vous enregistrer.**

4 **Réécoutez l'enregistrement et vérifiez que vous avez bien réalisé les sons.**

TRAINING

GRAMMATIK

LERNTEMPODUETT
→ p. 19

Présenter une situation ou quelqu'un → p. 35

→ PRÉCIS p. 225, 227

- On utilise le présent (radical + terminaisons *-e*, *-st*, *-(e)t*, *-en*, *-(e)t*, *-en*).
- Certains verbes modifient leur radical à la 2e et à la 3e personne du singulier.
  Sie fährt gern Rad, wenn sie Zeit mit ihrem Vater verbringt.
- Les auxiliaires et les verbes de modalité ont une conjugaison irrégulière.
  Sie mag klassische Musik.

1 Recopiez ce tableau de conjugaison et complétez les formes manquantes.

ich verstehe	ich …	ich …	ich …	ich …	ich …
du …	du weißt	du …	du …	du …	du …
er …	er …	er mag	er …	er …	er …
wir …	wir …	wir …	wir fahren	wir …	wir …
ihr …	ihr …	ihr …	ihr …	ihr trefft	ihr …
sie / Sie …	sie / Sie …	sie / Sie …	sie / Sie …	sie / Sie …	sie / Sie haben

2 Complétez la présentation en conjuguant les verbes au présent.

Ich … (heißen) Sasha und … (wohnen) mit meinen Brüdern und meinen Eltern in Hamburg. Ich … (mögen) meine Stadt. Ich … (sein) dort geboren und … (können) mir nicht vorstellen, in einer anderen Stadt zu leben. Wir … (fahren) oft an die Nordsee und … (verbringen) dann den ganzen Tag in Sankt Peter Ording. Mein Vater … (sprechen) Dänisch und … (treffen) oft Freunde aus Kopenhagen.

3 Complétez par le verbe qui convient en n'oubliant pas de le conjuguer.

an/rufen – gehen – haben – können – sein (x2) – shoppen – treffen – machen – unternehmen – verbringen – vertrauen – wissen – wollen

Meine Geschwister und ich … uns oft in der Stadt, wo wir … oder ins Kino … . Wir … gern Zeit zusammen und … gern etwas, wenn wir frei … . Ich … meinen Eltern und …, dass sie immer für mich da … .
Thomas … mein älterer Bruder und ich … mich auf ihn verlassen. Manchmal … wir unsere Hausaufgaben zusammen. Oft … ich ihn …, wenn ich über etwas sprechen … .

Exprimer la possession ou l'appartenance → p. 37

→ PRÉCIS p. 231

- Le possessif diffère selon le possesseur :
  ich → *mein*, *du* → *dein*, *wir* → *unser*, *ihr* (vous pluriel de tutoiement) → *eu(e)r*, *sie* (pluriel) / *Sie* (vous de politesse) → *ihr* / *Ihr*
  ***Unsere** Straße ist die Adenauer-Straße. Wie heißt **eure** Straße?*
- Contrairement au français, il y a deux possessifs à la 3e personne du singulier :
  ***Tinas** Mutter = **ihre** Mutter* ***Leos** kleiner Bruder = **sein** kleiner Bruder*
- Comme en anglais, le nom propre prend un **-s** (génitif saxon). Il est placé devant le nom qui perd son article :
  Tina hat einen Bruder → Tinas Bruder

4 Compléter par le possessif qui convient

seinen – seine – ihre (x2) – ihr (x2)

Ich habe Tina angerufen. … Vater wohnt jetzt in Berlin, wo er … neuen Job angefangen hat. … Mutter freut sich auf das Leben in Berlin. … Eltern haben als Studenten schon in der Hauptstadt gelebt. … Vater hat … ehemalige Mitbewohnerin wieder getroffen.

5 Ajoutez le possessif qui convient.

Das sind wir, die Müllers! … Familie besteht aus fünf Personen: … Eltern, … Schwester und ich + … Hund. … Haus ist im Stadtzentrum. … Eltern fahren zusammen zu … Firma. Sie arbeiten beide bei Audi. Und ihr, wo arbeiten … Eltern?

Eine besondere Beziehung!

A2

- Stellen Sie jemanden aus Ihrer Familie oder aus Ihrem engen Kreis vor, der Ihnen wichtig ist. Erklären Sie die Gründe für diese besondere Beziehung.
- Präsentieren Sie diese Person kurz (Gemeinsamkeiten, Unterschiede …) und berichten Sie über die gemeinsam verbrachte Zeit, über Anekdoten …
- Fassen Sie dann alle Informationen in einem Text im Präsens zusammen.
- Illustrieren Sie eventuell Ihre Präsentation mit Fotos. Sie können ein Präsentationsprogramm verwenden.

Stratégies

▷ Pour donner les différentes étapes, pensez à évoquer

- **la rencontre**
  – *Ich treffe mich mit meiner Tante einmal pro Monat / in den Sommerferien /, wenn ich Lust darauf habe.*
- **les activités**
  – *Wir tanzen zusammen. Wir basteln gern zusammen.*
  – *Wir kochen manchmal und ab und zu arbeiten wir im Garten.*
- **les points communs**
  – *Wir sind beide sehr sportlich und wir sehen gern Rugbyspiele zusammen. Wir verstehen uns sehr gut und können über alles reden.*
- **les différences**
  – *Mein Onkel wohnt nicht in Frankreich. Deswegen ist es manchmal kompliziert, wenn ich etwas mit ihm unternehmen möchte.*
- **les anecdotes**
  – *Ich war einmal mit meinem Patenonkel auf Mallorca und das hat super Spaß gemacht. Wir sind jeden Tag schwimmen gegangen und haben zusammen viel gelacht.*

Zwischen den Generationen

SPRACHBOX

- Zeit zusammen verbringen* *passer du temps ensemble*
- Spaß haben *s'amuser*
- Videospiele spielen *jouer aux jeux vidéo*
- am Strand sein *être à la plage*
- sich durch die Schule kennen* *se connaître par l'école*
- etw. mit Freunden unternehmen* *faire qc avec ses amis*
- Sport treiben* *faire du sport*

→ p. 48

Was verbindet Generationen?

Meine Freunde!

A1-A2 **1** Schauen Sie sich die Fotos an und beschreiben Sie sie.

A2 **2** Und Sie? Was machen Sie am häufigsten mit Ihren Freunden zusammen?

3 Woher kennen Sie Ihre Freunde?

1 2 Projekt

Freundschaft definieren

Kreativität unter Freunden

A Deutschlands berühmteste Freundschaft

B1

1. Welche Gemeinsamkeiten und Unterschiede hatten Schiller und Goethe?
2. Was hat jeder dem anderen gebracht?
3. Hätten Sie Lust, das Buch von Rüdiger Safranski zu lesen und mehr über ihre Freundschaft zu erfahren? Begründen Sie Ihre Antwort.
4. Kennen Sie andere bekannte Freundschaften (in der Literatur, in der Geschichte oder im Kino …)? Berichten Sie kurz darüber.

Auch wenn es 10 Jahre Altersunterschied zwischen Friedrich Schiller (1759) und Johann Wolfgang Goethe (1749) gab, war die Freundschaft zwischen den beiden Schriftstellern besonders wertvoll und modern.

Jeder der beiden sagte vom Anderen, er sei ihm der wichtigste Mensch gewesen.

Sie waren grundverschieden, doch Gegensätze ziehen sich an[1]. Intuition und Gefühl bei Goethe, scharfer Intellekt und zäher Wille[2] bei Schiller; der eine setzt auf Natur, der andere auf Freiheit. Schiller schreibt seine klassischen Dramen und bringt sie mit Goethes Hilfe auf die Bühne[3]. Und Goethe erlebt durch Schiller seine zweite künstlerische Jugend. Goethe führt ein gelungenes langes Leben, Schiller stirbt jung.

Rüdiger Safranski erzählt in seinem Buch von der Freundschaft, aber auch von der Ambivalenz dieser gemeinsamen Geschichte: Im Sommer 1794 beginnt in Jena der Briefwechsel zwischen Goethe und Schiller, der das bedeutendste gemeinsame Werk der beiden war.

Von 1794 bis zum Tode Schillers im Mai 1805 dauerte ihre Freundschaft. Als Schiller starb, wusste Goethe, dass für ihn damit eine Epoche seines Lebens zu Ende ging. Er erzählte:

„Ich dachte mich selbst zu verlieren, und verliere nun einen Freund und in demselben die Hälfte meines Daseins[4]."

Nach Rüdiger Safranski, *Goethe & Schiller, Geschichte einer Freundschaft*, 2009

1. Die Gegensätze ziehen sich an. *Les opposés s'attirent.*
2. der zähe Wille *la volonté farouche*
3. etw. auf die Bühne bringen* *mettre en scène qc*
4. die Hälfte meines Daseins *la moitié de mon être*

Kultur BOX

Die **Weimarer Klassik** ist die gemeinsame kreative Zeit der beiden Schriftsteller Johann Wolfgang Goethe und Friedrich Schiller. Sie dauerte von 1794 bis 1805 an. Diese literarische Allianz bestand aus Briefen und Besuchen. Der Briefwechsel zwischen Schiller und Goethe umfasst bis zu Schillers Tod am 9. Mai 1805 mehr als 1 000 Briefe und Billete.
Weimar, der Wohnort Goethes und Schillers, war damals das intellektuelle Zentrum Deutschlands.
Auf dem Theaterplatz in Weimar steht das Goethe-und-Schiller-Denkmal. Eine Besonderheit ist, dass die beiden Schriftsteller in gleicher Körpergröße dargestellt sind, obwohl Schiller mit 1,90 m viel größer war als Goethe, mit nur 1,69 m.

B Eine spannende Freundschaft

VIDEO

B1
1. In welcher Epoche waren Goethe und Schiller befreundet?
2. Wer war damals der Berühmtere von beiden?
3. Wer von den beiden hat in seinem Leben stark gelitten?
4. Was haben sie zusammen gemacht?

die gebildete Minderheit *la minorité cultivée* – leiden* *souffrir* – ein Günstling der Natur sein *être gâté par la nature* – Widerstände überwinden* *surmonter des résistances* – der Neid *l'envie, la jalousie*

SPRACHBOX

Was ist ein guter Freund?

- immer füreinander da sein *être toujours là l'un pour l'autre*
- gemeinsam *(en) commun*
- gemeinsame Interessen haben *avoir des intérêts communs*
- die Gemeinsamkeit (-en) *le point commun*
- grundverschieden ≠ ähnlich sein *être fondamentalement différent ≠ semblable*
- auf jn rechnen *compter sur qn*
- jm vertrauen *faire confiance à qn*
- jn unterstützen *soutenir qn*
- jm helfen* *aider qn*
- jn vermissen *regretter l'absence de qn*

→ p. 48

C Briefwechsel

B1
1. Sagen Sie, wie Goethe und Schiller ihre Freundschaft durch Worte zeigten.
2. Versuchen Sie diese kurzen Auszüge ins moderne Deutsch zu übersetzen.

Jena, den 30. October 1797

Gottlob, daß ich wieder Nachricht von Ihnen habe! Diese drei Wochen, da Sie in den Gebirgen, abgeschnitten[1] von uns, umherzogen[2], sind mir lang geworden.

Schiller

Weimar, am 3. Januar 1798

Es ist mir dabei ganz wohl zu Muthe[3], daß wir zum neuen Jahre einander so nahe sind; ich wünsche nur, daß wir uns bald wieder sehen und einige Zeit in der Continuation zusammen leben.

Goethe

1. abgeschnitten ≃ fern
2. umhergezogen ≃ gereist
3. es ist mir wohl zu Muthe ≃ ich bin gücklich darüber

SPRACHBOX

Relater des faits au passé

Le parfait

- Sie haben sich sofort gut **verstanden** und haben sich wohl **gefühlt**.
- Er hat regelmäßig Briefe **geschrieben**.
- Im Sommer bin ich mit einer Freundin nach Frankreich **gereist**.

→ p. 50

Nun sind Sie dran!!

Was ist ein guter Freund für Sie? Geben Sie Ihre eigene Definition.

Miteinander der Generationen

A Miteinander leben

VIDEO

A2
1. Wer wohnt in diesem Haus? Wie viele Personen? Wie alt sind sie?
2. Warum haben sie sich für diese Wohngemeinschaft entschieden?
3. Wie wohnt man dort?

→ p. 48

SPRACHBOX

zusammen leben
- sich über etw. Gedanken machen *se faire du souci pour qc*
- begeistert sein *être enthousiaste*
- mit Menschen zusammen leben *vivre avec des gens*
- eine Ersatzfamilie finden* *trouver une famille de remplacement*
- sich um jn kümmern *s'occuper de qn*
- etw. für die Gemeinschaft machen *faire qc pour la communauté*
- der Gemeinschaftsgarten *le jardin communautaire*
- die Wohngemeinschaft (-en) *la communauté (de personnes partageant une maison ou un appartement)*
- der Nachbar (-n) *le voisin*
- eine Aufgabe übernehmen* *prendre en charge une tâche*
- besonders *particulier, spécial*

Probleme lösen
- auf eine (schwierige) Situation reagieren *réagir à une situation (difficile)*
- mit einem Problem konfrontiert sein *être confronté à un problème*
- ein Problem lösen; überwinden* *résoudre ; surmonter un problème*
- eine Lösung finden* *trouver une solution*

Verhältnisse
- das Verhältnis zu jm = die Beziehung zu jm *la relation avec qn*
- Rücksicht auf etw. / jn nehmen* *faire attention à qc / qn*
- mit jm klar/kommen* *s'entendre avec qn*
- sich mit jm (nicht) gut verstehen* *(ne pas) bien s'entendre avec qn*
- jm etw. vor/werfen* *reprocher qc à qn*
- unter Druck sein *être sous pression*

→ p. 48

B Liebe kann kompliziert sein

CD 1 9

A2 **1** Wo hat Peter Sophie getroffen?

B1 **2** Was ist ihm zuerst aufgefallen? Und dann?

3 Warum ist ihre Liebesgeschichte kompliziert? Wer will diese Liebesgeschichte verhindern?

4 Schreiben Sie die Geschichte weiter. Wie reagiert Peter? Macht Peter, was Sophies Vater gesagt hat?
→ Peter kann es nicht glauben, dass er Sophie nicht mehr trifft. Es ist für ihn unmöglich, weil ...
→ Peter will eine Lösung finden, weil er Sophie nicht in eine schwierige Situation bringen will. Er ...

5 Hören Sie sich nun die echte Folge des Textes von Martin Suter an.
Wie reagieren die Protagonisten? Entspricht es Ihrem Vorschlag?

David erzählt von einer Geschichte, die er gelesen hat und die ihn besonders berührt hat. Es ist die Geschichte von Peter Landwei.

Peter war gerade zwanzig geworden, als er Sophie auf der Eisbahn begegnete[1]. [...] Zuerst fiel ihm Sophie auf, weil sie offenbar zum ersten Mal auf Schlittschuhen stand. Breitbeinig und mit durchgedrückten Knien[2] ließ sie sich von zwei Freundinnen über die Eisfläche schieben[3] und ziehen und landete alle paar Meter auf dem Hintern[4]. Erst als sie direkt vor ihm auf dem Eis saß und nicht aufstehen konnte vor Lachen, fiel ihm auf, wie hübsch sie war. Er schwang sich über die Bande[5] und half ihr auf die Beine.

Das war der Anfang einer Liebe voller Hindernisse[6]. Sophie war erst sechzehn und hatte strenge Eltern. Und man schrieb das Jahr 1954. Sie trafen sich heimlich zu Spaziergängen, Zoobesuchen und Kaffee und Kuchen in Tee Rooms, wo sie niemand kannte. Nie konnten sie ungestört zusammen sein. Peter wohnte zwar allein in einem Mansardenzimmer, aber das Risiko, sich dort zu treffen, war viel zu groß.

Eines Abends, als Peter von der Arbeit – er arbeitete in einem Radiogeschäft als Techniker – nach Hause kam, empfing ihn Sophies Vater vor dem Hauseingang. Er drohte ihm mit einer Anzeige[7]. Und nötigte ihn zum Versprechen[8], sich nie mehr mit seiner Tochter zu treffen.

Martin Suter, *Lila, Lila*, 2004

1. jm auf der Eisbahn begegnen *rencontrer qn à la patinoire*
2. breitbeinig und mit durchgedrückten Knien *les jambes écartées et avec les genous pliés*
3. sich schieben lassen* *se faire pousser*
4. auf dem Hintern landen *atterrir sur les fesses*
5. sich über die Bande schwingen* *enjamber la bordure*
6. voller Hindernisse *plein d'obstacles*
7. jm mit einer Anzeige drohen *menacer qn de porter plainte*
8. jn zum Versprechen nötigen *forcer qn à promettre qc*

SPRACHBOX

La place du verbe

- Man ist verliebt, wenn man den anderen vermisst.
- Oft denke ich an meine Freundin.

→ p. 50

Nun sind Sie dran!!

Können Sie sich vorstellen, in einem Mehrgenerationenhaus zu wohnen? Welche Vorteile und Nachteile würde es bringen?

TRAINING

WORTSCHATZ

Zwischen den Generationen

Beziehungen

A2

- der beste Freund; die beste Freundin *le meilleur ami ; la meilleure amie*
- der Kumpel (-) *le pote, le copain*
- sich gut ≠ schlecht mit jm verstehen* *bien ≠ mal s'entendre avec qn*
- sich streiten*; der Streit *se disputer ; la dispute*
- jm vertrauen *faire confiance à qn*
- jn unterstützen *soutenir qn*
- jm helfen* *aider qn*
- die Freundschaft *l'amitié*

A2-B1

- die Beziehung zu jm = das Verhältnis zu jm *la relation avec qn*
- Rücksicht auf etw. / jn nehmen* *faire attention à qc / qn*
- mit jm klar/kommen* *s'entendre avec qn*
- jm etw. vor/werfen* *reprocher qc à qn*
- jn für etw. bewundern *admirer qn pour qc*
- eine besondere Verbindung haben *avoir un lien particulier*
- auf jn rechnen *compter sur qn*
- grundverschieden ≠ ähnlich sein *être fondamentalement différent ≠ semblable*
- die Gemeinsamkeit (-en) *le point commun*
- gemeinsame Interessen haben *avoir des intérêts communs*
- immer füreinander da sein *être toujours là l'un pour l'autre*
- sich über etw. Gedanken machen *se faire du souci pour qc, réfléchir à qc*

eine Liebesgeschichte erleben

A2

- verliebt sein *être amoureux*
- jn attraktiv, hübsch finden* *trouver qn attirant, beau*
- die Liebesgeschichte *l'histoire d'amour*
- oft an jn denken* *penser souvent à qn*

A2-B1

- jm fehlen *manquer à qn*
- jn vermissen *regretter l'absence de qn*
- lustig, humorvoll, lieb sein *être drôle, plein d'humour, gentil*
- zusammen über alles reden können *pouvoir parler de tout ensemble*
- alles miteinander erleben *tout vivre l'un avec l'autre*
- ein Gefühl (Liebe, Eifersucht …) empfinden* *éprouver un sentiment (l'amour, la jalousie…)*

zusammen sein

A2

- Sport treiben* *faire du sport*
- Videospiele spielen *jouer aux jeux vidéo*
- Spaß haben *s'amuser*

A2-B1

- sich durch die Schule kennen* *se connaître par l'école*
- etw. mit seinen Freunden unternehmen* *faire qc avec ses amis*
- Zeit zusammen verbringen* *passer du temps ensemble*
- eine gemeinsame Aktivität haben *avoir une activité en commun*
- sich über etw. aus/tauschen *échanger sur qc*

Probleme lösen

A2

- das Problem (-e) *le problème*
- die Lösung (-en) *la solution*
- eine Lösung finden* *trouver une solution*
- ein Problem lösen *résoudre un problème*

A2-B1

- ein Problem überwinden* *surmonter un problème*
- auf eine schwierige Situation reagieren *réagir à une situation difficile*

zusammen leben

A2

- der Nachbar (-n) *le voisin*
- die Wohngemeinschaft (-en) *la communauté (de personnes partageant une maison ou un appartement)*
- Hilfe brauchen *avoir besoin d'aide*

A2-B1

- mit Menschen zusammen leben *vivre avec des gens*
- eine Ersatzfamilie finden* *trouver une famille de remplacement*
- sich um jn kümmern *s'occuper de qn*
- auf jn auf/passen *faire attention à qn*
- etw. für die Gemeinschaft machen *faire qc pour la communauté*
- eine Aufgabe übernehmen* *prendre en charge une tâche*
- eine besondere, neue Lebensweise *un mode de vie particulier, nouveau*
- jm etw. bei/bringen* *apprendre qc à qn*

Comprendre les consignes

- Erklären Sie die Gründe für … *Expliquez les raisons de…*
- Begründen Sie Ihre Antwort. *Justifiez votre réponse.*

ÜBUNGEN

1 Chassez l'intrus.

a. Liebe – Eifersucht – Freundschaft – Angst
b. schön – unattraktiv – charmant – hübsch
c. streiten – lachen – spielen – Spaß haben
d. der Bruder – der Freund – der Onkel – der Cousin
e. gemeinsam – gleich – ähnlich – verschieden

2 Formez des paires de mots, très proches par leur sens ou synonymes.

reden •	• das Verhältnis
ähnlich •	• sprechen
die Beziehung •	• mit jm klar/kommen
etwas zusammen machen •	• gleich
vermissen •	• fehlen
sich gut mit jm verstehen •	• etwas unternehmen

3 Complétez le texte avec le mot qui convient.

älter – bester – kennen gelernt – Lösung – lustig – reden – überwinden – um – verstanden

Unsere Freundschaft

Mein ___ Freund heißt Tom. Wir haben uns in der Schule ___ . Wir waren in derselben Klasse und haben uns sofort gut ___ . Tom ist sehr ___ : Er macht oft gute Witze, aber er kann auch ernst sein, wenn ich über meine Probleme ___ möchte. Ich habe ihm geholfen, seine Probleme mit seinem Nachbarn zu ___ . Er ist ___ als Tom und macht abends viel Lärm. Zum Beispiel hört er seine Musik sehr laut, wenn Tom seine Hausaufgaben machen möchte. Ich werde mich ___ ihn kümmern, weil ich weiß, dass es immer eine ___ gibt!

Extra

A2-B1

4 Sagen Sie, wer Ihr Freund / Ihre Freundin werden könnte. Und wer nicht? Begründen Sie Ihre Antwort!

Tom, 17
♥ Fußball, Tennis, Rad fahren
✗♥ Kino, kochen

Sara, 32
♥ Computer, Videospiele
✗♥ Fußball, Rugby

Sasha, 16
♥ Fernsehen, mit Freunden zusammen sein, shoppen
✗♥ sprechen, Sport treiben

Doris, 52
♥ kochen, ein Buch lesen
✗♥ allein sein

SPRACHMELODIE

CD 7 10 – MP3 5

Les voyelles longues

En allemand, l'orthographe donne des indications précieuses sur la prononciation.

- Une voyelle est longue quand elle est suivie d'un « ***h*** » : *gehen.*
- Le « ***i*** » qui précède un « ***e*** » est toujours long : *die Beziehung.*
- La voyelle doublée est longue : *die Idee.*

1 Écoutez ces mots et répétez-les.

kompliziert – das Gefühl – die Liebe – unternehmen – verschieden – ziehen – der Kaffee – mehr – der Tee

2 Écoutez attentivement ces deux phrases.

Sie haben eine komplizierte Liebe mit mehreren Problemen erlebt. Trinken Sie lieber Kaffee oder Tee?

3 Lisez-les maintenant en veillant à bien prononcer les voyelles longues. Vous pouvez vous enregistrer.

4 Réécoutez l'enregistrement et vérifiez que vous avez bien réalisé les sons.

TRAINING

GRAMMATIK

LERNTEMPODUETT
→ p. 19

❯ Relater des faits au passé → p. 45

→ PRÉCIS p. 225, 227

- Le parfait correspond au passé composé français. Il est utilisé pour relater des faits accomplis, particulièrement à l'oral. On utilise le prétérit pour les auxiliaires (*ich war, ich hatte, ich konnte, ich musste, ich wollte …*).
- **Auxiliaire conjugué** (*haben* ou *sein*) + participe passé
  *Ich **habe** ihm vertraut und er **hat** mir gute Ratschläge gegeben.*
  *Er **hat** seinen besten Freund in der Schule kennen gelernt.*
- Contrairement au français, les verbes réfléchis se construisent avec *haben* au parfait et tous les verbes de déplacement se construisent avec l'auxiliaire *sein*.

1 **Relevez les verbes au parfait dans le texte et donnez leur infinitif.**

Schiller war ein großer Dichter. Er ist 1759 geboren. Mit 13 hat er seine ersten Theaterstücke geschrieben. Jura und Medizin hat er später studiert. Sehr schnell hat er sich für bekannte Schriftsteller wie Shakespeare und Rousseau interessiert. 1780 war er mit dem Studium fertig. Er ist Militärarzt geworden. Ab 1781 lebte er in Stuttgart, wo er in einem Regiment gearbeitet hat. Er hat sein erstes Stück *Die Räuber* anonym veröffentlicht. 1782 hatte sein Stück großen Erfolg im Theater in Mannheim.

2 **Conjuguez les verbes au parfait et les auxiliaires au prétérit** → liste des verbes forts p. 237-238.

Mit meinem besten Freund Leo … (haben*) wir immer viel Spaß. Als wir zusammen in derselben Klasse … (sein*), … wir viel … (lachen). Entweder er … gute Witze … (machen) oder wir … viel zusammen … (reden). Ich … ihn … (vermissen), als er letztes Jahr nach Berlin … … (um/ziehen*). Wir … viel miteinander … (telefonieren). Ohne ihn … (sein*) die Tage in der Schule länger. Zum Glück … ich nicht lange allein … (bleiben*), weil ich andere nette Leute … … (kennen lernen). Im Januar … ich nach Berlin … (fahren*). Ich … dort eine Woche … (verbringen*) und … natürlich Leo … (besuchen). Er kommt nächsten Monat zu mir. Ich freue mich schon!

❯ La place du verbe → p. 46

→ PRÉCIS p. 234

- Dans la phrase indépendante énonciative, le verbe conjugué est en 2e position.
  *Manchmal **sind** Liebesgeschichten kompliziert.*
- Dans une subordonnée, le verbe conjugué est en dernière position.
  *Er liebt seine Freundin, weil er mit ihr über alles sprechen **kann**.*
  *Wenn sie zusammen **sind**, unternehmen sie viel.*

3 **Formez des phrases à partir des éléments donnés et pensez à mettre une majuscule au 1er élément de la phrase.**

a. ich – seine Freundin – finde – sehr nett
b. nicht sehr gut – in Mathe – er – ist
c. sie – ihren Freunden – hilft – wenn – sie – haben – Probleme
d. wir – uns – in der Schule – kennen gelernt – haben

4 **Commencez la phrase par l'élément souligné.**

a. Ich rufe meinen Freund an, wenn ich Hilfe brauche.
b. Wir kennen uns seit der Schule.
c. Er ist vor einem Jahr in eine andere Stadt gezogen.
d. Ich besuche ihn, so oft ich kann.

5 **Intégrez la première phrase à l'amorce.**

a. Sie hat eine gute Beziehung zu ihm.
→ Ich glaube, dass …
b. Versteht er sich gut mit ihr? → Ich frage mich, ob …
c. Hat er dir geholfen? → Ich möchte wissen, ob …
d. Sie haben sich schon darum gekümmert.
→ Ich meine, dass …

Unsere Liebsten

MÉDIATION DEBATTE → p. 22

A2-B1

- Die Hälfte der Klasse beschäftigt sich mit der Rolle der älteren Generationen (Eltern und Großeltern), die andere Hälfte mit der Wichtigkeit von Personen aus derselben Generation (Geschwister, Cousins und Freunde).
- In einer ersten Phase werden Sie in Vierergruppen Informationen über folgende Aspekte sammeln:
  – Ihre Aktivitäten mit Ihren Freunden oder Geschwistern / Ihrer Familie oder Ihren Großeltern: Was Sie zusammen machen, was Sie verbindet, warum oder wie oft Sie sich treffen …
  – Ihre Beziehung zu Ihren Freunden oder Geschwistern / Ihrer Familie oder Ihren Großeltern: Welche Rolle sie spielen, welche Eigenschaften sie haben, was sie Ihnen bringen …
  – In welcher Situation Personen aus Ihrer Generation wichtiger / besser als Personen aus der älteren Generation sind …
- Dann bilden Sie Gruppen (3-4 Schüler) mit den Mitschülern, die dasselbe Thema erarbeitet haben. Die Gruppe vergleicht und sammelt Ideen und Argumente zur Vorbereitung der Debatte.
- Nun kann die Debatte anfangen. Sie wird von dem Lehrer moderiert, der zu jedem Aspekt zwei Schüler aus unterschiedlichen Gruppen befragt.

Stratégies

Débattre en classe

- **Pour qu'un débat s'organise de manière fluide, vous devez :**
  – penser à respecter la prise de parole de vos camarades,
  – lever la main quand vous souhaitez ajouter un argument tout en étant concentré sur les propos tenus,
  – éviter les répétitions pour faire avancer la discussion,
  – être à l'écoute des relances ou des questions du modérateur.
- **Vous pouvez rebondir sur une idée avancée, la nuancer, ou encore la contredire.**
  Le rôle qui vous est attribué est important. Même si vous ne défendez pas ces idées personnellement, jouez le jeu et soyez le plus convaincant possible.
- **Veillez à prendre la parole au moins trois fois au cours du débat.**
  Préparez vos arguments et vos idées d'un côté et une liste de mots de vocabulaire et de mots de liaison de l'autre qui vous aideront à nuancer vos propos et à enrichir votre expression.
- **Le modérateur joue le rôle de chef d'orchestre du débat.**
  – Il fait attention à ce que le plus d'élèves possible prennent la parole.
  – Il veille à équilibrer les prises de parole entre les deux camps.
  – Il maintient un débat vivant mais où les différentes parties restent respectueuses l'une de l'autre.

Aides lexicales

- **Donner son avis**
  – *Ich bin der Meinung, dass …* + subordonnée (verbe conjugué à la fin)
  – *Meiner Meinung nach* + V2
  – *Ich denke / finde / glaube, dass …* + subordonnée
  – *Ich bin überzeugt, dass …* + subordonnée
- **Rejeter des arguments**
  – *Tina hat erzählt, dass … . Ich finde, dass ihre Argumente nicht zutreffend sind.*
  – *Das glaube / denke / meine ich nicht.*
  – *Ich teile deine / ihre Meinung nicht, weil …*
  – *Ich bin mit dir / Tina nicht einverstanden, da …*
  – *Das stimmt überhaupt nicht.*
- **Être d'accord**
  – *Das glaube / denke / meine ich auch.*
  – *Genau, da hast du Recht. Ich würde auch sagen, dass …*
  – *Ich bin mit dir einverstanden!*
  – *Ich bin der gleichen Meinung.*

Fit für die Zertifikation

ENTRAÎNEMENT AUX ÉPREUVES COMMUNES EN COURS D'ANNÉE

Schriftliche Interaktion

In einem Internetforum geht es um das Thema Familie. Hier kannst du lesen, was vier Schüler über dieses Thema denken.

Alexander

„Ich liebe meine Eltern. Wir unternehmen Vieles zusammen. Sport am Wochenende mit meiner Mutter, Hausaufgaben mit meinem Vater, wenn er nachmittags frei hat. Wir verstehen uns sehr gut und ich freue mich auf unsere gemeinsamen Aktivitäten. Ich bin Einzelkind, so kann ich nichts mit Geschwistern machen.“

Kevin

„Ich habe eine große Familie mit vielen Cousins, Onkeln und Tanten. Familie ist mir wichtig. Wir organisieren immer große Familientreffen, wenn wir Geburtstage oder Feste feiern. Ich mag das.“

Lisa

„Ich habe eine tolle Beziehung zu meiner Zwillingsschwester, Emma. Unsere Eltern arbeiten viel, deshalb verbringen wir viel Zeit zusammen. Wir verstehen uns sehr gut und wir brauchen die meiste Zeit keine Worte, um zu kommunizieren.“

Louise

„Meine Eltern sind geschieden. Meinen Vater sehe ich einmal im Monat. Ich lebe mit meiner Mutter und meinem Stiefvater zusammen. Die Situation ist manchmal kompliziert. Ich fühle mich eigentlich besser, wenn ich mit meinen Freunden zusammen bin. Sie sind immer für mich da.“

- **Gib mit deinen eigenen Worten die Aussagen dieser vier Jugendlichen wieder.**

Pour obtenir le maximum de points de score, il faut penser à restituer avec ses propres mots les informations essentielles de chaque personnage en pensant à passer de la 1re à la 3e personne.

Mündliche Interaktion

- **Bei der mündlichen Prüfung sollst du auch Fragen des Prüfers beantworten. Übt in Zweiergruppen und antwortet abwechselnd auf diese Fragen:**
  - Hast du Schwestern oder Brüder? Wie alt sind sie? Was machen sie? Erzähle von ihnen!
  - Was magst du an deinem besten Freund / deiner besten Freundin?
  - Erzähle von deinen Großeltern! Wie leben sie?

En répondant aux questions posées, il faut veiller à construire des réponses complètes et détaillées avec un maximum d'informations. C'est toujours mieux que d'attendre les relances de l'examinateur.

Hörverstehen

CD1 11 MP3 6

● **Du hörst gleich das Interview mit Josh. Sage, ob die Aussagen richtig oder falsch sind.**

1	Josh ist ein Einzelkind.
2	Er hat keine richtigen Freunde.
3	Isabel hat er in der Schule kennen gelernt.
4	In seiner Freizeit schwimmt er und er muss jeden Tag trainieren.
5	Er trifft sich nie mit den Jungs aus dem Schwimmverein.

Il est nécessaire de prendre connaissance des affirmations proposées en décryptant chaque mot pendant le temps dédié. Les négations (*keine* dans la 2e affirmation, *nie* dans la 5e) jouent un rôle important dans la compréhension de la consigne.

Mündliche Kommunikation

● **Wähle ein Thema aus und bereite ein kurzes Referat vor. Du solltest auch einen Gegenstand mitbringen, der dein Thema illustriert.**

– Die Rolle deiner Freunde in deinem Leben und die Aktivitäten und Hobbies, die du gern mit ihnen teilst.
– Eine besondere Reise, Ferien, ein Familienfest, die dir besonders gut gefallen haben.
– Ein Familienmitglied, das für dich ein Vorbild ist und das du gern präsentieren würdest.

Pour montrer toute la richesse du vocabulaire maîtrisé, évitez les répétitions et variez les structures que vous utilisez en recourant à des expressions synonymes, par exemple : *Mein Freund ist mir wichtig.* = *Mein Freund spielt eine große Rolle in meinem Leben.*

Leseverstehen

● **Lies den Text und sage, ob die Aussagen richtig oder falsch sind.**

Ninas Vater kommt aus einer Großfamilie.

„Er hat sieben Schwestern und zwei Brüder. Ich habe viele Cousins und Cousinen, was mir immer gut gefallen hat. Sie sind wie Freunde für mich. Die Familie meiner Mutter ist relativ klein, da sie nur eine Schwester hat. Familie bedeutet Schutz, Sicherheit und Zusammenhalt. Ohne meine Familie kann ich nicht leben. Ich brauche sie, wenn ich Schwierigkeiten habe und wenn ich etwas Schönes erlebe. Sie ist meine Struktur im Leben. Meine Freunde sehe ich regelmäßig. Meine Eltern verstehen, wie wichtig sie mir sind. Meistens treffen wir uns nach der Schule im Stadtzentrum. Mit ihnen bin ich immer gut gelaunt und ich weiß, dass ich ihnen vertrauen kann. Gute Freunde zu finden ist nicht einfach. Am häufigsten lernen wir unsere besten Kumpel in der Schule kennen. Auf gute Freunde kannst du dich verlassen, auch wenn du sie lange nicht gesehen hast."

1	Für Nina ist Familie alles.
2	Sie hat sieben Tanten und zwei Onkel.
3	Sie meint: Wenn du eine große Familie hast, kannst du auf Freunde verzichten.
4	Familie ist nur nützlich, wenn man Probleme hat.
5	Nina kann sowohl ihren Freunden als auch ihrer Familie vertrauen.

En cas de doute sur le sens d'un mot pendant la lecture du texte, vous pouvez relire le vocabulaire p. 48.

Schulen in Deutschland

A2
1 Assoziieren Sie jeden Kurztext mit dem passenden Foto.
2 Was wissen Sie sonst noch über das deutsche Schulsystem? Sprechen Sie darüber in der Klasse.

1 2 Projekt

Über Frühorientierung in Deutschland berichten

Orientierung in der Schule

A Verschiedene Schultypen

VIDEO

A2-B1

1. Sehen Sie sich das Video an und machen Sie sich Notizen zu den verschiedenen Schultypen.
2. Stellen Sie dann zu zweit das deutsche Schulsystem mit Hilfe des Schemas vor.

verwirrend *déconcertant*
die Steuer (-n) *l'impôt*

DAS DEUTSCHE SCHULSYSTEM

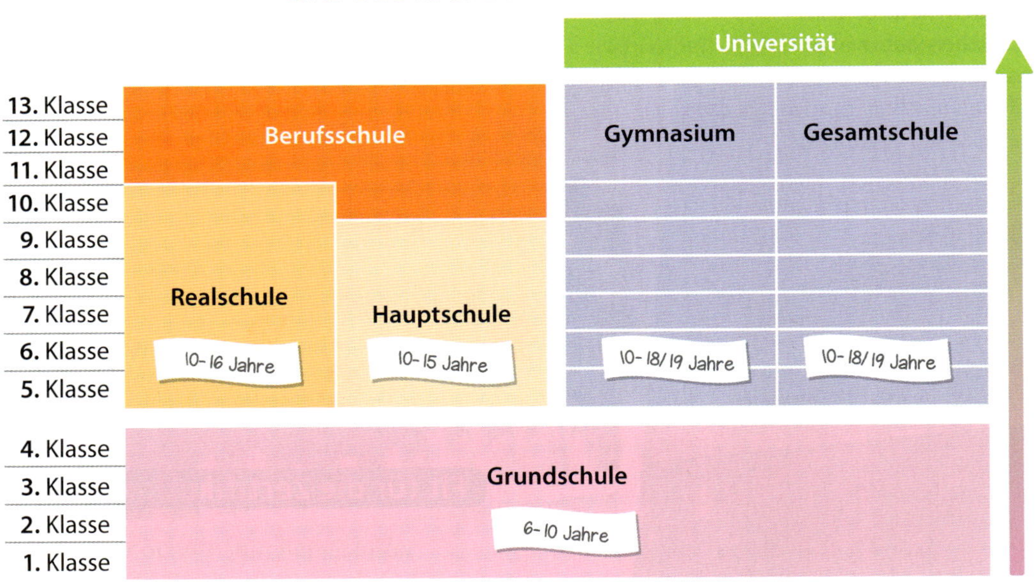

KulturBOX

In vielen deutschen Bundesländern gibt es **Gesamtschulen**. Sie vereinen unter einem Dach die drei Schulformen: **Gymnasium, Hauptschule** und **Realschule**. Jedoch gibt es die Hauptschule immer seltener. Sie fusioniert meistens mit der Realschule und erhält je nach Bundesland einen anderen Namen. Diese Unterschiede bestehen, weil Deutschland ein föderativer Staat ist und die Kultusministerien der einzelnen Bundesländer das Schulsystem bestimmen.
Wenn die Schüler das Abitur nach 9 Jahren Gymnasium machen, so spricht man von **G9-Schulen**, wenn sie es nach 8 Jahren machen, so spricht man von **G8-Schulen**. Einige G8-Schulen wollen zu G9 zurückkehren, weil die Schüler in zu kurzer Zeit zu viel lernen müssen.

Das Schulsystem in Österreich ist so ähnlich wie in Deutschland. Die Orientierung findet sehr früh statt und die Schüler brauchen einen Jahresnotendurchschnitt von „Gut“, um aufs Gymnasium zu kommen. Anders sind allerdings manche Bezeichnungen: Die Grundschule heißt in Österreich *Volksschule*, zum Abitur sagt man *Matura* und die Lehrer werden mit *Frau* und *Herr Professor* angesprochen.

B Welcher Schultyp für wen?

A2-B1

1. Wie entscheidet man in Bayern, welche Schule die Schüler nach der Grundschule besuchen dürfen? Und in anderen Bundesländern?
2. Was wird kritisiert?

In Bayern entscheiden die Noten in Mathe, Deutsch sowie Heimat- und Sachkunde[1], ob ein Schüler aufs Gymnasium oder in die Real- oder Mittelschule kommt: Mit einem Schnitt[2] von 2,33 kommt man aufs Gymnasium, mit 2,66 in die Realschule, mit schlechteren Noten in die Mittel- oder Hauptschule.

Viele Schüler leiden in der vierten Klasse unter hohem Leistungsdruck. In manchen Familien zählen nur noch die Noten. Deshalb wird der Geburtstag vom Opa später gefeiert, das Pferd verkauft, das Kind darf nicht mehr zum Fußballspielen …

Simone Fleischmann, Präsidentin des Bayerischen Lehrer- und Lehrerinnenverbands (BLLV), kritisiert diese Konzentration auf die Noten. Von gleichen Chancen kann für sie in diesem Schulsystem ohnehin keine Rede sein. Sie meint: „Die Note ist nicht allein relevant für Intelligenz und Kompetenz des Kindes. Eine wichtige Rolle spielen auch die Ambitionen, die Motivation und die finanziellen Möglichkeiten der Eltern, die ihr Kind durch Nachhilfe[3] unterstützen[4]."

Für die Zehnjährigen ist dieser Druck einfach viel zu hoch. Deshalb fordert Fleischmann im Namen der Lehrer Bayerns die Freigabe des Elternwillens. Viele andere Bundesländer machen es schon.

In Niedersachsen, Mecklenburg-Vorpommern und Nordrhein-Westfalen empfiehlt der Lehrer zwar, welche Schulform er für geeignet[5] hält, aber die Eltern dürfen frei entscheiden. Auch in Hessen und im Saarland haben die Eltern das letzte Wort.

Nach Jennifer Koch, www.focus.de, 23. 11. 2016

1. Heimat- und Sachkunde *l'histoire locale et les sciences naturelles*
2. mit einem Schnitt von … *avec une moyenne de…*
3. durch Nachhilfe *avec des cours particuliers*
4. unterstützen *soutenir*
5. geeignet *approprié*

SPRACHBOX

Schule und Ausbildung

- der Schultyp (-en) *le type d'école*
- der (Durch)Schnitt *la moyenne*
- im Alter von (D) *à l'âge de*
- mit 10 Jahren *à l'âge de 10 ans*
- der Abschluss *le diplôme*
- je nach Begabung und Fähigkeiten *selon ses facilités et ses capacités*
- sich von etw. (D) unterscheiden* *se distinguer de qc*

Orientierung

- die Orientierung *l'orientation*
- das Notensystem *le système de notes*
- die Leistung (-en) *ici, le résultat scolaire*
- der Druck *la pression*
- entscheiden* *décider*
- unter etw. (D) leiden* *souffrir de qc*
- die Nachhilfe *le cours particulier*
- der Elternwille *la volonté des parents*
- etw. empfehlen* *recommander, conseiller qc*

→ p. 60

SPRACHBOX

Les connecteurs doubles

- Die Schüler können das Abitur **entweder** auf einem Gymnasium **oder** an einer Gesamtschule machen. *(soit … soit)*
- Ich mag **sowohl** Geschichte **als auch** Erdkunde. *(aussi bien … que)*
- Sebastian ist **zwar** nicht der Klassenbeste, **aber** er hat oft gute Noten. *(certes … mais)*
- Nach dem Abitur kann man **nicht nur** studieren, **sondern auch** eine Ausbildung machen. *(non seulement … mais aussi)*

→ p. 62

KulturBOX

Das Notensystem in den DACH-Ländern

In Deutschland	In Österreich	In der Schweiz
1 sehr gut	**1** sehr gut	**6** sehr gut
2 gut	**2** gut	**5** gut
3 befriedigend	**3** befriedigend	**4** befriedigend
4 ausreichend	**4** genügend	**3** ausreichend
5 mangelhaft	**5** ungenügend	**2** mangelhaft
6 ungenügend		**1** ungenügend

Nun sind Sie dran!

Nun wissen Sie vieles über das Schulsystem in Deutschland und in Österreich. Was halten Sie davon? Diskutieren Sie in der Gruppe darüber. Sagen Sie,
– was Sie interessant finden,
– was Sie erstaunt hat,
– was Ihnen gefällt oder missfällt,
– was anders ist als in Frankreich.

Jeder Schüler muss mindestens zweimal zu Wort kommen und seine Meinung begründen.

Azubis gesucht

A Informationen für Azubis

MÉDIATION

PARTNERPUZZLE MINDMAP → p. 20, 25

A2-B1

1. Bilden Sie eine Zweiergruppe. **GRUPPE A** liest die Texte a, b und c und **GRUPPE B** liest die Texte d, e und f.
2. Ein Schüler der **GRUPPE A** tauscht dann seinen Platz mit einem Schüler der **GRUPPE B**. Beide Gruppen tauschen sich nun aus.
3. Erstellen Sie gemeinsam eine Mindmap.

a Was ist die duale Ausbildung?

Die duale Ausbildung findet sowohl im Betrieb als auch an einer Berufsschule statt. In Deutschland gibt es 326 anerkannte Ausbildungsberufe. Die Liste reicht von **A** wie **A**ltenpfleger[1] über **E** wie **E**rzieherin und **K** wie **K**auffrau bis hin zu **S** wie **S**ozialassistent oder **Z** wie **Z**ahnarzthelferin[2].

b Wer kommt für diese Ausbildung in Frage?

Für eine duale Ausbildung können sich sowohl Realschüler als auch Abiturienten bewerben. Vor Beginn der dualen Ausbildung schließt man mit dem Ausbildungsbetrieb einen Vertrag ab, der die Dauer und die Bezahlung festlegt.

c Wo und wie oft findet der Unterricht statt?

Der Unterricht findet ein- bis zweimal in der Woche in der Berufsschule statt. Dabei besucht man die Berufsschule mehrere Wochen und macht in dieser Zeit auch Prüfungen.
Die Praxisphase findet im Ausbildungsbetrieb statt, wo man in verschiedenen Abteilungen[3] arbeitet.

d Wie hoch ist die Bezahlung?

Das hängt davon ab, für welchen Ausbildungsberuf man sich entscheidet. Man kann im ersten Ausbildungsjahr zwischen 200 und 750 Euro verdienen und im dritten Ausbildungsjahr kann man bis zu 1100 Euro bekommen. Einige der bestbezahlten Ausbildungsberufe 2019 sind zum Beispiel Fluglotse/in[4], Polizeibeamter/beamtin, Physiklaborant/in und Fachinformatiker/in.

e Wie lange dauert die Ausbildung?

Die Ausbildungszeit kann zwischen einem und dreieinhalb Jahren dauern. Die Ausbildung zum Altenpfleger oder zum Make-up-Artist dauert zum Beispiel nur ein Jahr, die zum Fahrradmonteur oder Verkäufer dauert zwei Jahre, die Ausbildungszeit für Köche oder Mechatroniker beträgt drei Jahre.

f Welchen Abschluss erhält man?

Die Ausbildung schließt man mit einer Abschlussprüfung ab, die sich aus einer schriftlichen und mündlichen Prüfung zusammensetzt.

SPRACHBOX

L'interrogation partielle

- **Wie** funktioniert die duale Ausbildug?
- **Was** lernt man in einer Berufsschule?
- **Wer** darf an der Universität studieren?
- **Wann** machen die deutschen Schüler das Abitur?
- **Wie lange** dauert die Ausbildung?
- **Wo** kann ich Informationen finden?

→ p. 62

1. der Altenpfleger *l'aide-soignant aux personnes âgées* 2. die Zahnarzthelferin *l'assistante dentaire* 3. die Abteilung *le service* 4. der Fluglotse *le contrôleur aérien*

B Vor- und Nachteile

MÉDIATION

PARTNERBRIEFING → p. 18

CD 7 12-15 MP3 7-10

A2-B1 **1** PARTNER **A** hört sich die Tipps der Azubis Nico und Zeynep an.
PARTNER **B** hört sich die Tipps von Leonie und Oskar an.

B1 **2** PARTNER **A** und **B** machen sich Notizen zu folgenden Punkten:
- Was sagen die Azubis über ihre Ausbildung?
- Welche Vor- und Nachteile der dualen Ausbildung nennen sie?
- Welche Tipps geben sie den zukünftigen Azubis für die Ausbildung?

3 PARTNER **A** und **B** berichten dann einander von ihren Notizen und stellen schließlich der Klasse jeden Azubi vor.

SPRACHBOX

praktisches Lernen

- die duale Ausbildung *la formation en alternance*
- der Azubi = der / die Auszubildende *l'apprenti/e*
- der Ausbildungsberuf (-e) *le métier de formation*
- der Erzieher (-), die Erzieherin (-nen) *l'éducateur, l'éducatrice*
- der Verkäufer (-), die Verkäuferin (-nen) *le vendeur, la vendeuse*
- sich für etw. bewerben* *postuler pour qc*
- einen Vertrag ab/schließen* *signer un contrat*
- in die Arbeitswelt eingeführt werden *avoir un premier contact avec le monde du travail*
- Stufe für Stufe = nach und nach *progressivement*
- theoretisch ≠ praktisch *théorique ≠ pratique*
- praktische Erfahrungen sammeln *faire des expériences concrètes*
- direkt im Beruf stehen* *avoir déjà un pied dans le métier*
- sich an etw. (A) an/passen *s'adapter à qc*

Vor- und Nachteile einer beruflichen Ausbildung

- der Vorteil (-e) ≠ der Nachteil (-e) *l'avantage ≠ l'inconvénient*
- jm gefallen* *plaire à qn*
- keine eigenen Entscheidungen treffen* *ne pas décider seul*
- sein eigenes Geld verdienen *gagner son propre argent*
- die Bezahlung *la rémunération*
- von jm unabhängig sein *ne pas dépendre de qn*
- anstrengend *fatigant*
- pünktlich *ponctuel*
- fixe Arbeitszeiten *des horaires fixes*
- eine feste Stelle bekommen *obtenir un emploi stable*
- die Aufstiegschance (-n) *la perspective d'évolution*
- ein Studium beginnen* *commencer des études*

Ratschläge erteilen

- der Tipp (-s) = der Rat / der Ratschlag (¨-e) *le conseil*
- jn beraten* *conseiller qn*
- jm etw. raten* *conseiller qc à qn*

→ p. 60

Nun sind Sie dran!

Schreiben Sie einen kurzen Beitrag auf einem Blog zum Thema „Duale Ausbildung" und sagen Sie, was Sie daran gut finden und ob eine duale Ausbildung für Sie in Frage kommen könnte.

TRAINING

WORTSCHATZ

Auf dem Weg in den Beruf

Schule in den DACH-Ländern

A2
- rechnen lernen *apprendre à calculer*
- die Note (-n) *la note*
- das Schulfach (¨-er) *la matière scolaire*
- die Grundschule (-n) *l'école primaire*
- das Gymnasium *le collège ; le lycée*
- eine Schule besuchen = auf eine Schule gehen* *fréquenter une école*

A2-B1
- die Fähigkeit (-en) *la capacité*
- die Begabung (-en) *la compétence, le don*
- das Abitur machen *passer le baccalauréat*
- der Abschluss *le diplôme*

frühe Orientierung

A2-B1
- die Orientierung *l'orientation*
- die Leistung (-en) *ici, le résultat scolaire, la performance*
- der (Leistungs)Druck *la pression (des notes, de la performance)*
- unter etw. (D) leiden* *souffrir de qc*
- der (Durch)Schnitt *la moyenne*
- der Elternwille *la volonté des parents*
- sich für etw. (A) entscheiden* (müssen) *(devoir) se décider pour qc*
- mit 10 Jahren ; im Alter von 10 Jahren *à 10 ans ; à l'âge de 10 ans*

Schule und Beruf

A2-B1
- die Ausbildung (-en) *la formation*
- der / die Auszubildende (-n) = der / die Azubi (-s) *l'apprenti/e*
- der Beruf (-e) *le métier*
- der Betrieb (-e) *l'entreprise*
- die Lehre *l'apprentissage*
- die Ausbildungszeit *la durée de la formation*
- sich für etw. (A) bewerben* *postuler pour qc*
- die Bezahlung *la rémunération*
- das Gehalt (¨-er) *le salaire*
- Geld verdienen *gagner de l'argent*
- erfolgreich sein *avoir du succès, réussir*
- finanziell unabhängig sein *être indépendant financièrement*
- von jm ab/hängen* *dépendre de qn*
- anstrengende Arbeitszeiten *des horaires de travail fatigants*
- selbstständig *autonome*
- die Arbeitswelt entdecken *découvrir le monde du travail*
- eine feste Stelle bekommen* *obtenir un poste fixe*
- gute Aufstiegschancen haben *avoir de bonnes perspectives d'évolution*

Ausbildungsberufe

A2-B1
- Fachinformatikerin werden* *devenir informaticienne spécialisée*
- der Industriekaufmann, die Industriekauffrau *le / la commercial/e dans l'industrie*
- der Bankkaufmann, die Bankkauffrau *l'employé/e de banque*

sich beraten lassen

A2-B1
- jn beraten*; jm etw. raten* *conseiller qn ; conseiller qc à qn*
- der Tipp (-s) = der Rat / der Ratschlag (¨-e) *le conseil*
- jm Ratschläge erteilen *donner des conseils à qn*
- etw. vor/schlagen*; der Vorschlag (¨-e) *proposer qc ; la proposition*
- etw. (A) empfehlen*; die Empfehlung (-en) *conseiller qc ; la recommandation*
- sich an etw. (A) an/passen *s'adapter à qc*
- seine eigene Meinung sagen *dire ce que l'on pense*
- Erfahrungen sammeln *faire des expériences*

Comprendre les consignes

- Stellen Sie zu zweit … vor. *Présentez à deux…*
- Bilden Sie eine Gruppe von … Schülern. *Formez un groupe de … élèves.*
- Berichten Sie den anderen. *Rendez compte aux autres.*

ÜBUNGEN

1 Associez un élément de la colonne de gauche à un élément de la colonne de droite pour obtenir une expression cohérente.

unter Leistungsdruck •	• sammeln
Tipps •	• lernen
eine Note •	• geben
eine Schule •	• entdecken
eine Fremdsprache •	• bekommen
Erfahrungen •	• leiden
das Abitur •	• besuchen
die Arbeitswelt •	• machen

2 Classez les mots ou groupes de mots suivants selon leur sens : positif ou négatif.

der Leistungsdruck | erfolgreich sein

Aufstiegschancen haben | hohe Arbeitslosigkeit

schlechte Bezahlung | viele Tipps bekommen

Erfahrungen sammeln | anstrengend

selbstständig arbeiten | abhängig sein

3 Complétez les phrases par les mots manquants.

Abitur – duale Ausbildung – entscheiden – erfolgreich – Gymnasium – Notensystem

a. Um zu studieren, braucht man das … .
b. Das duale System ist in Deutschland sehr … .
c. Das … in der Schweiz unterscheidet sich von dem in Deutschland.
d. Die deutschen Schüler müssen sich früh für einen Schultyp … .
e. Die Azubis machen eine … .
f. In Deutschland brauchen die Schüler einen guten Notendurchschnitt, um aufs … zu kommen.

4 Formez des noms à partir de ces verbes puis indiquez l'article défini qui convient et traduisez-les.

aus/bilden – ab/schließen – beraten – bezahlen – empfehlen – entscheiden – leisten – meinen – orientieren – raten – vor/schlagen

EXTRA

B1 **5 Was sind Ihrer Meinung nach die Vor- und Nachteile der dualen Ausbildung? Erstellen Sie eine persönliche Liste.**

SPRACHMELODIE

CD1 16 MP3 11

Les diphtongues

Dans les diphtongues, il faut prononcer les deux sons successifs de voyelles :
- « ***au*** » se prononce [aou] (comme dans « *how* » en anglais) : *die Ausbildung.*
- « ***ei*** » et « ***ai*** » se prononcent [aï] (comme « aïe ») : *zwei.*
- « ***eu*** » et « ***äu*** » se prononcent [oï] (comme dans « *enjoy* » en anglais) : *der Freund.*

1 Écoutez ces mots et répétez-les.
die Ausbildung – unterscheiden – der Vorteil – Deutschland – sich äußern – die Leistung – heute – träumen – der Freund

2 Écoutez attentivement ces deux phrases.
Die Ausbildung meines Freundes zum Kaufmann beginnt im Mai.
Ich träume von einer Ausbildung zum Kaufmann in Deutschland.

3 Lisez-les maintenant en veillant à bien prononcer les diphtongues. Vous pouvez vous enregistrer.

4 Réécoutez l'enregistrement et vérifiez que vous avez bien réalisé les sons.

TRAINING

GRAMMATIK

LERNTEMPODUETT
→ p. 19

Structurer son propos → p. 57

→ PRÉCIS p. 235

Pour nuancer son propos, il est important de savoir relier les énoncés entre eux. Pour cela, on peut utiliser des connecteurs doubles.

- *nicht nur … sondern auch* (non seulement … mais aussi)
  *Unser Klassenlehrer hat **nicht nur** viel Geduld, **sondern auch** Humor.*
- *zwar … aber* (certes … mais)
  *Jan ist **zwar** nicht zweisprachig, **aber** er hat sehr gute Sprachkenntnisse.*
- *entweder … oder* (soit … soit)
  *Man kann **entweder** an einer Gesamtschule **oder** auf einem Gymnasium Abitur machen.*
- *sowohl … als auch* (aussi bien… que)
  *In der Schweiz ist **sowohl** eine 5 **als auch** eine 6 eine gute Note.*

1 * **Reliez les phrases à l'aide des connecteurs entre parenthèses en procédant aux modifications nécessaires.**

a. (zwar … aber) Er hat gute Schulnoten. Sein Verhalten ist nicht gut.
b. (nicht nur … sondern auch) Azubis lernen in der Berufsschule. Sie lernen im Betrieb.
c. (sowohl … als auch) Ich habe diese Information in der Zeitung gelesen. Ich habe sie im Radio gehört.
d. (entweder … oder) Wir machen unsere Hausaufgaben bei dir zu Hause. Wir machen sie in der Bibliothek.

2 ** **Traduisez.**

a. Cette formation est certes intéressante, mais elle est fatigante.
b. Il aimerait non seulement gagner de l'argent, mais aussi découvrir le monde du travail.
c. Aussi bien en Autriche qu'en Allemagne, 1 est la meilleure note.
d. Certes, elle a moins de temps, mais cette formation lui plaît vraiment.
e. Après le lycée, on peut faire soit des études, soit une formation.

L'interrogation partielle → p. 58

→ PRÉCIS p. 234

- L'interrogation partielle est introduite par un mot interrogatif en ***W-*** et le verbe se trouve en 2e position. La réponse porte sur un élément précis.
- La structure de l'interrogation partielle ressemble à celle de l'anglais ainsi que les mots interrogatifs. ***Was* → *What*** (angl.), ***Wann* → *When*** (angl.).

Quelques mots interrogatifs essentiels :

– ***Warum** entscheiden sich so viele Jugendliche für eine duale Ausbildung?* (pourquoi)
– ***Wie** gefällt den Azubis ihre Ausbildung?* (comment)
– ***Wo** wohnst du?* (où)
– ***Wohin** fährst du im Sommer?* (vers où)
– ***Woher** kommst du?* (d'où)
– ***Wieso** hast du keine Zeit?* (pourquoi, pour quelle raison)
– ***Wie lange** dauert der Unterricht?* (combien de temps)
– ***Seit wann** lebst du in Frankreich?* (depuis quand)
– ***Wie viel** verdient ein Azubi?* (combien)
– ***Wie oft** gehst du in die Berufsschule?* (combien de fois)
– ***Wer** kennt den Weg?* (qui sujet, nominatif)

! Le pronom *wer* se décline selon sa fonction dans la phrase.
– ***Wen*** (accusatif) → *Wen triffst du morgen?* (Qui rencontres-tu demain?)
– ***Wem*** (datif) → *Wem hast du Tipps gegeben?* (À qui as-tu donné des conseils ?)

3 * **Posez la question qui correspond à la réponse soulignée.**

a. Die Ausbildung dauert zwei Jahre.
b. Seine Ausbildung beginnt im September.
c. Wenn man studieren will, braucht man das Abitur.
d. An G9-Schulen sind die Schüler 19 Jahre alt, wenn sie das Abitur machen.
e. In Niedersachsen entscheiden die Eltern, welchen Schultyp ihre Kinder besuchen.
f. Es gibt 326 Ausbildungsberufe in Deutschland.
g. Seine Arbeitszeiten sind anstrengend.
h. Ihr Austauschpartner kommt aus Bayern.

4 ** **Traduisez.**

a. Pourquoi as-tu décidé de faire une formation en alternance ?
b. Combien de temps cette formation dure-t-elle ?
c. Depuis quand habite-t-il en Autriche ?
d. Qui vous a donné ces conseils ?
e. Comment as-tu trouvé cette formation ?
f. À qui as-tu fait cette proposition ?
g. Qui peut m'aider ?

Quiz zu Schule und Ausbildung

A2-B1

- Bilden Sie eine Zweiergruppe und erstellen Sie ein Quiz in Form eines Richtig / Falsch zur Thematik Schule und Ausbildung in den DACH-Ländern. Jede Gruppe schreibt 6 Sätze im Zusammenhang mit den Informationen in diesem Kapitel.
  Diese Sätze sind entweder richtig oder falsch.
- Jede Gruppe projiziert ihre Sätze mit dem Videoprojektor der Klasse und jeder Schüler kreuzt auf dem Antwortbogen zu jedem Satz „richtig" oder „falsch" an.
- Die Antwortbögen werden im Plenum so korrigiert, dass jede Zweiergruppe den von ihr erstellten Fragebogen mündlich korrigiert. Wer die meisten korrekten Antworten hat, hat gewonnen.

Stratégies

▷ Pour préparer votre quizz, vous pouvez faire des comparaisons avec votre lycée

- **Comparatif d'égalité**
  *Bei der dualen Ausbildung ist die Praxis **so** wichtig **wie** die Theorie.* Dans la formation en alternance, l'enseignement pratique est aussi important que l'enseignement théorique.
- **Comparatif d'inégalité**
  *Die Orientierung der Schüler findet in Frankreich **nicht so** früh **wie** in Deutschland statt.* L'orientation des élèves en France n'a pas lieu aussi tôt qu'en Allemagne.
- **Comparatif de supériorité**
  *In Frankreich dauert die Grundschule läng**er** als in Deutschland.* En France, l'école primaire dure plus longtemps qu'en Allemagne.

▷ Pour nuancer vos phrases, vous pouvez utiliser les connecteurs doubles

– nicht nur … sondern auch …
– entweder … oder …
– zwar … aber …
– sowohl … als auch …

▷ Quelques exemples

– Nicht nur in Deutschland, sondern auch in Österreich, ist die beste Note eine Eins.
– Mit dem Abitur kann man entweder studieren oder eine Ausbildung machen.
– In Deutschland und in Österreich dauert die Grundschule vier Jahre.
– …

1 Bildung und Erziehung

In den modernen Familien von heute arbeiten oft beide Elternteile. Deshalb eröffnet man viele neue Krippen und Kindergärten und die brauchen natürlich jede Menge Erzieher.

2 Gesundheit, Pflege und Medizin

Die Menschen werden immer älter, die medizinische Versorgung[1] immer besser: Im Gesundheitswesen gibt es über vier Millionen Arbeitsplätze.

1. die medizinische Versorgung *les soins médicaux*

3 Technik, Metall und Maschinenbau

„Made in Germany" steht für technische Qualitätsprodukte. Egal, ob Autos, Maschinen, Geräte – sie alle brauchen Ingenieure und Techniker, die zu den Zukunftsberufen zählen.

4 IT und Elektrotechnik

Mit Smartphone, Tablet oder Laptop surfen wir im Internet und kommunizieren mit unseren Freunden. Berufe aus dem Bereich IT und Elektrotechnik zählen zu den Zukunftsberufen.

5 Handel und Logistik

Deutschland ist Export-Weltmeister. Jeden Tag werden viele Produkte transportiert. Damit sie schnell ihr Ziel erreichen, sind viele verschiedene Fachkräfte gefragt.

6 Ernährung und Umwelt

Die Menschen wollen gesund essen und sind umweltbewusst. Viele Berufe haben mit der Zubereitung von Lebensmitteln und mit dem Umweltschutz zu tun.

Kapitel 4

LES UNIVERS PROFESSIONNELS, LE MONDE DU TRAVAIL

Vom Traum zum Beruf

SPRACHBOX

gefragte Berufe

- der Beruf (-e) *le métier*
- die Berufswahl *le choix d'un métier*
- die Zukunft *l'avenir*
- der Bereich (-e) *le domaine*
- im Gesundheitswesen *dans le secteur de la santé*
- sich ernähren; die Ernährung *se nourrir ; l'alimentation*
- die Fachkraft (¨-e) *la main d'œuvre qualifiée*
- der Handel *le commerce*
- der Umweltschutz *la protection de l'environnement*
- umweltbewusst *respectueux de l'environnement*
- die Bildung *la formation, l'éducation*
- die Erziehung; der Erzieher *l'éducation ; l'éducateur*

→ p. 70

Welche Berufe haben Zukunft?

- Parler de ses souhaits professionnels. (p. 66)
- S'informer sur les métiers d'avenir. (p. 68)

- L'expression du souhait – Les pronoms personnels. (p. 67)
- L'expression du conseil. (p. 69)

Projekt

Présenter devant la classe un métier d'avenir qu'on aimerait exercer. (p. 73)

MÉDIATION PARTNERBRIEFING

Fit für die Zertifikation (p. 74)

Berufe von morgen

A2 **1** Eine Webseite hat für Jugendliche, die ihre Berufswahl treffen sollen, eine Liste von Berufssektoren mit Zukunftsperspektiven zusammengestellt. Finden Sie zu jedem Text das passende Foto.

B1 **2** Welche anderen Berufe haben Ihrer Meinung nach Zukunft?

Mein Traumberuf

A Wunschberuf

A2 1 Von welchen Berufen träumen die Jugendlichen?
B1 2 Fassen Sie die Statistik in einem kurzen Text zusammen.
3 Erstellen Sie Ihre persönliche Top-10-Liste der Traumberufe.

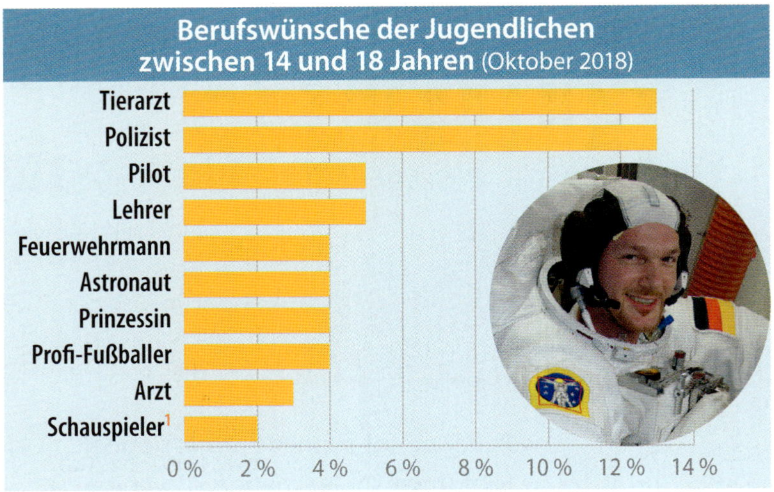

www.forschung-und-wissen.de – Appinio GmbH

1. der Schauspieler *l'acteur*

B Erwartungen an den Beruf

A2-B1 1 Was finden deutsche Jugendliche wichtig? und nicht so wichtig?
2 Was ist für Sie persönlich wichtig? Nennen Sie Ihre drei größten Erwartungen.

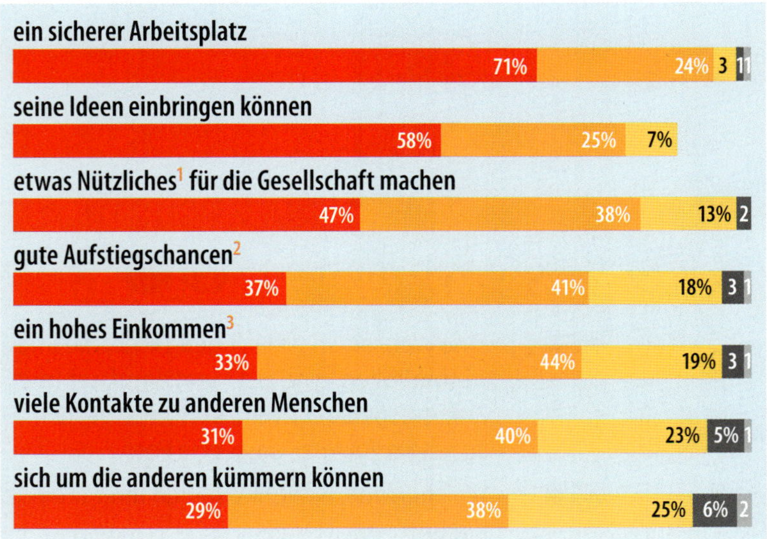

Shell Jugendstudie

sehr wichtig ■ ■ ■ ■ ■ unwichtig

1. etw. Nützliches machen *faire qc d'utile*
2. gute Aufstiegschancen *de bonnes perspectives d'avenir*
3. ein hohes Einkommen *un revenu élevé*

SPRACHBOX

Berufswünsche
- von etw. träumen *rêver de qc*
- Ich träume davon, … zu + inf. *Je rêve de… + inf.*
- Es wäre mein Traum, … zu werden. *Mon rêve serait de devenir…*
- sich (D) etw. (A) wünschen *souhaiter qc*
- Erwartungen haben *avoir des attentes*
- von jm etw. erwarten *attendre qc de qn*

das Wichtigste am Berufsleben
- das Berufsleben *la vie professionnelle*
- Ich halte … für sehr wichtig. *Je trouve … très important.*
- Das Wichtigste für mich wäre … *Le plus important pour moi serait…*
- Für mich spielt … (k)eine Rolle. *Pour moi … (n') est (pas) important.*

Pläne haben
- eine Entscheidung treffen* *prendre une décision*
- sich zu etw. entschließen* *se décider à faire qc*
- etw. schaffen *réussir qc*
- die Absicht haben, … zu + inf. *avoir l'intention de… + inf.*
- den Willen haben, … zu + inf. *avoir la volonté de… + inf.*
- etw. vor/haben *envisager qc*

les quantificateurs → p. 155
- 10 Prozent = ein Zehntel der Jugendlichen *10 % = un dixième des jeunes*
- die Hälfte; ein Drittel; ein Viertel der Schüler *la moitié ; un tiers ; un quart des élèves*
- ungefähr = etwa; circa (ca.) *à peu près ; environ*
- fast *presque*

→ p. 70

C Meine Entscheidung

A2
1. Was erfährt der Leser durch den Vater? Was sagt die Tochter?

B1
2. Wie verhält sich Almuth, während der Vater mit ihr spricht? Warum?
3. Was möchte der Vater? Was möchte die Tochter?
4. Erklären Sie den Titel „Meine Entscheidung".

Mein Vater kommt. Ein paar Tage früher als geplant. Ich war Juno[1] füttern, dann hatten meine Beine keine Kraft mehr, also liege ich im Bett. Meine Eltern murmeln[2] im Erdgeschoss [...]. Dann stehen sie vor meiner Tür.

Mein Vater kommt.

„Almuth?"

Er wartet.

„Darf ich reinkommen?"

Er wartet. Dann macht er die Tür auf. Er schaut sich verlegen im Zimmer um.

„So."

Er nimmt sich den Schreibtischsessel, setzt sich vor mich. [...] Pause. Ich schweige[3].

„Denk bitte dran, dass bald deine letzten Prüfungen sind. Wenn du gerade so bestehst[4], wird dir das beim Medizinstudium vielleicht Probleme bereiten."

„Ich werde nicht Medizin studieren."

Mein Vater zuckt[5], als hätte ihn jemand von hinten gestoßen.

„Was sagst du?"

Ich reagiere nicht. Er hat mich schon verstanden.

„Aber ich dachte ... du hast doch alle Voraussetzungen[6] dafür."

Ich drehe mich zur Wand.

Mein Vater räuspert sich. Steht auf.

„Wir müssen das nicht jetzt besprechen. Du bist in einer Ausnahmesituation[7], da kannst du nicht klar denken. Konzentrier dich auf die Prüfungen. Ich weiß, das Lernen ging dir immer leicht von der Hand[8], aber nimm das, was kommt, trotzdem ernst. Dass du es schaffst, ist erst sicher, wenn es vorbei ist, also bleib jetzt dran."

Er wartet, als müsse etwas von mir kommen. Klopft sich nochmal mit den Händen auf die Hose, dann schließt er die Tür hinter sich.

Ich stehe auf, nehme meine CDs aus dem Regal, sortiert nach Interpret von A bis Z. Stelle sie um, sortiert nach Albumtitel von A bis Z.

Dann setze ich mich auf den Schreibtischsessel.

Ich habe meinem Vater gesagt, dass ich nicht Medizin studiere.

Er ist nicht explodiert.

Nach Kathrin Steinberger,
Manchmal dreht das Leben einfach um, 2015

1. Juno ist ein Pferd, um das sich Almuth kümmert 2. murmeln *chuchoter* 3. schweigen* *se taire*
4. etw. gerade so bestehen* *réussir moyennement bien qc* 5. zucken *sursauter*
6. Voraussetzungen für etw. haben *remplir les conditions pour qc*
7. eine Ausnahmesituation *une situation d'exception*
8. etw. geht leicht von der Hand *qc ne pose pas de problème*

SPRACHBOX

L'expression du souhait avec le subjonctif II

- Almuth **möchte** nicht Medizin studieren.
- Viele junge Leute **hätten gern** mehr Freizeit.
- Die Jugendlichen **würden** gern etwas Nützliches **tun.**

Les pronoms personnels

- Mein Vater ist nicht explodiert. **Er** versteht **mich.**
- **Er** musste beruflich verreisen. Deshalb habe **ich ihn** ein paar Tage nicht gesehen.
- Die Jugendlichen: Was finden **sie** wichtig?
- Und ihr, Lea und Max? Was findet **ihr** wichtig? (→ *pluriel du tutoiement*)
- Und Sie, Herr Müller, was finden **Sie** wichtig? (*vous* → *vouvoiement*)

→ p. 72

Nun sind Sie dran!

Ist Ihrer Meinung nach der Einfluss der Eltern auf die Berufswahl ihrer Kinder zu groß? Diskutieren Sie in der Klasse darüber.

Berufe mit Perspektive

A Berichte aus dem Arbeitsleben

MÉDIATION GRUPPENPUZZLE → p. 20

CD 1 17-21 MP3 12-16

A2 **1** Bilden Sie eine Gruppe von 5 Schülern. Jeder hört sich ein Interview an und macht sich Notizen.

2 Bilden Sie nun Expertengruppen, indem jeweils 5 Schüler, die das gleiche Interview angehört haben, zusammenarbeiten und ihre Notizen vergleichen.

A2-B1 **3** Bilden Sie wieder die Gruppen wie zu Beginn und erstellen Sie ein Informationsblatt über die vorgestellten Berufe.

1 Anton Reimer
Produzent und Regisseur von Werbefilmen

2 Edda Huber
Landschaftsarchitektin

3 Thomas Sojek
Koordinator Produktmarketing

4 Sonja Mang
Fachärztin für Orthopädie und Unfallchirurgie

5 Tamara Schneider
Salesassitentin bei Peek und Cloppenburg

1 vielseitig *multiple* – der Werbefilm *le spot publicitaire* – wenn gedreht wird *lorsqu'on tourne* – eine kaufmännische Ausbildung *une formation de commercial* – Umweltwissenschaften *les sciences de l'environnement*

2 sich nicht verrückt machen lassen *ne pas se laisser impressionner* – die Grünfläche *l'espace vert* – Freiflächen *des espaces libres* – das Altersheim *la maison de retraite* – der Landschaftsbaubetrieb *l'entreprise paysagiste* – der Vertrieb *la distribution*

3 Wirtschaftswissenschaften *les sciences économiques* – sehr selbstständig, sehr eigenständig *très autonome, très indépendant*

4 das künstliche Kniegelenk *l'articulation du genou artificielle* – schmerzfrei *sans douleur* – in einer Praxis *au cabinet médical* – ein OP-Tag *une journée au bloc opératoire* – der 24-Stunden-Dienst *le service de garde pendant 24 heures* – die Facharztprüfung *l'examen pour devenir médecin spécialiste*

SPRACHBOX

Arbeitsalltag
- der Laden (¨) *la boutique*
- eine Stelle bekommen* *obtenir un poste*
- der Kunde (-n) *le client*
- die Ware (-n) *la marchandise*
- das Unternehmen (-) = die Firma (Firmen) *l'entreprise*
- sich um etw. (A) kümmern *s'occuper de qc*
- etw. planen *faire des projets, planifier qc*
- mit/wirken *participer*
- abwechslungsreich = vielfältig *varié*
- für etw. (A) verantwortlich sein *être responsable de qc*

Werdegang
- der Werdegang = der Berufsweg *le parcours professionnel*
- die Erfahrung (-en) *l'expérience*
- einen Abschluss machen *passer un diplôme*
- jobben *faire des petits boulots*
- die Berufserfahrung *l'expérience professionnelle*

Fachkräfte gesucht
- sich um etw. bewerben* *postuler à qc*
- Arbeitskräfte *de la main d'œuvre*
- der Bedarf an etw. (D) *le besoin en qc*
- fehlen *manquer*
- etw. (A) brauchen *avoir besoin de qc*
- der Kaufmann; die Kauffrau (Kaufleute) *le commercial ; la commerciale*

→ p. 70

B› Fachkräftemangel

A2-B1 1 Wie viele Fachkräfte braucht Deutschland? Warum?

B2 2 In welchen Berufen gibt es Jobangebote? Für wen?

3 Welche Rolle spielt dabei die Plattform „Make it in Germany"?

Wegen der demografischen Entwicklung in Deutschland braucht die Wirtschaft die Zuwanderung[1] qualifizierter Arbeitskräfte. Bis zum Jahr 2030 könnten etwa drei Millionen Facharbeiter/innen, Techniker/innen, Forscher/innen und medizinische Fachkräfte fehlen … Das Anwerben[2] von qualifizierten Frauen und Männern aus dem Ausland ist deshalb ein wichtiges Element auf dem Arbeitsmarkt geworden.

Deshalb wurde Mitte 2012 die Plattform „Make it in Germany" gestartet. Rund zwei Millionen Personen aus 200 Ländern weltweit nutzen sie jährlich. Auf dem Portal gibt es sehr viele Informationen zu Visaformalitäten, Anerkennung von Berufsabschlüssen[3], Arbeitsmarkt, Bewerbung und Arbeitsvertrag, duale Ausbildung, Studium und Sprachkurse und Integration. Zudem bietet es Tipps und Adressen für das Alltagsleben in Deutschland. Deutschland positioniert sich hiermit als modernes und liberales Einwanderungsland.

Laut OECD[4] hat Deutschland für hochqualifizierte Arbeitskräfte eines der liberalsten Einwanderungssysteme aller Industrieländer. Gefragt sind Ingenieure in allen Branchen, IT-Spezialisten und Naturwissenschaftler. Mit dem Anteil älterer Menschen an der Bevölkerung steigt auch der Bedarf an Ärzten und Pflegefachkräften. Deshalb haben auch Zuwanderer mit medizinischen und sozialen Berufen sehr gute Chancen auf dem Arbeitsmarkt.

Nach www.deutschland.de, 06. 09. 2017

1. die Zuwanderung *l'immigration* 2. das Anwerben *le recrutement*
3. die Anerkennung von Berufsabschlüssen *la reconnaissance des diplômes*
4. die OECD *l'OCDE (Organisation de coopération et de développement économiques)*

SPRACHBOX

L'expression du conseil

Avec le subjonctif II
- Man **sollte** Berufserfahrung **sammeln.** *(On devrait…)*
- An deiner Stelle **würde** ich ein Praktikum **machen.** *(À ta place, je ferais…)*
- Du **solltest** selbstsicherer sein. *(Tu devrais…)*

Avec le verbe *raten* (D)
- Ich **rate dir**, dich gut zu informieren. *(Je te conseille de…)*

Avec l'impératif
- **Hab** keine Angst, Fehler zu machen. *(N'aie pas peur de…)*
- **Sei** offen für Neues. *(Sois…)*
- **Hör** nie auf, zu lernen. *(N'arrête jamais de…)*

→ p. 72

Nun sind Sie dran!

Könnten Sie sich vorstellen, einen der Berufe aus Dokument A und / oder B auszuüben? Warum? Warum nicht?

TRAINING

WORTSCHATZ

Vom Traum zum Beruf

Traumberufe

A2-B1

- von etw. (D) träumen *rêver de qc*
- Ich träume davon, … zu + inf. *Je rêve de… + inf.*
- der Traum (¨-e) *le rêve*
- Es wäre mein Traum, … zu werden. *Mon rêve serait de devenir…*
- sich (D) etw. (A) wünschen *souhaiter qc*
- Ich wünsche mir … *Je souhaite…*
- Ich will auf jeden Fall … *Je veux absolument…*
- Ich möchte … werden / … machen. *J'aimerais devenir… / faire…*

Erwartungen

A2-B1

- etw. von jm erwarten *attendre qc de qn*
- sich etw. vor/stellen *s'imaginer qc*
- hoffen; hoffentlich *espérer ; espérons que*
- sich etw. für jn wünschen *souhaiter qc pour qn*
- sich zu etw. (D) entschließen* *se décider à faire qc*
- eine Entscheidung treffen*; entscheiden* *prendre une décision*
- etw. schaffen *réussir qc*
- die Absicht haben *avoir l'intention*
- etw. vor/haben *envisager qc*

einen Beruf beschreiben

A2-B1

- in einem Laden arbeiten *travailler dans une boutique*
- eine gute Stelle haben *avoir un bon poste*
- der Kunde (-n) *le client*
- in einem Unternehmen = in einer Firma beschäftigt sein *être employé au sein d'une entreprise*
- sich um etw. kümmern *s'occuper de qc*
- etw. planen *faire des projets, planifier qc*
- eine abwechslungsreiche = vielfältige Tätigkeit *une activité variée*
- Erfolg haben *avoir du succès*
- einen Beruf aus/üben *exercer un métier*

Berufsleben

A2-B1

- das Berufsleben *la vie professionnelle*
- Geld verdienen *gagner de l'argent*
- gute Aufstiegsmöglichkeiten *de bonnes perspectives d'évolution*
- etw. Sinnvolles tun *faire qc qui a du sens*

Ratschläge

A2-B1

- jm einen Rat = einen Tipp geben* *donner un conseil à qn*
- gute Ratschläge bekommen* *recevoir de bons conseils*
- jn beraten* *conseiller qn*
- Ich rate dir … zu + inf. *Je te conseille de… + inf.*
- Hab Spaß an der Arbeit! *Prends plaisir à travailler !*
- Man sollte seinen Weg finden. *On devrait trouver son chemin.*
- ein Beruf, der zu einem passt *un métier qui nous convient*
- die Freizeit und den Beruf miteinander vereinbaren *concilier les loisirs et le travail*

Werdegang

A2-B1

- eine Ausbildung zu … (D) machen *faire une formation en…*
- eine Ausbildung, ein Studium beenden *finir une formation, des études*
- studieren *faire des études*
- jobben *faire des petits boulots*
- die Erfahrung (-en) *l'expérience*
- Berufserfahrungen sammeln *faire des expériences professionnelles*
- der Werdegang, der Berufsweg *le parcours professionnel*
- einen Abschluss machen *passer un diplôme*
- sich um etw. bewerben* *postuler, candidater à qc*

Comprendre les consignes

- Fassen Sie zusammen. *Résumez.*
- Könnten Sie sich vorstellen …? *Pourriez-vous vous imaginer… ?*

ÜBUNGEN

1 **Retrouvez les verbes correspondant aux noms communs ci-dessous.**
der Wunsch – der Traum – der Rat – das Ende – die Arbeit – die Entscheidung – die Beratung

2 **Chassez l'intrus.**
a. der Tipp – der Rat – der Beruf – die Information
b. der Schauspieler – die Beratung – der Tierarzt – der Kaufmann
c. das Arbeitsleben – der Traum – in einem Unternehmen beschäftigt sein – Geld verdienen
d. planen – die Absicht haben – beenden – vorhaben
e. ich wünsche – ich möchte – ich weiß – ich will

3 **Associez un élément de la colonne de gauche à un élément de la colonne de droite pour obtenir une expression cohérente.**

eine Ausbildung •	• arbeiten
einen Rat •	• verdienen
eine Prüfung •	• suchen
Geld •	• vorbereiten
im Büro •	• haben
Spaß •	• geben
Arbeitskräfte •	• machen

4 **Complétez les phrases par les mots manquants.**
Angst – Berufsleben – Spaß – Traum – Zukunft
a. Man muss sich auf das … gut vorbereiten.
b. In der IT-Branche gibt es viele Berufe mit … .
c. Mein … war schon immer, in der Modebranche zu arbeiten.
d. Die Kreativarbeit macht mir am meisten … .
e. Wir sollten keine … haben, Fehler zu machen.

EXTRA

A2 5 **Stellen Sie sich vor, Sie bereiten ein Interview mit einer Person vor, die in Ihrem Traumberuf arbeitet. Schreiben Sie 6 Fragen, die Sie dieser Person gern stellen möchten.**

SPRACHMELODIE

CD 7 22 MP3 17

L'accentuation du mot

- Généralement la **première syllabe** des mots simples et composés **porte l'accent tonique** : *die °Vorstellung.*
- Mais les verbes comportant une **particule verbale inséparable**, la plupart des termes **d'origine étrangère**, et **quelques exceptions** ne sont **pas accentués sur la première syllabe** : *be°merken, der Com°puter.*

1 **Écoutez ces mots et répétez-les.**
°Ausbildung – Gym°nasium – Be°ruf – °Umwelt – °Facharbeiter – °Arbeitsmarkt – Bü°roarbeit – °Kunde – °Ratschlag

2 **Écoutez attentivement ces deux phrases.**
Mein größter °Wunsch ist es, °Schauspieler zu werden.
Die °Jugendlichen °wünschen sich Er°folg im Be°ruf und im Pri°vatleben.

3 **Lisez-les maintenant en veillant à bien accentuer les mots. Vous pouvez vous enregistrer.**

4 **Réécoutez l'enregistrement et vérifiez que vous avez bien posé les accents de mots.**

GRAMMATIK

LERNTEMPODUETT → p. 19

Les pronoms personnels au nominatif, à l'accusatif et au datif → p. 67 → PRÉCIS p. 233

- Les pronoms personnels prennent des **formes différentes selon leur fonction** dans la phrase ou selon la préposition qui précède.
  - sujet et attribut du sujet → **nominatif**
  - COD ou après les prépositions *durch, für, gegen, ohne, um* → **accusatif**
  - COI (destinataire ou bénéficiaire), après les prépositions *aus, bei, mit, nach, seit, von, zu* ou avec certains verbes comme *helfen* → **datif**

Remarque :
À la 3e personne du singulier et du pluriel, on retrouve sur le pronom la marque de l'article défini *der, die, das*.

nominatif	accusatif	datif
ich	mich	mir
du	dich	dir
er	ih**n**	ih**m**
es	**es**	ih**m**
sie	**sie**	ih**r**
wir	uns	uns
ihr*	euch*	euch*
sie	**sie**	ihne**n**
Sie**	Sie**	Ihnen**

*pour plusieurs personnes que l'on tutoie
**pour une ou plusieurs personnes que l'on vouvoie

1 (*) **Remplacez les groupes nominaux soulignés par le pronom personnel qui convient.**

a. Welche Berufswünsche haben die Jugendlichen?
b. Leila und ich wollen Alex am Wochenende besuchen.
c. In welchem Unternehmen arbeitet dein Vater?
d. Wer kann meinem kleinen Bruder bei seinen Hausaufgaben helfen?
e. Tina arbeitet gern mit Sven und Igor zusammen.

2 (**) **Complétez avec le pronom personnel qui convient.**

du – ihm – ihn – ihnen (x2) – ihr – Sie (x2) – sie (x3)

Die Frage „Was möchtest … später werden?" ist für Jugendliche nicht so einfach zu beantworten. Oft haben … keine klare Vorstellung, was für … in Frage kommt. Die Eltern stellen sich oft folgende Fragen: „Wie findet mein Sohn / meine Tochter einen Beruf, der zu … / … passt? Wie kann ich für … / … ein Praktikum finden?" Unsere Antwort: Diskutieren … mit … darüber und helfen … …, ihren Weg zu finden.

L'expression du conseil → p. 69 → PRÉCIS p. 226, 229

Il existe différents moyens pour donner un conseil.

- **Avec le subjonctif II**

On utilise le verbe ***sollen* au subjonctif II** + verbe à l'infinitif
*Du **solltest** auf jeden Fall pünktlich **sein**.*
On peut également utiliser l'auxiliaire ***werden* au subjonctif II** + verbe à l'infinitif.
*Ich **würde** mich an deiner Stelle* (à ta place) *auf die Prüfung **vorbereiten**.*

- **Avec le verbe *raten** (D)***

*Ich **rate** allen Schülern, dieses Buch zu lesen.*

- **Avec l'impératif**

Ce mode existe uniquement pour :
– la 2e personne du singulier (tutoiement) → *Komm!*
– la 2e personne du pluriel (tutoiement) → *Kommt!*
– et la 3e personne du pluriel (vouvoiement d'une ou de plusieurs personnes) → *Kommen Sie!*
***Sei** neugierig!*
***Seien Sie** geduldig mit den Azubis!*
***Interessiere** dich für alle neuen Berufe!*
***Hab** Vertrauen in die Zukunft!*

3 (**) **Exprimez les conseils ci-dessous avec les deux autres moyens possibles.**

a. Vergessen Sie den Termin nicht!
b. Du solltest mal eine Pause machen.
c. Ich rate dir, dich über deinen Traumberuf zu informieren.
d. Ruf bitte vorher an!
e. Sie sollten in diesem Beruf kreativ sein.
f. Ich rate euch, euer Hobby zum Beruf zu machen.
g. Seid optimistisch!
h. Hab keine Angst vor Entscheidungen!
i. An deiner Stelle würde ich mich um dieses Praktikum bewerben.

Meine Berufswahl

MÉDIATION PARTNERBRIEFING → p. 18

A2-B1

- Sammeln Sie Informationen zu einem Beruf mit Zukunft, der Ihnen gefällt.
- Notieren Sie,
  – was Sie über den Beruf wissen,
  – was Sie daran interessant finden,
  – welche Ausbildung man dafür braucht und wo man diese machen kann,
  – warum es sich um einen Beruf mit Zukunftsperspektiven handelt,
  – ob Sie schon mit Ihren Eltern darüber gesprochen haben.
- Präsentieren Sie dann Ihren Beruf nach der Methode des Partnerbriefings.
  – PARTNER A präsentiert PARTNER B seinen Beruf. PARTNER B macht sich Notizen und fasst zusammen.
  – PARTNER B präsentiert PARTNER A seinen Beruf. PARTNER A macht sich Notizen und fasst zusammen.
  – Im Plenum präsentieren Sie Ihren eigenen Beruf oder den Beruf Ihres Partners.
  – Illustrieren Sie Ihr Referat mit einer Bildschirmpräsentation.

MEHR INFOS AUF

Auf diesen Webseiten können Sie sich über Berufe mit Zukunftsperspektiven informieren:
karrierebibel.de/jobs-mit-zukunft/
www.azubi.de/beruf/tipps/liste-beste-ausbildungsberufe

Stratégies

Structurer son propos avec un diaporama

- **Présenter le plan**
  – *Ich möchte Ihnen heute den Beruf … vorstellen.*
  Je voudrais vous présenter aujourd'hui le métier de…
  – *Zuerst möchte ich beschreiben, worin er besteht.*
  D'abord, je voudrais décrire en quoi il consiste.
  – *Dann werde ich erklären, welche Ausbildung man dazu braucht.*
  Puis je vais expliquer quelle formation est nécessaire.
  – *Ich werde anschließend über die Zukunftsperspektiven sprechen.* Je vais ensuite parler des perspectives d'avenir.
  – *Dann werde ich meine persönliche Wahl begründen / von meinen Erfahrungen berichten.*
  Je vais ensuite justifier mon choix / parler de mes expériences.
- **Hiérarchiser ses propos**
  – *Einleitend kann man sagen, dass …*
  En introduction, on peut dire que…
  – *Ich komme nun zu meinem ersten Teil.*
  Je vous expose maintenant ma première partie.
  – *In einem zweiten Teil geht es um …*
  Dans une deuxième partie, il s'agit de…
  – *Ich möchte nun über … sprechen.*
  Maintenant, je voudrais parler de…
  – *Ich komme nun zum Schlussteil.*
  J'arrive maintenant à ma conclusion.
- **Commenter des illustrations**
  – *Hier können Sie sehen, wie …*
  Ici, vous pouvez voir comment…
  – *Auf diesem Foto erkennt man …*
  Sur cette photo, on reconnaît…
  – *Diese Grafik zeigt …*
  Ce graphique montre…
- **Conclure**
  – *Abschließend kann man sagen, dass …*
  En conclusion on peut dire que…
  – *Ich danke Ihnen für Ihre Aufmerksamkeit.*
  Je vous remercie de votre attention.

› Fit für die Zertifikation

Entraînement aux épreuves communes en cours d'année

Schriftliche Interaktion

In einem Internetforum geht es um das Thema Klassensprecher. Hier kannst du lesen, was dort vier Schüler über dieses Thema denken.

● **Schreibe nun einen Beitrag für die Schülerzeitung. Bearbeite in deinem Beitrag folgenden Punkt ausführlich: Wie ist deine Meinung zu diesem Thema? Begründe deine Meinung.**

Jasmin
„Ich bin jetzt in der 10. Klasse und zum ersten Mal Klassensprecherin. Meine Rolle ist zum Beispiel, Konflikte zwischen Schülern in der Klasse zu lösen. Das gefällt mir gut."

Leonie
„Ich bin jetzt in der 11. Klasse und wollte nie Klassensprecherin werden, denn man wird in dieser Rolle von der Klasse nicht immer respektiert. Außerdem hat man viel zu viel zu tun. Ich benutze meine Zeit lieber zum Lernen."

Tim
„Klassensprecher zu sein ist kein Spaß. Man muss sich um Vieles kümmern und wenn man etwas mit der Klasse besprechen möchte, wird es sofort laut, denn man ist ja nicht der Lehrer. Man hat die Klasse nicht unter Kontrolle."

Boran
„Ich bin in der 9. Klasse und bin seit 3 Jahren Klassensprecher. Ich finde es toll, weil man Verantwortung bekommt. Man wird über alles als erster informiert."

Vous pouvez utiliser les différentes manières de justifier vos propos (*denn, weil, nämlich, deshalb*). Veillez à la place du verbe !

Hörverstehen

CD 1 23 MP3 18

Interview mit einem Comic-Zeichner
Du hörst gleich ein Interview mit Bernd. Er ist von Beruf Comic-Zeichner. Er erklärt, was er in seinem Beruf macht und wie man Comic-Zeichner wird. Lies zuerst die Sätze 1-5. Du hast dafür eine Minute Zeit.

● **Hör dir das Interview an. Sag, ob die Aussagen richtig oder falsch sind.**

1	Ein Comic-Zeichner arbeitet allein.
2	Am Anfang gibt es nur eine Skizze.
3	Bei seinen Figuren orientiert er sich an Leuten, die er kennt.
4	Man muss ein Studium machen, um Comic-Zeichner zu werden.
5	Um diesen Beruf zu erlernen, sollte man oft selbst zeichnen.

Veillez à bien comprendre les phrases 1 à 5 lors de votre lecture. Puis suivez l'interview pas à pas, les informations demandées sont dans l'ordre chronologique.

Mündliche Interaktion

● **Bei der mündlichen Prüfung sollst du auch Fragen des Prüfers beantworten. Übt in Zweiergruppen und antwortet abwechselnd auf diese Fragen:**
- Weißt du schon, ob / was du später studieren möchtest?
- Weißt du schon, was du nach der letzten Schulklasse machen möchtest?
- Möchtest du später im Ausland leben? Warum (nicht)?
- Was denkst du über Nebenjobs für Schüler?

Essayez de vous souvenir du vocabulaire appris dans ce chapitre. Utilisez l'expression du souhait pour structurer vos réponses.
→ *Ich möchte später …*
→ *Ich würde gern …*
Pour répondre à la question *Warum?* pensez à utiliser les différentes façons de justifier :
→ *weil* + verbe à la fin
→ *denn* + verbe en 2e position
→ *deshalb, aus diesem Grund* et *nämlich* pour justifier après coup.

Leseverstehen

In einer Lokalzeitung ist folgender Artikel erschienen. Lies den Artikel und sag bei jeder Aufgabe (1 – 5), ob sie richtig oder falsch ist.

Ralf über seine Zeit am Gymnasium

Meine Erinnerungen an die Schulzeit sind sowohl positiv als auch negativ. Auf der einen Seite bin ich gerne hingegangen. Zumindest in den Musikunterricht. Ich spiele Trompete, seit ich elf Jahre alt bin, und konnte das Abitur in Musik machen, sonst hätte ich es vielleicht auch gar nicht geschafft. Die Musiklehrer konnten mich motivieren und begeistern – aber eben nur in dem Fach.

Wer auf das Gymnasium geht, muss eigentlich auch nach der Schule ziemlich viel machen, um weiterzukommen, vor allem, seit es das G8 gibt. Der Druck bei den Hausaufgaben war immer groß. Ich habe sie nicht immer gemacht, dann hatte ich eben eine schlechte Note. Ich bin nämlich ein Lerntyp, der nur dann etwas macht, wenn er seinen Lehrer oder seine Lehrerin mag. Damit meine ich nicht, dass der Lehrer mein bester Freund sein muss. Aber ich muss wissen, dass mich der Lehrer schätzt, nach dem Motto: Auch ich bin dem Lehrer wichtig und nicht nur einer in der Masse an Schülern. Weil ich aber genau dieses Gefühl hatte, ging bei mir nichts mehr. Ich hatte keine Motivation, etwas zu lernen.

Im Unterricht am Gymnasium hat man uns immer gesagt: Wir müssen schneller sein. Wir sind schon hinten dran, alle anderen sind schon viel weiter. Die Grundstimmung an meiner Schule war irgendwie gestresst. Es war nie genug. Wahrscheinlich war das wegen der G8-Reform. Wenn wir Schüler ein Jahr mehr Zeit hätten, könnten wir alles in Ruhe lernen.

Lisez d'abord le texte en entier pour en avoir une compréhension globale. Prenez ensuite connaissance des affirmations et recherchez dans le texte les éléments qui vous permettent de dire si elles sont justes ou fausses.

Aufgaben 1-5

1	Ralf hat gute und schlechte Erinnerungen an die Schulzeit.
2	Ralf hat das Abitur nicht bestanden.
3	Ralf mochte seine Musiklehrer.
4	Ralf hat nie seine Hausaufgaben gemacht.
5	Ralf findet die G8-Reform gut.

Mündliche Kommunikation

Wähle ein Thema aus und bereite ein kurzes Referat vor. Du kannst dein Referat auch mit einem PowerPoint oder einigen Fotos illustrieren. Hier sind ein paar Themenbeispiele:

- Welchen Beruf möchtest du später ausüben?
- Beschreibe deinen Traumberuf.
- Du kannst für einen Tag Arzt / Ärztin, Politiker / Politikerin, Astronaut / Astronautin sein. Begründe deine Wahl.
- Du arbeitest seit längerem bei einem Projekt mit. Stell dieses Projekt vor und erkläre deine Aufgaben.
- Hast du schon einmal einen Ferienjob / Nebenjob gehabt? Wenn ja, dann erzähle!

Pour illustrer votre propos, vous pouvez présenter un diaporama ou bien montrer des photos. Vous pourrez vous y référer pendant la présentation. Pour cela, ces exemples vous seront utiles :
- *Auf diesem Foto sehen Sie einen Astronauten bei einer Übung.*
- *Und da sieht man mich bei der freiwilligen Arbeit in einem Reitclub mit meinem Lieblingspferd.*

Armin Kühne, Leipzig - Barfußgässchen, 1990

Armin Kühne, Leipzig - Barfußgässchen, 2004

Armin Kühne, Leipzig - Unibibliothek, 1990

Armin Kühne, Leipzig - Unibibliothek, 2004

Kapitel 5

LE VILLAGE, LE QUARTIER, LA VILLE

Rund um Leipzig

Wie hat sich diese ostdeutsche Stadt verändert?

- Comprendre pourquoi Leipzig est une ville en mutation. (p. 78)
- Expliquer en quoi Leipzig est devenue une ville d'art. (p. 80)

- Le superlatif. (p. 79)
- La localisation, la direction et la provenance. (p. 81)

Projekt

Prendre part à une visite guidée et en rendre compte. (p. 85)

Fit für die Zertifikation (p. 96)

Stadt	Einwohnerzahl
Berlin	3 500 000
Hamburg	1 800 000
München	1 450 000
Köln	1 060 000
Frankfurt	730 000
Stuttgart	620 000
Düsseldorf	612 000
Dortmund	586 000
Essen	582 000
Leipzig	560 000

SPRACHBOX

- in … liegen* *se situer dans…*
- der Einwohner (-) *l'habitant*
- sich verändern *changer, se transformer*
- vor … Jahren *il y a … ans*
- bis zur / nach der Wende *jusqu'au / après le tournant de 1989-90*
- die Ruine (-n) *la ruine*
- verfallen sein *être délabré*
- wieder aufgebaut werden *être reconstruit*
- renoviert *rénové*
- etw. sanieren *réhabiliter qc*

→ p. 82

Die Stadt kennenlernen

A2 **1** Was charakterisiert die Stadt Leipzig?

B1 **2** Vergleichen Sie mithilfe der Fotos die Stadt von früher mit der Stadt von heute.

Stadtteile und Gebäude präsentieren

Von Leipzig zu Hypezig

A Mein Kiez in Leipzig

CD 1 24-27

A1 1 Hören Sie sich die Interviews über die Stadtteile (Zentrum, Südvorstadt, Plagwitz, Schleußig) an. Assoziieren Sie jedes Bild mit dem passenden Interview.

A2 2 Wie können Sie jeden Stadtteil charakterisieren?

B1 3 Welcher Stadtteil ist Ihrer Meinung nach am interessantesten / angenehmsten / attraktivsten …? Warum?

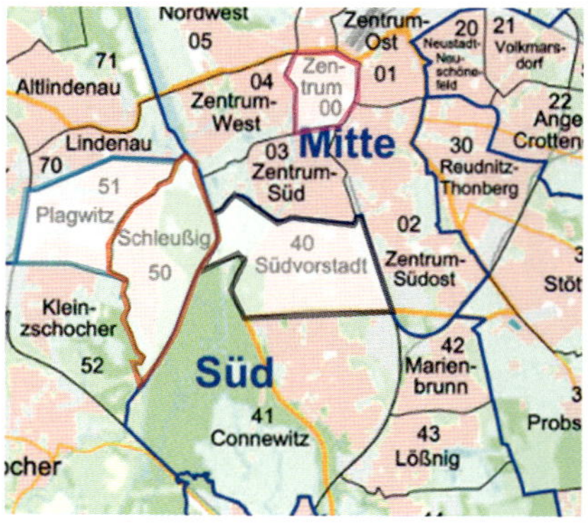

a

b

c

d

die Industriebrache *la friche industrielle* – erstickend *étouffant*

SPRACHBOX

mein Viertel
- der Stadtteil (-e) = das Viertel (-) = der Kiez *(lang. fam.)* *le quartier*
- das Nachtleben *la vie nocturne*
- die Kunstgalerie (-n) *la galerie d'art*
- der Künstler (-) *l'artiste*
- die Fabrik (-en) *l'usine*
- sich verändern *se transformer, changer*
- etw. erleben *vivre qc*
- bummeln *se balader*
- jn an/ziehen* *attirer qn*
- attraktiv *attirant*
- lebhaft *animé*
- vielfältig *varié*
- angenehm *agréable*
- der Park (-s); der Wald (¨er) *le parc ; la forêt*
- der Fluss (¨e) *le fleuve*

gestern – heute – morgen
- früher *autrefois*
- damals *à cette époque*
- heute *aujourd'hui*
- heutzutage *de nos jours*
- später *plus tard*
- in Zukunft *à l'avenir*

→ p. 82

B Leipzig: immer noch Messestadt?

B1 Lesen Sie den Text und erklären Sie, wie sich die Alt-Messe verändert hat.

Auf Leipzigs altem Messegelände[1] gibt es heute keine Messen mehr. Vor zwanzig Jahren zog[2] die Messe in ein neues Messegelände im Norden der Stadt: 70 000 m^2 Ausstellungsfläche, das wäre im Stadtzentrum unmöglich gewesen.

Die Alt-Messe soll ein neues Zentrum für Forschung[3] und Freizeit werden. Dort will die Stadt eine Schule und einen Kindergarten bauen. Auch der Campus Bio-City, ein Forschungszentrum für Biotechnologie und Biomedizin, will sich in Richtung Alt-Messe erweitern[4].

In den alten Hallen kann man heute schon tanzen, einkaufen oder Fußball spielen. Man findet dort nämlich ein Fußballfeld (Halle 7), einen Sandstrand[5] für Beachvolleyball (Halle 18), eine Disco (Halle 16) und einen Supermarkt (Halle 11).

Nach Christine Keilholz, www.lr-online.de, 12. 04. 2016

1. das Messegelände *le parc des expositions* 2. in … ziehen* *s'installer dans…*
3. die Forschung *la recherche* 4. sich erweitern *s'agrandir* 5. der Sandstrand *la plage de sable*

KulturBOX

Leipzig ist seit dem Mittelalter für seine Messe[1] bekannt. Die Stadt hat nämlich von ihrer zentralen Lage in Europa profitiert und ist für Kaufleute immer attraktiv gewesen.

Die Leipziger Messe hat nach der Wende in den 90er Jahren ihre wichtige Rolle in der Region und in ganz Deutschland wiedergefunden. Sie organisiert die zweitgrößte Buchmesse in Deutschland (nach Frankfurt) und die berühmteste Automesse in Europa.

1. die Messe *la foire, le salon*

SPRACHBOX

Le superlatif

- Es ist bestimmt das schön**st**e Haus in dieser Stadt.
- Ich kenne den gr<u>ö</u>**ß**ten Park in diesem Viertel.
- **Am** interessante**st**en finde ich dieses Monument.
- Ich wohne **am** lieb**st**en in der Südvorstadt.

→ p. 84

Nun sind Sie dran!!

Finden Sie Ideen, um Ihre Stadt (Ihren Stadtteil oder Ihr Dorf) zu verändern. Was sollte man dort renovieren oder bauen? Und warum?

Von Bach zu Rauch

A Auf den Spuren Bachs

CD 1 28-30

A2 1 Hören Sie sich die Interviews an und erklären Sie, wie diese Jugendlichen den Komponisten Johann Sebastian Bach und Leipzig entdeckt haben.

B1 2 Nehmen wir an, Sie sind in Leipzig. Auf welche Art würden Sie am liebsten Bach entdecken?

Kultur BOX

Johann Sebastian Bach (Eisenach 1685 – Leipzig 1750) ist einer der wichtigsten Komponisten des 18. Jahrhunderts. Er ist für seine Kantaten und seine Orgelmusik bekannt. Er lebte von 1723 bis zu seinem Tod in Leipzig und arbeitete dort für die Thomas- und die Nikolaikirche.
Seine Orgelmusik wird immer noch in Kirchen gespielt und hat andere musikalische Genres wie den Jazz beeinflusst.

B Vom Industriegebäude zum Kulturzentrum

CD 1 31 MP3 19

MÉDIATION PARTNERBRIEFING → p. 18

A2-B1 1 PARTNER A hört sich das Interview an. PARTNER B liest den Text über die verschiedenen Perioden der Spinnerei.

B1 2 Jeder Partner präsentiert dem anderen sein Dokument. Der Zuhörer macht sich Notizen und fasst zusammen.

3 Ein oder zwei Schüler präsentieren der Klasse ihr Dokument oder das Dokument des anderen.

mischen *mélanger* – spüren *sentir*

Die Spinnerei, ein neues Kulturzentrum

Leipziger Baumwollspinnerei um 1909

Im 19. Jahrhundert brauchten die Industriellen immer mehr Baumwolle. Deutschland musste damals Baumwolle aus den USA und Ägypten importieren und Baumwollgarne[1] aus England und der Schweiz. Mutige und visionäre Industrielle hatten die Idee, die Garne in Deutschland zu produzieren, weil die Arbeit dort billiger war als in England.

1884 bauten sie die erste Spinnerei in Leipzig, dann 1890 das vierte Gebäude und 1907 das fünfte Gebäude. Die Leipziger Baumwollspinnerei[2] wurde eine riesige Fabrik und erlebte einen Boom.

Für die harte Fabrikarbeit musste man viele und kompetente Leute finden. Man holte sie aus Sachsen, Bayern, Polen, Österreich und der Schweiz.

Im Sommer 1946 ging die Spinnerei in den Besitz des Bundeslandes Sachsen über und wurde verstaatlicht[3]. 1989 arbeiteten noch etwa 1 650 Menschen in der Spinnerei. Nach dem Fall der Mauer und der deutschen Wiedervereinigung wurde noch weiterproduziert. Anfang 1993 kam das endgültige Aus[4] für die Garnproduktion und die Arbeiterinnen und Arbeiter verloren ihre Arbeit. In der Mitte der 1990er Jahre begann eine völlig neue Phase. Die ersten Künstler kamen an und besetzten[5] die leeren Räume. Allmählich wurde die Spinnerei ein Ort der Leipziger Kulturszene.

Nach www.spinnerei.de

1. das Baumwollgarn *le fil de coton* 2. die Baumwollspinnerei *l'usine de filature du coton* 3. verstaatlichen *nationaliser* 4. das endgültige Aus *l'arrêt définitif* 5. besetzen *occuper*

C Neo Rauch: ein Künstler von heute

VIDEO

B1

1. Mithilfe des Videos und des Textes können Sie Neo Rauchs Biografie präsentieren.
2. Welches Verhältnis hat Neo Rauch zu Leipzig?

der Schöpfer = der Hervorbringer *le créateur* – die Studienarbeiten *les esquisses*

Neo Rauch wurde am 18. April 1960 in Leipzig geboren und wuchs bei seinen Großeltern in Aschersleben auf. Von 1981 bis 1986 absolvierte er an der Hochschule[1] für Grafik und Buchkunst Leipzig ein Malerei-Studium. Von 2005 bis 2009 war Rauch an derselben Hochschule Professor für Malerei und Grafik.

Neo Rauch arbeitet in Leipzig. Seine Werke sind in internationalen Galerien in Berlin, London und New York zu sehen. Mit seiner Ehefrau Rosa Loy, die auch Künstlerin ist, hat er im Kunstzentrum der Baumwollspinnerei Ateliers.

„Neo Rauch ist eine unglaubliche Werbung für Leipzig" hat einmal der Bürgermeister[2] einer amerikanischen Zeitung erklärt.

1. die Hochschule = die Universität 2. der Bürgermeister *le maire*

SPRACHBOX

Bach entdecken
- einen Ausflug machen *faire une excursion*
- ein Museum besichtigen *visiter un musée*
- eine Radtour machen *faire un tour à vélo*
- der Musikliebhaber (-) *l'amateur de musique, le mélomane*
- jn an/melden *inscrire qn*
- jn begleiten *accompagner qn*
- an einem Wettbewerb teil/nehmen* *participer à un concours*
- einen Preis gewinnen* *gagner un prix*

ein Industriegebäude
- die Baumwolle *le coton*
- das Gebäude (-) *le bâtiment*
- etw. bauen *construire qc*
- die Fabrik (-en) *l'usine*
- der Arbeiter (-) *l'ouvrier*

ein Kulturzentrum
- die Kunst; der Künstler (-) *l'art ; l'artiste*
- das Werk (-e) *l'œuvre*
- malen; die Malerei *peindre ; la peinture*
- das Gemälde (-) *le tableau*
- kreieren = schaffen* *créer*

→ p. 82

SPRACHBOX

Indiquer la localisation, la direction, la provenance
- Bach hat lange **in** Leipzig gelebt.
- Wir haben einen Ausflug **nach** Leipzig gemacht.
- Menschen kommen **aus** der ganzen Welt, um die Stadt Leipzig zu besichtigen.

→ p. 84

Nun sind Sie dran!

In einem kurzen Artikel erklären Sie, warum man Leipzig als eine Kulturstadt betrachten kann.

TRAINING

WORTSCHATZ

Rund um Leipzig

in der Stadt leben

A2

- die Innenstadt = das Zentrum *le centre-ville*
- die Straße (-n); auf der Straße sein *la rue ; être dans la rue*
- der Stadtteil (-e) = das Viertel (-) = der Kiez *(lang. fam.) le quartier*
- aus/gehen* *sortir*
- ins Kino, Restaurant, Café, Museum gehen* *aller au cinéma, au restaurant, au café, au musée*
- der Park (-s) *le parc*
- der Wald (¨-er) *la forêt, le bois*
- spazieren gehen*, bummeln *se promener*
- sich mit jm treffen* *rencontrer qn*

A2-B1

- der Einwohner (-) *l'habitant*
- etw. erleben *vivre qc*
- das Nachtleben *la vie nocturne*
- angenehm *agréable*
- lebhaft *animé, vivant*
- vielfältig *varié*

eine Stadt entdecken

A2

- der Tourist (-en) *le touriste*
- die Radtour (-en) *le tour à vélo*
- das Monument (-e) *le monument*
- die Kirche (-n) *l'église*
- attraktiv *attirant*

A2-B1

- der Fußgänger (-); die Fußgängerzone *le piéton ; la zone piétonne*
- die Sehenswürdigkeit (-en) *la curiosité, l'endroit à visiter*
- die Stadtführung (-en) *la visite guidée de la ville*
- etw. besichtigen *visiter qc*
- einen Ausflug machen *faire une excursion*
- jn an/ziehen* *attirer qn*

Comprendre les consignes

- Vergleichen Sie … mit … *Comparez … à …*
- Nehmen wir an, dass … *Supposons que…*

Stadt im Wandel

A2

- das Gebäude (-) *le bâtiment*
- etw. bauen *construire qc*
- die Fabrik (-en) *l'usine*
- etw. renovieren *rénover qc*
- etw. modernisieren *moderniser qc*
- die Ruine (-n) *la ruine*
- jetzt = nun *maintenant*
- heute ≠ gestern *aujourd'hui ≠ hier*

A2-B1

- der Wandel *la transformation, la mutation*
- sich verändern *changer, se transformer*
- etw. um/bauen *transformer, aménager qc*
- etw. zerstören *détruire qc*
- verfallen sein *être délabré*
- etw. sanieren; die Sanierung *réhabiliter qc ; la réhabilitation*
- früher *auparavant, autrefois ; ancien*
- heutzutage *de nos jours*
- heutig *d'aujourd'hui, actuel*
- damals *à l'époque, d'autrefois*
- damalig *ancien, d'autrefois*
- in den 90er Jahren *dans les années 1990*

ÜBUNGEN

1 **Chassez l'intrus.**

a. das Viertel – die Fabrik – das Nachtleben – die Innenstadt – der Einwohner
b. die Sehenswürdigkeit – der Tourist – der Wandel – das Monument – die Führung
c. der Park – das Kino – das Café – die Ruine – das Museum
d. früher – vielfältig – morgen – heutzutage – vor zwei Jahren

2 **Retrouvez les mots composés et traduisez-les.**

Fußgänger-	-gebäude
Rad-	-zone
Innen-	-tour
Nacht-	-stadt
Industrie-	-leben

3 **Lisez la définition et trouvez le mot qui lui correspond.**

der Einwohner – der Fußgänger – das Museum – die Ruine

a. ein Gebäude, wo man Gemälde sehen kann
b. ein Gebäude, das man renovieren muss
c. eine Person, die zu Fuß geht
d. eine Person, die hier lebt

4 **Complétez le texte par les mots suivants.**

angenehm – bummeln – heutzutage – Innenstadt – nach – renoviert – Ruine – verändert – Viertel – zerstört

Ich habe alte Fotos von meinem … gesehen. … dem Krieg war alles … und die Stadt hatte bis in die 90er Jahre nichts … . Die Kirche war eine richtige … . Nach 2000 hat es sich völlig … . … sind alle alten Gebäude der … saniert. Es ist sehr … geworden, in der Stadt zu … .

5 **Associez les problèmes évoqués aux actions ci-dessous.**

Führungen organisieren – das Gebäude renovieren – mehr Parks bauen – ein neues Gebäude bauen – die Straßen mit Restaurants und Cafés lebhaft machen

a. Die Schuhfabrik ist verfallen.
b. Man sieht zu viel Beton.
c. Die Kirche ist völlig zerstört.
d. Die Innenstadt ist langweilig.
e. Dieses Monument zieht nicht viele Touristen an.

6 **Remplacez le groupe nominal souligné par l'adjectif correspondant et procédez aux modifications nécessaires.**

a. Die Schüler <u>von heute</u> wissen wenig über die DDR <u>von damals</u>.
b. Der Bürgermeister <u>von früher</u> hat viel für die Stadt getan.
c. Das ist die Situation <u>von heute</u>.

Extra

B1 **7** **Schreiben Sie einen kurzen Beitrag zum Thema „Was ich in Leipzig machen möchte".**

SPRACHMELODIE

CD 7 32 MP3 20

Prononciation de *sp-* et *st-*

- En début de mot devant « **p** » et « **t** », « **s** » se prononce « **ch** » comme en français : *die Stadt, er steht.*
- Cette prononciation est aussi valable dans une composition de mots : *die Partnerstadt, er versteht.*

1 **Écoutez ces mots et répétez-les.**

spielen – die Stadt – die Straße – spät – die Stunde – zerstören – ausstellen – die Innenstadt

2 **Écoutez attentivement ces deux phrases.**

Beim Stadtfest spielen viele Einwohner bis spät in der Nacht Musik auf der Straße.
Dieser Komponist starb einige Stunden vor der Zerstörung der Stadt.

3 **Lisez-les maintenant en veillant à bien prononcer les *sp-* et *st-*. Vous pouvez vous enregistrer.**

4 **Réécoutez l'enregistrement et vérifiez que vous avez bien réalisé les sons.**

TRAINING

GRAMMATIK

LERNTEMPODUETT
→ p. 19

Le superlatif → p. 79

→ PRÉCIS p. 232

- Le superlatif est le plus haut degré de l'adjectif (le plus…). L'adjectif épithète prend le suffixe ***-st-*** précédant la marque de déclinaison.
  *Es ist **die** schön**st**e Stadt, die ich kenne.*
- Au superlatif, l'adjectif attribut et l'adverbe sont précédés de « ***am*** » et prennent le suffixe ***-sten***.
  *Ich finde dieses Viertel **am** interessant**esten**.*
  *Dieser Künstler malt **am** schön**sten**.*
- Les voyelles **a**, **o** et **u** de la plupart des adjectifs ne comportant qu'une syllabe sont infléchies.
  größt-, längst-, kürzest-, ältest-, jüngst-

Quelques exceptions :
gut → best- → am besten
hoch → höchst- → am höchsten
gern → am liebsten

1 Complétez par le superlatif qui convient.

am ältesten – am angenehmsten – berühmteste – interessantesten – lebhaftesten

a. Er kann jeden Abend in seinem Stadtteil ausgehen. Er wohnt nämlich in dem … Viertel der Stadt.
b. Ich finde diesen neuen Park … .
c. Auf dieser Straße ist dieses Gebäude … .
d. Sie kennt den … Reiseführer dieser Stadt.
e. Bach ist der … Künstler der Stadt Leipzig.

2 Complétez la phrase en réutilisant l'adjectif ou l'adverbe au superlatif.

a. Ich gehe gern in der Stadt spazieren, aber ich gehe … in Konzerte.
b. Dieses Restaurant ist gut. Aber „Bei Mario" ist das … Restaurant der Stadt.
c. Die Stadtbibliothek ist alt. Aber die Uni ist … .
d. Dieses Gebäude ist zwar hoch, aber es ist nicht das … Gebäude der Stadt.
e. Diese Passage ist schön. Aber ich finde die Fußgängerzone … .

Indiquer un lieu → p. 81

→ PRÉCIS p. 231, 233

- En allemand, il est indispensable de distinguer le lieu où l'on est (locatif) du lieu où l'on va (directionnel). Selon le contexte, les interrogatifs, les prépositions et les cas de déclinaison diffèrent.
- La préposition spatiale la plus utilisée est ***in*** (dans, à).

	Wo ist / war er?	**Wohin** fährt / geht sie?	**Woher** kommen sie?
lieu sans article (villes, pays)	**in** Er wohnt **in** Leipzig.	**nach** Wir sind **nach** Leipzig gefahren.	**aus** Sie kommen **aus** Köln.
lieu avec article	**in + Datif** Wir bleiben **im** (**in dem**) Bach-Museum. **In der** Kirche kann man Bach-Musik hören.	**in + Accusatif** Die Touristen gehen gern **in die** Nikolaikirche und **ins** (**in das**) Bach-Museum.	**aus + Datif** Sie kommen **aus der** Kirche.

3 Complétez par les prépositions *in*, *nach* ou *aus*.

a. Ich möchte im Sommer … Italien fahren.
b. Die meisten Touristen unserer Stadt kommen … Amerika.
c. Unsere Lehrer organisieren einen Ausflug … München.
d. Wir bleiben nicht mehr lange … diesem Stadtteil.
e. Dieses Jahr kann ich nicht mit meiner Klasse … Kanada fliegen.
f. Meine Eltern haben eine Postkarte … Wien bekommen.

4 Complétez par la marque qui convient suivant qu'il s'agit du locatif ou du directionnel.

a. Ich bin nie in dies… Museum gegangen.
b. In mein… Viertel organisieren wir jeden Sommer ein Fest.
c. Diese Familie wohnt nicht mehr in d… Stadt.
d. Habt ihr Lust, i… Kino zu gehen?
e. Viele Künstler haben ihre Galerie in dies… sanierten Fabrik.
f. Wenig Touristen sind in d… Kirche geblieben.

Eine Stadtführung in Leipzig

CD 7 33-36 MP3 21-24

A2-B1

- Sie nehmen an einer Stadtführung in Leipzig teil. Bei der Führung hören Sie sich den Audioguide mit Informationen über vier Stationen an.
- In einer E-Mail an Ihren deutschen Partner berichten Sie über die Strecke und die Stationen. Sie bewerten jede Station nach einem Kriterium (interessant, angenehm, attraktiv, schön, lebhaft …). Sie sollen diese Bewertung auch begründen.

Das UT Connewitz

Die Mädler-Passage

Das Paulinum

Die Nikolaikirche

das Friedensgebet (-e)
la prière pour la paix –
der Mauerfall
la chute du mur –
die Wiedervereinigung
la réunification

Stratégies

Comprendre l'audioguide

- Repérez les adjectifs qui vous permettront d'évaluer les lieux à présenter.
- Il y a de nombreuses dates.
  - On indique une année avec ou sans ***im Jahre***
    → *Im Jahre 2005 wurde das Gebäude renoviert. / 2005 wurde das Gebäude renoviert.*
  - Quand c'est possible, on utilise les dizaines et les centaines plutôt que les milliers.
    → *1965: **neuzehnhundert**fünfundsechzig* (mais *2005: zweitausendfünf*)
- Il est difficile de se souvenir des dates exactes lors d'une écoute d'audioguide, mais il est pertinent de les relier à une période.
  → *im Mittelalter, im 19. Jahrhundert, im 20. Jahrhundert*
- Vous pourrez ensuite relier chaque période à un événement majeur ou à une mutation importante grâce à des verbes tels que *bauen, renovieren, zerstören, öffnen, schließen** …

Rédiger le courriel

- Utilisez les formes classiques du courrier.
  - salutations : *Hallo, … ; Hi, … ; Lieber / Liebe …*
  - majuscules : *Du (Dich, Dir), Dein …*
  - conclusion : *Tschüss, Dein … / Viele Grüße*
- Pour décrire le trajet, vous avez besoin d'adverbes de temps et d'indications de lieu.
  - *Zuerst sind wir in … gegangen.*
    Tout d'abord, nous sommes allés à…
  - *Dann / Danach waren wir in …*
    Ensuite / Puis nous étions à…
  - *Zum Schluss sind wir in … gewesen.*
    Enfin / Pour finir, nous étions/avons été dans…
- Pour évaluer chaque site, vous avez besoin du superlatif.
  - *Am interessantesten finde ich …*
  - *… ist das größte Gebäude.*
  - *Am modernsten ist …*
- Pour justifier votre évaluation et votre intérêt, vous pouvez utiliser ***nämlich*** après le verbe.
  - *Am ältesten ist diese Kirche. Sie wurde nämlich im Mittelalter gebaut.*

A Rund 13 000 Seeschiffe aus aller Welt laufen jährlich den zweitgrößten Hafen Europas an.

B Die hundertjährige Speicherstadt ist der weltgrößte Lagerhauskomplex und UNESCO-Weltkulturerbe.

C Am 11. Januar 2017 wurde die Elbphilharmonie eröffnet. Das Konzerthaus ist das neue Wahrzeichen der Stadt.

D Der traditionsreiche Fischmarkt ist legendär und ein Muss für jeden Hamburgbesucher.

Kapitel 6

LE VILLAGE, LE QUARTIER, LA VILLE

Hamburg - eine Hafenstadt

SPRACHBOX

die Hafenstadt Hamburg
- das Meer (die Nordsee) *la mer (la mer du Nord)*
- am Ufer eines Flusses, am Wasser leben *vivre sur la rive d'un fleuve, au bord de l'eau*
- das Schiff (-e) *le bateau*
- ein altes, modernes Gebäude *un bâtiment ancien, moderne*
- der See (der Alstersee) *le lac*
- der Hafen (¨) *le port*
- die Hafenanlagen *les installations portuaires*
- der Fluss (die Elbe, die Alster) *le fleuve (l'Elbe et l'Alster sont des fleuves qui traversent Hambourg)*
- der Speicher = das Lagerhaus *l'entrepôt*
- segeln *faire de la voile, du bateau*
- angeln *pêcher (à la ligne)*
- eine Hafenrundfahrt machen *faire un tour du port en bateau*

→ p. 92

Wie vielseitig ist die Stadt Hamburg?

- Présenter un événement marquant de l'histoire de Hambourg. (p. 88)
- Découvrir Hambourg aujourd'hui. (p. 90)

- Lire une année et des chiffres. (p. 89)
- L'adjectif. (p. 91)

Projekt

Doubler une vidéo sur Hambourg. (p. 95)

Fit für die Zertifikation (p. 96)

Am Hafen

A2

1. Sehen Sie sich die Bilder an und beschreiben Sie sie.
2. Was haben sie gemeinsam?
3. Was kann man am Wasser machen?

Eine geschichtsreiche Stadt

A Hamburg durch die Zeit

A1-A2 **1** Lesen Sie folgende Absätze und assoziieren Sie sie mit dem passenden Titel. Erklären Sie Ihre Wahl.

- 810 Bau der Hammaburg
- 1360 Hansestadt Hamburg
- 1619 größte Stadt Deutschlands
- 1806 französische Besatzung[1]
- 1842 der große Brand[2]
- 1937 Die Nazi-Pläne für Hamburg
- 1943 Bombardierung während des 2. Weltkrieges

A2 **2** Welche Daten sind in der Geschichte des Hafens wichtig?

B1 **3** Wie hat sich die Stadt im Laufe der Zeit verändert?

1. die Besatzung *l'occupation* 2. der Brand *l'incendie*

KulturBOX

„Hanse" war der Name einer Handelsorganisation, die zwischen dem 12. und dem 17. Jahrhundert eine große Rolle in Europa spielte. Eines ihrer Hauptziele war, die Handelswege vor Piraten zu sichern. Anders als der Großteil der anderen Hansestädte, die an der Ostsee liegen, hatte Hamburg einen Zugang zur Nordsee und sicherte sich Handelsprivilegien mit England, Flandern und Holland und der Handel florierte.
Die Hamburger werden oft Hanseaten genannt und ihr Autokennzeichen HH steht für „Hansestadt Hamburg".

a Als Napoleon seinen Europafeldzug[1] startete, machte er auch vor Hamburg nicht halt. Am 19. November 1806 stand General Mortier mit 3 000 Mann vor den Toren Hamburgs und besetzte die Stadt.

1. der Feldzug *la campagne militaire*

b Um die Mitte des 14. Jahrhunderts trat Hamburg der Hanse bei und wurde das Tor[1] zur Nordsee, während Lübeck, der Hauptsitz der Hanse, das Tor zur Ostsee war.

1. das Tor *ici, l'accès*

c Schon lange plante Karl der Große eine Festung[1] an der Alster zu erbauen, als militärische Basis im Kampf gegen die Sachsen im Norden. Sein Sohn, Ludwig der Fromme, ließ eine Burg[2] – die Hammaburg – bauen.

1. die Festung *la forteresse* 2. die Burg *le château fort*

d Am 5. Mai in der Nacht begann die Katastrophe, die einen Großteil Hamburgs zerstörte. Die Hamburger nutzten die Gelegenheit für Verbesserungen und schufen[1] ein Hamburg, das noch schöner werden sollte.

1. schaffen* *créer*

e Die Nationalsozialisten brauchten für den geplanten Krieg starke spezialisierte Häfen. Deshalb wurden die Städte Altona, Harburg-Wilhelmsburg und Wandsbek der Stadt Hamburg angegliedert[1].

1. angegliedert werden *être rattaché*

f Die Verluste unter den Hamburgern waren immens. Der gesamte Hafen wurde zerstört und mit ihm über 300 Schiffe. Fast 900 000 Menschen wurden über Nacht obdachlos[1] und standen mit leeren Händen da. Über 100 000 Menschen wurden verletzt, und 48 600 Hamburger starben in einer einzigen Woche.

1. obdachlos *sans abri*

g Anfang des 17. Jahrhunderts zählte die Stadt etwa 40 000 Einwohner, 10 000 davon waren Ausländer. Viele Leute waren aus wirtschaftlichen oder religiösen Gründen nach Hamburg zugewandert. Unter den Zuwanderern waren deutsche Protestanten, aber auch Franzosen, Portugiesen, Spanier und Holländer.

www.hamburgs-geschichte.de

B Ein Hamburger Trümmerkind

A2-B1 **1** Lesen Sie den Text und schauen Sie sich das Bild an.
Sagen Sie dann, wie man zu dieser Zeit in der Stadt Hamburg lebte.

2 Mit wem kommen Agnes' Kinder, Hanno und Wiebke, nach Hause? Woher kommt er?

B1 **3** Wie reagiert die Mutter?

Hamburg, Januar 1947

Agnes Dietz saß an diesem 28. Januar im Mantel an ihrer Nähmaschine[1] und versuchte, ein dunkelblaues Kleid zu ändern. In den letzten Monaten hatte sich herumgesprochen, dass sie eine Nähmaschine hatte und geschickt[2] damit war. Beim Steineklopfen[3] hatte sie Magda getroffen, die mit ihren drei Kindern in einer Notunterkunft aus Wellblech[4] wohnte, wie sie zu Hunderten in der Stadt aufgestellt worden waren. Magda machte bei Major Gardner in Rotherbaum die Wäsche. Einige der Frauen hatten sie beschimpft, weil sie für „den Feind" arbeitete, aber Magda ließ sich nichts gefallen.

„Der Krieg ist vorbei, und ich muss drei hungrige Mäuler stopfen[5]". Es war schon fast zwölf, als sie Hanno und Wiebke endlich draußen hörte und zur Tür lief.

„Habt ihr …?"

„Aber … wer ist das denn?"

Hanno hatte den Kleinen neben Wiebke abgestellt, und die versuchte eine Erklärung. Hanno kam ihr zu Hilfe.

„Der war allein. Hat bei den Trümmern an der Anckelmannstraße gestanden." Und um das Thema fürs Erste zu beenden, fügte er eilig an: „Wir haben Holz."

„Aber ihr könnt doch nicht einfach ein Kind hier mitnehmen. Seht ihn euch doch an. Der gehört doch zu jemandem."

Hanno schüttelte den Kopf[6]. „Da war aber niemand, ehrlich. Da war weit und breit kein Mensch."

Agnes hob den Jungen hoch und sprach ihn an. „Na komm. Wir gehen erst mal rein und heizen. Dann sehen wir weiter."

Nach Mechtild BORRMANN, *Trümmerkind*, 2016

1. die Nähmaschine *la machine à coudre*
2. geschickt *doué*
3. das Steineklopfen *ici, le tri des pierres dans la ville en ruine*
4. in einer Notunterkunft aus Wellblech *dans un hébergement d'urgence en tôle ondulée*
5. hungrige Mäuler stopfen *ici, nourrir des enfants affamés, des bouches affamées*
6. den Kopf schütteln *secouer la tête*

SPRACHBOX

Lire une année et des chiffres

- **1940** wurde die Stadt zerstört.
- Am Anfang **des 20. Jahrhunderts** hat sich die Stadt Hamburg erweitert.

→ p. 94

SPRACHBOX

eine Stadt im ständigen Wandel

- der Einwohner (-) *l'habitant*
- der Zuwanderer (-) *le migrant*
- ab/reißen* *raser, détruire*
- verändern *transformer*
- der Wandel *la transformation, la mutation*
- sich verändern, sich wandeln *changer*
- der Handel *le commerce*
- sich erweitern *s'agrandir*
- wieder auf/bauen *reconstruire*
- in Trümmern liegen* *être en ruine*
- zerstören; zerstört werden* *détruire ; être détruit*
- aus wirtschaftlichen, religiösen, politischen Gründen *pour des raisons économiques, religieuses, politiques*

→ p. 92

Nun sind Sie dran!

Suchen Sie Informationen über ein anderes wichtiges Datum in der Geschichte Hamburgs im Internet und berichten Sie darüber.
www.hamburgs-geschichte.de

Hamburg, heute und morgen

A Früh aufstehen

VIDEO

A1-A2 1 Um wie viel Uhr fängt der Markt an?

A2 2 Was kann man auf dem Markt kaufen? Oder machen?

B1 3 Wann findet der Markt nicht statt?

4 Glauben Sie, dass er eine touristische Sehenswürdigkeit ist? Hätten Sie Lust, dorthin zu gehen?

B Am Hafen chillen

A2 1 Stellen Sie den Ort StrandPauli vor. Was kann man dort machen?

B1 2 Was mögen die Kunden besonders an diesem Ort? Was mögen sie weniger?

www.golocal.de/hamburg/

StrandPauli

Barfuß[1] im Sand, Sonne auf der Haut, Palmen im Sommerwind und Kreuzfahrtschiffen hinterher schauen – all das finden Sie direkt an der Elbe mitten im Hafen von Hamburg. Lazy days im Liegestuhl genießen, chillen und grillen, Lagerfeuer[2] und extrem gute Musik …

Bewertungen zu StrandPauli

KUMPEL.HH ★★★★☆

Den Besuch war es definitiv wert. StrandPauli ist auf jeden Fall einer der cooleren Stadtstrände, die man so findet. Allerdings war es bei unserem Besuch auch sehr überlaufen[3], was wohl an dem guten Wetter lag. Da war es gar nicht so leicht, noch Sitzplätze zu finden. Die Stimmung war prächtig. Ich gehe auf jeden Fall nochmal hin, weil ich alles in allem einen schönen Nachmittag am „Strand" dort hatte.

XAVIER.86 ★★★★★

Der geilste Strand in Hamburg ist immer noch StrandPauli. Kaffeespezialitäten trinken und die Füße in den warmen Sand stecken. Die Aussicht auf den Hamburger Hafen ist auch einfach nur der Hammer! Für mich ist StrandPauli einfach der place-to-be an den heißen Tagen in Hamburg.

MC.JOHN ★★★☆☆

StrandPauli ist echt cool. Der Ausblick ist genial. Die Getränke sind relativ teuer und leider ist alles Selbstbedienung. Das Essen habe ich nicht probiert, sah aber bei den Nachbarn ganz lecker aus. Jedoch ist die Urlaubsatmosphäre an sommerlichen Tagen perfekt. Mit kühlem Getränk in der Hand kann man auf den Hafen blicken und einfach schön relaxen.

1. barfuß *pieds nus* 2. das Lagerfeuer *le feu de camp* 3. sehr überlaufen *très fréquenté*

C An die Zukunft denken

A2 1 Was wird für den Transport der Container angeboten?

B1 2 Präsentieren Sie diese Innovation. Wie wird sie funktionieren? Was wird sie ermöglichen?

Hamburg plant Containertransport mit Schallgeschwindigkeit[1]

Die Hamburger Hafengesellschaft verhandelt mit dem Unternehmen HyperloopTransportation Technologies aus Kalifornien. [...] Der Baubeginn kann schon in zwei bis drei Jahren erfolgen. [...]

Das System mit dem Namen Hyperloop ist eine Erfindung von Elon Musk, [...] der seine Idee bereits 2013 vorgestellt hatte. Dieses futuristische Transportsystem besteht aus einem Röhrensystem, in dem ein Vakuum erzeugt wird[2], wodurch es praktisch weder Luftwiderstand[3] noch Reibung[4] gibt. Die Transportkapseln können so Geschwindigkeiten von bis zu 1200 Kilometern pro Stunde erreichen.

In diesem Tempo könnten die Container in wenigen Sekunden das Hamburger Umland[5] erreichen und dort zum Weitertransport auf Lkw verladen werden[6]. [...] Bis zu 4100 Schiffscontainer pro Tag können durch die Vakuumtunnel transportiert werden und so den Lkw-Verkehr reduzieren.

www.spiegel.de, 15. 11. 2018

1. die Schallgeschwindigkeit *la vitesse du son* 2. ein Röhrensystem, in dem ein Vakuum erzeugt wird *un système de tuyau dans lequel un vide est créé* 3. der Luftwiderstand *la résistance à l'air* 4. die Reibung *le frottement* 5. das Umland *la périphérie* 6. auf Lkw verladen werden *être chargé sur des camions*

SPRACHBOX

am Hafen ausgehen

- der Ausblick auf den Hafen *la vue sur le port*
- auf etw. (A) blicken *regarder qc*
- den Abend am Strand verbringen* *passer la soirée à la plage*
- früh ≠ spät aus/gehen* *sortir tôt ≠ tard*
- auf den Markt gehen* *aller au marché*
- frische Waren, Fisch kaufen *acheter des produits frais, du poisson*
- die (Sturm)Flut *la (grande) marée*

etwas Tolles erleben

- etw. (A) wert sein *valoir le coup*
- eine Reise wert sein *valoir le voyage*
- etw. genießen* *profiter de qc, savourer qc*
- der Hammer sein = genial sein
- entspannt, entspannend *détendu, relaxant*
- sich entspannen = relaxen *se détendre*
- zauberhaft *magique*
- die Gemütlichkeit *le côté cosy, confortable, douillet*
- gemütlich *cosy*
- die prächtige Stimmung *l'ambiance magnifique*
- die Urlaubsatmosphäre *l'ambiance de vacances*

→ p. 92

Nun sind Sie dran!

Was möchten Sie in Hamburg lieber erleben? Das frühe Aufstehen auf dem Fischmarkt, den Ausblick am StrandPauli oder die futuristische Innovation mit dem Hyperloop? Begründen Sie Ihre Antwort.

SPRACHBOX

L'adjectif

L'attribut du sujet invariable

- Die Stadt Hamburg **ist** sehr modern und lebendig.

L'adjectif d'un nom de ville

- Man muss unbedingt den Hamburg**er** Hafen entdecken.

L'épithète dans un GN défini

- Ich mag die entspannt**e** Stimmung der Strandbar.
- Im Hafen kann man die riesig**en** Frachtcontainer sehen.

→ p. 94

TRAINING

WORTSCHATZ

Hamburg - eine Hafenstadt

Hamburg durch die Zeit

A2
- der Einwohner (-) *l'habitant*
- der Zuwanderer (-) *le migrant*
- den Krieg erleben *vivre la guerre*

A2-B1
- die Hanse *la ligue hanséatique*
- in Trümmern liegen* *être en ruine*
- die Trümmer = die Ruinen *les ruines*
- die Zerstörung der Stadt; zerstören
  la destruction de la ville ; détruire
- die Veränderung der Stadt
  la transformation de la ville
- sich verändern *changer (v. intransitif)*
- der Wandel; sich wandeln
  la transformation, la mutation ; changer (v. intransitif)
- die Stadt wieder auf/bauen; der Wiederaufbau
  reconstruire la ville ; la reconstruction

am Hafen

A2
- der See *le lac*
- die See = das Meer *la mer*
- die Nordsee, die Ostsee *la mer du Nord, la mer Baltique*
- der Handel *le commerce*
- der Speicher, das Lagerhaus *l'entrepôt*
- die Wirtschaft *l'économie*
- der Hafen (Häfen) *le port*
- der Fluss (¨e) *le fleuve*
- die Brücke (-n) *le pont*
- der Strand; am Strand *la plage ; à la plage*
- angeln *pêcher (à la ligne)*
- das Schiff (-e) *le bateau*
- der (Schiffs)Container *le container*
- etw. transportieren *transporter qc*

A2-B1
- der Ausblick auf den Hafen *la vue sur le port*
- frische Waren auf dem Markt kaufen
  acheter des produits frais sur le marché
- auf den Fischmarkt gehen* *aller au marché aux poissons*
- am Ufer spazieren/gehen*
  se promener sur la rive, au bord de l'eau
- der (wirtschaftliche) Aufschwung
  l'essor, le boom (économique)
- ein futuristisches Transportsystem
  un système de transport futuriste

typisch Hamburg

A2
- die Elbphilharmonie *salle de concert ouverte en 2017*
- die Elbe, die Alster *l'Elbe, l'Alster*
- die Speicherstadt *les entrepôts*
- das Viertel (Altona, die Hafencity ...) *le quartier*

viele Eindrücke

A2
- angenehm *agréable*
- genießen* *apprécier, savourer*
- die Stimmung, die Atmosphäre *l'atmosphère*
- sich entspannen; die Entspannung
  se détendre ; la détente
- entspannend *relaxant*

A2-B1
- etw. (A) wert sein *valoir le coup*
- Hamburg ist eine Reise wert. *Hambourg vaut le voyage.*
- jm etw. empfehlen* *recommander qc à qn*
- einen schönen Abend verbringen*
  passer une belle soirée
- etwas Tolles erleben *vivre quelque chose de génial*
- sich über etw. (A) freuen *se réjouir de qc*
- das Erlebnis *l'expérience unique*

Comprendre les consignes

- Lesen Sie folgende Absätze. *Lisez les paragraphes suivants.*
- Präsentieren Sie ... *Présentez...*
- Berichten Sie ... *Rendez compte...*

ÜBUNGEN

1 Retrouvez le genre des mots suivants.

a. d... Hafen
b. d... Einwohner
c. d... Stadt
d. d... Nordsee
e. d... Schiff
f. d... Viertel
g. d... Ausblick

2 Trouvez le substantif qui correspond à ces verbes.

a. wieder aufbauen → d... W...
b. sich wandeln → d... W...
c. zerstören → d... Z...
d. sich entspannen → d... E...
e. erleben → d... E...

3 Associez la bonne définition aux termes suivants.

1. der Wiederaufbau
2. die Bombardierung der Stadt
3. die Hanse
4. der Hafen

a. Ein wirtschaftlicher Verein von Städten und Häfen an der Ost- und Nordsee.
b. Viertel werden zerstört und die Einwohner verlieren ihre Häuser.
c. Ein Ort, wo es viele Schiffe und Verkehrsmittel gibt.
d. Man verändert die Stadt: Die Ruinen werden enfernt und Gebäude neu gebaut.

4 Dites ce que l'on peut faire dans les lieux suivants.

a. Auf dem Fischmarkt kann man ...
b. An der Elbe können die Hamburger ...
c. Am StrandPauli ...
d. Am Hafen ...

5 Complétez par le mot qui convient.

Fluss – Gebäude – Handel – Schiffe – See – Viertel

a. Altona ist eines der beliebtesten Hamburger ... .
b. Aus dem kleinen ..., der Alster, wird ein großer ... mitten in der Stadt Hamburg.
c. Das 110 Meter hohe ... der Elbphilharmonie ist ein modernes Wahrzeichen der Hansestadt.
d. Diese Firma betreibt seit mehr als 80 Jahren ... in der Speicherstadt.
e. Die großen ... verursachen schlechte Luft am Hamburger Hafen.

EXTRA

B1 **6 Wie würde der perfekte Ausflug nach Hamburg aussehen? Beschreiben Sie ihn.**

SPRACHMELODIE

CD 1 37 MP3 25

Le « -*e* » en finale

En allemand on prononce toutes les lettres, ce qui peut constituer une difficulté pour les francophones. Il faut donc penser à prononcer le « e » à la fin d'un mot, qui n'est pas accentué, mais n'est jamais muet.

1 Écoutez ces mots et répétez-les.

die Getränke – ich gehe – der Erste – sie wohnte – die Neue – die Brücke – die Hanse – lange

2 Écoutez attentivement ces deux phrases.

Die neue Brücke habe ich heute gesehen.
Hamburg gehörte zur Hanse.

3 Lisez-les maintenant en veillant à bien prononcer le « -e » en finale. Vous pouvez vous enregistrer.

4 Réécoutez l'enregistrement et vérifiez que vous avez bien réalisé les sons.

TRAINING

GRAMMATIK

LERNTEMPODUETT
→ p. 19

Lire une année et des chiffres → p. 89

→ PRÉCIS p. 236

- On lit une année avec « ***im Jahre*** » ou rien devant.
  1321 tritt Hamburg der Hanse bei.
- L'année se lit différemment du nombre jusqu'aux années 2000.
  *1321 : dreizehn**hundert**einundzwanzig → 2019 : zweitausendneunzehn*
- On utilise comme en français les ordinaux pour lire les siècles.
  Im 17. (siebzehnten) Jahrhundert sind viele Menschen nach Hamburg zugewandert.

1 * **Lisez le texte suivant à voix haute.**
1816 fährt das erste Dampfschiff *Lady of the Lake* in den Hafen Hamburgs ein. Ab Mitte des 19. Jahrhunderts gibt es immer mehr Passagierschifffahrt: Viele Menschen wünschen sich ein besseres Leben in Amerika. Deswegen sind insgesamt 3,6 Millionen zwischen 1838 und 1914 aus Europa in die USA ausgewandert. 1888 wird die Speicherstadt, die ein riesiger Lagerhauskomplex war, eingeweiht. Dort wohnten viele Hafenarbeiter, Handwerker und Kaufleute. 1912 ist der Hamburger Hafen der drittgrößte Hafen der Welt (nach London und New York). Der 1. Weltkrieg und die Wirtschaftskrise der 20er Jahre verlangsamen am Anfang des 20. Jahrhunderts den weiteren Boom des Hafens.

2 ** **Écrivez les chiffres et les dates en toutes lettres.**
Ab 1943 wird der Hafen von den Alliierten bombardiert. Rund 80 % des Hafens werden zerstört. Jedoch wird der Hafen 1945 direkt nach dem Kriegsende schnell wieder aufgebaut. In den 50er Jahren gibt es die ersten Frachtcontainer. Bis heute hat sich der Hafen jedes Jahr erweitert. 2016 wurden 138 Millionen Tonnen durch den Hafen transportiert. 156 000 Personen arbeiten direkt oder indirekt für den Hafen in Hamburg, 268 689 in ganz Deutschland. 18 000 Schiffe laufen jährlich im Durchschnitt den Hafen an.

Le marquage de l'adjectif → p. 91

→ PRÉCIS p. 232

- L'adjectif attribut, utilisé généralement après le verbe « être », est **invariable** en allemand, contrairement au français.
  *Besonders nachts ist der Ausblick auf den Hafen **toll**.*
- L'adjectif d'un nom de ville est toujours invariable, il se forme avec le suffixe ***-er***.
  *Der Hamburg**er** Hafen ist eine Reise wert.*
- L'adjectif épithète précède le nom qu'il détermine et il est décliné.
  Comme l'article défini porte la marque du cas, l'adjectif prend une marque dite « faible » :
  – le ***-e*** avec ***der, die, das*** au singulier nominatif et à l'accusatif avec ***die*** et ***das***
  – le ***-en*** dans tous les autres cas

	Masculin	Féminin	Neutre	Pluriel
NOMINATIF	der junge Mann	die teure Musik	das leckere Essen	die deutschen Städte
ACCUSATIF	den jungen Mann	die teure Musik	das leckere Essen	die deutschen Städte
DATIF	dem jungen Mann	der teuren Musik	dem leckeren Essen	den deutschen Städten

3 * **Retrouvez les adjectifs attributs et les épithètes.**
Das Lokal habe ich wirklich toll gefunden. Es ist eine schöne und romantische Kneipe mit einer angenehmen Atmosphäre. Die Kellner sind nett und haben Humor. Der Ort ist empfehlenswert und ich möchte unbedingt noch mal hinfahren. Das Essen ist manchmal ein bisschen enttäuschend, aber insgesamt ist es sehr lecker. Die nette Musik hat mir am besten gefallen.

4 ** **Déclinez l'adjectif épithète.**
a. Ich mag die originell... Stimmung in den gemütlich... Lokalen der Stadt. Jedoch ist der best... Abend, wenn ich zu Hause mit meinen beid... Schwestern bleibe oder wenn ich in das lebendig... Zentrum gehe.
b. Wir gehen an den cool... StrandPauli. Es wird oft gut... Musik der 80er gespielt. Die jung... Kunden bleiben etwas länger. Um 1 Uhr bestellen wir in der Regel das letzt... Getränk.

A2-B1

VIDEO

Hamburg ist eine Reise wert

- Schauen Sie sich das Video über Hamburg an und schreiben Sie in 3er- oder 4er-Gruppen den Text, der zu den Bildern passt.
  www.dw.com/de/reisetipps-für-hamburg/av-43004854
- Was kann man in Hamburg machen? Präsentieren Sie die Sehenswürdigkeiten der Stadt, indem Sie betonen, was die Touristen anziehen kann. Sagen Sie auch, warum Hamburg eine Reise wert ist.
- Benutzen Sie alle Informationen, die Sie im Kapitel gesammelt haben und suchen Sie im Internet nach weiteren Informationen zu den Sehenswürdigkeiten, die Sie entdecken.

MEHR INFOS AUF

Auf diesen Webseiten können Sie sich über die Hamburger Sehenswürdigkeiten informieren:
https://bit.ly/2FyAtLH
www.hamburg.de/besucher/
www.hamburg-tourism.de/sehenswertes/hamburg-maritim/an-der-elbe/
www.carnets-de-traverse.com/blog/visiter-hambourg

Hafencity: Name des Viertels, wo die Elbphilarmonie, das Miniatur Wunderland und die Speicherstadt liegen.

Speicherstadt:
- 1883
- weltgrößter Lagerhauskomplex
- UNESCO-Weltkulturerbe

Elbphilarmonie:
- Konzerthaus
- 2016 eingeweiht
- neues Wahrzeichen der Stadt
- 110 m hoch

Miniatur Wunderland:
- 2000 gegründet
- größte Modelleisenbahnanlage der Welt
- in der Speicherstadt
- 1,3 Mio. Besucher pro Jahr

› Fit für die Zertifikation

ENTRAÎNEMENT AUX ÉPREUVES COMMUNES EN COURS D'ANNÉE

Schriftliche Interaktion

In einem Internetforum gibt es eine Diskussion zum Thema „Wohnort".
Du findest dazu folgende Aussagen:

Matthias

„Ich wohne in einer Kleinstadt. Es ist sehr praktisch, weil ich überall zu Fuß oder mit dem Fahrrad hinkommen kann. Ich habe viele Freunde und wir gehen sehr häufig zusammen aus. Meine Eltern machen sich nie Sorgen, weil sie wissen, dass ich nie sehr weit von zu Hause weg bin."

Rebecca

„Ich wohne in einem Dorf im Gebirge. Viele Leute glauben, dass ich mich dort langweile. Aber ich mag die Natur, ich bin nicht gern zu Hause. Ich bin lieber draußen und gehe wandern. Im Winter fahre ich gern Ski. Für mich ist es kein Problem, dass es nicht so viele junge Leute in meinem Dorf gibt. Ich spiele auch gern mit meinen Tieren. Auf dem Land können wir viele Haustiere haben, weil wir mehr Platz haben."

Aslan

„Ich wohne in einem Stadtteil in einer Großstadt. Es ist billiger, in meinem Stadtteil zu wohnen als im Zentrum. Deshalb leben hier sehr verschiedene Leute: ältere Leute, Familien, Zuwanderer und Studenten. Es ist immer etwas los und wir haben auch viele Verkehrsmittel, um überall in die Stadt zu fahren."

- **Gib alle drei Aussagen aus dem Internetforum mit eigenen Worten wieder.**

Pour étoffer votre texte, vous pouvez qualifier certaines déclarations en utilisant des adjectifs et des comparatifs.
- *Er findet, es ist sicherer, in einer Kleinstadt zu wohnen, weil …*
- *Sie meint, es ist sehr angenehm, in einem Dorf zu wohnen, denn …*
- *Für ihn ist es besonders interessant, in einer Großstadt zu wohnen, weil …*

Hörverstehen

CD 1 38 MP3 26

- **Lies zuerst die Fragen 1 – 4. Du hast dafür eine Minute Zeit.
Hör dir nun die Reportage an. Löse die Aufgaben beim Hören. Wähle die richtige Antwort (a, b oder c).**

1 Es geht um …
a. ganz Bayern.
b. München.
c. Nürnberg.

2 Kaiserburg ist der Name …
a. einer Sehenswürdigkeit.
b. des Hauses Albrecht Dürers.
c. einer kulinarischen Spezialität.

3 Am Christkindlmarkt kann man …
a. eine Jugendherberge besuchen.
b. sich auf Weihnachten vorbereiten.
c. Wintersport machen.

4 Diese Stadt ist …
a. eine Reise wert.
b. im Sommer nicht sehr lebendig.
c. zu modern.

Il faut être bien attentif et se concentrer du début à la fin du reportage en notant les noms propres qui constitueront des repères pour guider votre écoute.

Leseverstehen

Lies den Text und die Aufgaben und sag, ob die Aussage richtig oder falsch ist.

Grenzstädte und Partnerstädte

Zwei Städte: Kehl, die deutsche, und Straßburg, die französische. Zwischen den beiden Städten gibt es einen Fluss, den Rhein, und eine Brücke. Die Straßburger fahren nach Kehl, um billiger zu shoppen oder die Atmosphäre im Park zu genießen. Die Kehler fahren nach Straßburg, um dort von dem kulturellen Angebot zu profitieren. Die Geschäfte der beiden Städte haben deutsche und französische Kunden.

Aber es war nicht immer so einfach. Wegen der Konflikte gab es lange keine Verbindung zwischen den beiden Städten. Zum Beispiel wurde die Zugbrücke 1861 zerstört.

Mit der Europäischen Union hat sich das Leben seit den 50er Jahren verändert. Die EU hat die Brücke zwischen beiden Städten finanziert, sie heißt übrigens Europabrücke.

Jeden Tag fahren rund 36 000 Autos und Tausende Menschen auf ihrem Weg zur Arbeit von Straßburg nach Kehl und von Kehl nach Straßburg. Heute kann man auch mit der Straßenbahn direkt von Straßburg nach Kehl fahren.

Zwischen beiden Städten gibt es also keine physische Grenze mehr. Die Einwohner leben wie in einer einzigen Stadt. Viele Kinder gehen in zweisprachige Schulen, um die Sprache der Nachbarn zu lernen. Also wird es bald vielleicht auch keine Grenze mehr in den Köpfen geben.

Dans ce type d'exercice, les réponses apparaissent souvent dans l'ordre du texte. Il est important de bien comprendre chaque paragraphe. Vous pouvez le résumer rapidement dans votre tête après l'avoir lu et vérifier s'il vous donne la réponse à une question.

1	Die Kehler fahren nach Straßburg, um von den Geschäften zu profitieren.
2	Vor den 50er Jahren gab es wenige Kontakte zwischen den beiden Städten.
3	Ohne Auto ist es schwierig, über die Grenze zu fahren.
4	In Kehl lernen immer weniger Schüler deutsch.

Mündliche Kommunikation

Wähle ein Thema aus und bereite ein kurzes Referat vor. Du solltest einen Gegenstand mitbringen, der dein Thema illustriert.

- Deine Stadt, dein Stadtteil oder dein Dorf.
- Deine Traumstadt.

Le second sujet permet de s'exprimer sur une situation irréelle. Cela peut également être le cas dans le premier sujet. Si vous parlez de ce que vous souhaiteriez pour améliorer votre lieu de vie, l'utilisation du subjonctif II sera alors indispensable et très appréciée.
In meiner (Traum)Stadt hätte ich gern / könnten die Leute …

Mündliche Interaktion

Bei der mündlichen Prüfung sollst du auch Fragen des Prüfers beantworten. Übt in Zweiergruppen und antwortet abwechselnd auf diese Fragen:

- Hättest du Lust, in Hamburg zu wohnen? Und in Leipzig?
- Kannst du über die Sehenswürdigkeiten sprechen, die dich in Hamburg besonders interessieren?
- Ist Leipzig eine Reise wert? Warum oder warum nicht?
- Würdest du lieber in Hamburg oder in Leipzig wohnen?

Écoutez la question posée, cela vous permettra de reprendre le verbe et la structure utilisés pour amorcer votre réponse.

A

B

D

E

Kapitel 7

REPRÉSENTATION DE SOI ET RAPPORT À AUTRUI

Fesche Jugend

SPRACHBOX

mit Freunden zusammen sein
- Schlittschuh laufen* *faire du patin à glace*
- mit jm ab/hängen* *traîner, passer du temps avec qn*
- lachen *rire*
- kicken = Fußball spielen
- zocken = Videospiele spielen
- Filme, Serien schauen *regarder des films, des séries*
- Rad fahren* *faire du vélo*
- weg/gehen* *sortir*
- der Freund (-e) ; die Freundin (-nen) *l'ami ; l'amie*
- der Kumpel *le pote, le copain*
- mit meinem Freund, meiner Freundin, meinen Kumpeln *avec mon ami, mon amie, mes potes*

→ p. 104

Inwiefern haben Jugendliche einen ganz eigenen Lifestyle?

- Décrire ses activités et celles de ses amis. (p. 100)
- Définir l'importance de la mode pour soi. (p. 102)

- Situer dans le temps et indiquer la fréquence – Rapporter des faits historiques. (p. 101)
- L'adjectif épithète (GN indéfini). (p. 103)

Projekt

Éditer le *Lifestyle-Magazin* de la classe. (p. 107)

Fit für die Zertifikation (p. 118)

Einfach zusammen sein

CD 2 1-6

A1 **1** Schauen Sie sich die Fotos der Jugendlichen an und hören Sie sich die Kurzinterviews an. Welche Hobbys haben die Jugendlichen? Machen Sie sich Notizen.

A2 **2** Präsentieren Sie kurz einen Jugendlichen / eine Jugendliche Ihrer Wahl.

Coole Freizeitaktivitäten

A Straßeninterviews

VIDEO

A2 Schauen Sie sich das Video an. Welche Hobbys haben die interviewten Jugendlichen?

B Es muss ja nicht immer Joggen sein!

CD 2 7-8

A1 1 Lesen Sie den Beitrag und hören Sie sich die Interviews an. Machen Sie sich Notizen zu den Namen, Städten, Sportarten. Ordnen Sie dann den Beitrag und den 3 Interviews einem Foto zu.

A2 2 Welche Aktivität würde Ihnen am besten gefallen? Warum?

der Eisbach = ein Fluss in München

a

b

c

d

Ich bin Joachim und wohne in Frankfurt. Seit ein paar Jahren spiele ich jede Woche einen besonderen Ballsport. Also, diese neue Sportart ist in Frankfurt total in! Es ist wie Badminton im Dunkeln[1]. Schläger, Bälle und Netze[2] sind fluorenszent und Spieler tragen neongrell leuchtende Kleidung und Schminke[3]. Es ist echt total lustig und verrückt!

1. im Dunkeln *dans l'obscurité* 2. der Schläger, der Ball, das Netz *la raquette, la balle, le filet* 3. die Schminke *le maquillage*

C Tempelhof, ein neuer Lebensraum

MÉDIATION

PARTNERBRIEFING → p. 18

CD 2 9 MP3 27

B1

1. **PARTNER A** liest die Zeitleiste. **PARTNER B** hört sich den Bericht an und macht sich Notizen zur Geschichte des Tempelhofer Felds.
2. **PARTNER A** und **PARTNER B** tauschen ihre Informationen aus und schreiben damit einen Beitrag für den Blog der deutschen Partnerschule. Titel des Beitrags: „Tempelhof: Wie Geschichte zur Freizeit wird".

ab 1200
Kolonisation des Gebiets im Süden des zukünftigen Berlins durch den Tempelorden[1]

1888
Der B.F.C. Germania, der älteste deutsche Fußballverein, wird gegründet; das Tempelhofer Feld wird als Trainingsgelände genutzt

29. August 1909
Ferdinand Graf von Zeppelin paradiert mit Zeppelin[2] LZ6 über dem Tempelhofer Feld

8. Oktober 1923
Eröffnung des Flughafens Tempelhof

1936
Baubeginn des NS-Flughafens[3]

1945-93
Flughafen der US Air Force

26. Juni 1948
Beginn der „Luftbrücke" mit den Rosinenbombern während der Berliner Blockade

1995
Denkmalschutz[4] des Flughafens

1995-2008
Nutzung als Zentralflughafen Tempelhof

30. Oktober 2008
Schließung des Zentralflughafens Tempelhof

24. Mai 2014
Volksentscheid[5] gegen die Randbebauung[6] des Tempelhofer Feldes

Tempelhof Projekt GmbH

1. der Tempelorden *l'Ordre des Templiers* 2. der Zeppelin *le dirigeable* 3. der Flughafen *l'aéroport*
4. der Denkmalschutz *la protection des monuments historiques* 5. der Volksentscheid *le vote populaire*
6. die Randbebauung *l'aménagement de la périphérie*

die Gedenkstätte *le lieu de mémoire* – etw. erhalten* *préserver qc* – das Opfer *la victime* – das Konzentrationslager *le camp de concentration* – die Gestapo = die GEheime STAatsPOlizei *la police secrète durant le Troisième Reich*

SPRACHBOX

Open-Air-Aktivitäten

- in der Freizeit *pendant son temps libre*
- sich mit jm treffen* *rencontrer qn*
- angeln *pêcher (à la ligne)*
- grillen *faire un barbecue*
- trainieren *s'entraîner*
- zusammen sitzen* *être ensemble*
- Synchronschwimmen treiben* *faire de la natation synchronisée*
- Drachen steigen lassen* *faire du cerf-volant*
- feiern *faire la fête*
- das Wellenreiten = das Surfen
- der Vergnügungspark *le parc d'attraction*
- entspannend *relaxant*
- lustig *drôle*
- verrückt *fou*
- super, toll, geil *super, génial*
- den Alltagsstress vergessen* *oublier le stress du quotidien*

→ p. 104

SPRACHBOX

Quand et à quelle fréquence ?

- jeden Tag *chaque jour*
- montags, samstags *tous les lundis, tous les samedis*
- am Wochenende *le week-end*

Rapporter des faits historiques

Le passif prétérit

- 1923 **wurde** der Tempelhofer Flughafen eröffnet.
- 2008 **wurde** der Flughafen geschlossen.

→ p. 106

Nun sind Sie dran!!

Welche Freizeitaktivitäten haben Sie und Ihre Freunde? Schreiben Sie einen kurzen Text (was, wann, mit, wem, wo?).

Frische Trends!

A Tradition mal ganz modern!

CD 2 10-13 MP3 28-31

MÉDIATION PARTNERBRIEFING → p. 18

A2 **1** Bilden Sie Dreiergruppen. Jeder PARTNER A, B, C hört sich einen Teil der Radiosendung an und präsentiert seinen zwei Mitschülern die Informationen.

A2-B1 **2** Jeder Partner schreibt dann einen kurzen Artikel über ein Label, das von einem anderen Partner präsentiert wurde.

die Seide *la soie* – der Samt *le velours*

Ophelia Blaimer

Cecilia Capri

Fabrice Aeberhard

Mathias Asefi

Kultur BOX

Es gibt auch bekannte deutsche Modeschöpfer/innen, wie zum Beispiel Hugo Boss, Wolfgang Joop, Jil Sander und Karl Lagerfeld, Kreativdirektor von Chanel, der in Paris lebte.

SPRACHBOX

Kleider und Trends
- der Blumenkranz (¨-e) *la couronne de fleurs*
- die Brille, die Sehbrille, die Sonnenbrille *les lunettes, les lunettes de vue, les lunettes de soleil*
- das Dirndl = das traditionelle bayerische Kleid *la robe traditionnelle bavaroise*
- die Kleidung; die Klamotten *les vêtements ; les fringues*
- die Jacke *la veste*
- der Gürtel *la ceinture*
- im Trend liegen* *être au goût du jour*
- angesagt sein *être tendance*
- handgemacht *fait main*
- schick *chic, élégant*
- bequem *confortable*
- breit; kurz *large ; court*
- billig ≠ teuer *bon marché ≠ cher*
- der Renner sein = „in", modisch sein
- der Modeschöpfer *le créateur de mode*

seinen Stil finden
- seinen eigenen Stil finden* *trouver son propre style*
- etw. bedeuten *signifier qc*
- etw. tragen* *porter qc*
- etw. wider/spiegeln *refléter qc*
- die Persönlichkeit *la personnalité*
- eine Vorliebe aus/drücken *exprimer une préférence*

→ p. 104

B) Modetrends als Individualität

A2 1 Machen Sie sich Notizen zu den Modetrends der deutschen Jugend: Welche Marken, welcher Stil sind gerade modisch?

B1 2 Inwiefern kann Mode auch die Persönlichkeit widerspiegeln?

Mobbing aufgrund der falschen Modemarke gehört in deutschen Schulen nicht mehr zum Alltag. „In" zu sein, bedeutet heute vor allem Individua+lität auszuleben und seinen eigenen Stil zu finden. Dabei gibt es durchaus einige Modetrends, die auf den Schulhöfen heute zu sehen sind. Mode trifft das Interesse vieler. Das ist auf dem Schulhof nicht anders. Gerade Teenager drücken ihre Stimmungen[1] und Vorlieben durch die Wahl der Garderobe aus. Angesagte Marken sind unter Teenagern gerade Nike, adidas, Hollister und insbesondere H&M. Kleider sagen, welche Musik man hört, welche Sportarten man mag oder welche Lebensphilosophie man hat. Lebt man ökologisch, dann trägt man no name Kleidung aus Biostoffen. Mögen Jugendliche Glamour und Hip-Hop, muss es cool, modisch und labelisiert sein. Die Mode ist hierfür ein exzellentes Mittel, sich auszuprobieren, den eigenen Geschmack zu festigen und seine Persönlichkeit zu finden.

Doch was sind aktuelle Modetrends für Teenager, was ist gerade angesagt?

Mode der 80er Jahren ist gerade im Trend. Ikonen wie David Bowie und George Michael prägten diese Ära, die nun wieder präsent ist: Jeansjacken, breite Gürtel, Puffärmel[2], Rüschen[3], Pailetten und Metallic. Aber auch bequeme Sneakers sind der Renner. Skinnies, knackige Röhren und Treggings sind heute die Basics. Aber die Teenies von heute entscheiden auch selbst, welche Modetrends sie mitmachen … und welche nicht.

Nach Benjamin Fickelscher, „Aktuelle Modetrends für Teenager", www.socko.de

1. eine Stimmung aus/drücken *exprimer une humeur*
2. der Puffärmel (-) *la manche bouffante*
3. die Rüsche *le volant*

SPRACHBOX

Décrire son style

Le groupe nominal indéfini à l'accusatif

- der Gürtel = Ich trage einen schwarzen Gürtel.
- das T-Shirt = Sie trägt einØ schickes T-Shirt.
- die Brille = Sie kauft eine handgemachte Brille.
- die Sneakers (pl.) = Wir lieben bequeme Sneakers.

→ p. 106

Nun sind Sie dran!!

Man muss nicht immer Modetrends mitmachen. Wie stehen Sie dazu?

TRAINING

WORTSCHATZ

Fesche Jugend

Freizeitaktivitäten

A2
- kicken = Fußball spielen
- zocken = Videospiele spielen
- Filme, Serien schauen *regarder des films, des séries*
- grillen *faire un barbecue*

A2-B1
- Schlittschuh laufen* *faire du patin à glace*
- angeln *pêcher (à la ligne)*
- Synchronschwimmen treiben* *faire de la natation synchronisée*
- Drachen steigen lassen* *faire du cerf-volant*

mit Freunden zusammen sein

A2
- der Freund (-e); die Freundin (-nen) *l'ami ; l'amie*
- der Kumpel (-) *le pote, le copain*
- lachen *rire*
- quatschen *bavarder*
- weg/gehen* *sortir*
- zusammen sitzen* *être ensemble*
- feiern *faire la fête*

A2-B1
- mit jm ab/hängen* *traîner, passer du temps avec qn*
- entspannend *relaxant*
- lustig *drôle*
- verrückt *fou*
- super, toll, geil *super, génial*
- den Alltagsstress vergessen* *oublier le stress du quotidien*

Kleider und Accessoires

A2
- die Brille; die Sonnenbrille *les lunettes ; les lunettes de soleil*
- das Dirndl *la robe traditionnelle bavaroise*
- die Kleidung; die Klamotten *les vêtements ; les fringues*
- die Jacke (-n) *la veste, le gilet*
- der Gürtel (-) *la ceinture*
- das Hemd (-en) *la chemise*
- die Hose (-n) *le pantalon*
- die Jeans *le jean*
- etw. tragen* = etw. an/haben *porter qc*

Mode und Persönlichkeit

A2
- angesagt, trendy sein *être tendance*
- klassisch, zeitlos gekleidet sein *être habillé de manière classique, intemporelle*
- schick *chic, élégant*
- fesch *(lang. fam.) joli, en vogue*
- bequem *confortable*
- breit; kurz *large ; court*
- billig ≠ teuer *bon marché ≠ cher*
- der Renner sein = „in“, modisch sein

A2-B1
- etw. bedeuten *signifier qc*
- etw. wider/spiegeln *refléter qc*
- die Persönlichkeit *la personnalité*
- seinen eigenen Stil finden* *trouver son propre style*

Comprendre les consignes

- Machen Sie sich stichwortartig Notizen.
  Prenez des notes sous forme de mots-clés.
- Hören Sie sich den Bericht an.
  Écoutez le reportage, le compte rendu.
- Inwiefern ist Ihnen Mode wichtig?
  Dans quelle mesure la mode vous importe-t-elle ?

ÜBUNGEN

1 Indiquez le genre des noms suivants avec l'article défini.

a. d… Freund
b. d… Hose
c. d… Kleid
d. d… Gürtel
e. d… Persönlichkeit
f. d… Kleidung

2 Chassez l'intrus.

a. der Gürtel – das Dirndl – der Rock – der Fußball
b. schwimmen – Schlittschuh laufen – schlafen – Filme schauen
c. feiern – tanzen – bedeuten – Spaß haben
d. bequem – angesagt – langweilig – im Trend

3 Lisez la définition et trouvez le mot qui lui correspond.

die Sonnenbrille – das Synchronschwimmen – das Dirndl – Schlittschuh laufen – der Kumpel

a. das traditionelle Kleid aus Bayern
b. ein Accessoire, das ich trage, wenn schönes Wetter ist
c. eine Sportart, die man im Winter macht
d. ein Synonym für das Wort „der Freund"
e. eine Sportart, die man im Wasser macht

4 Retrouvez les mots composés.

Nacht- – Alltags- – Wellen- – Sonnen- – Synchron-

schwimmen – stress – reiten – brille – leben

EXTRA

A2

5 Beschreiben Sie Ihre Kleidung: Was tragen Sie gern in der Schule? Was tragen Sie gern, wenn Sie mit Freunden ausgehen? Um Sport zu machen? Was tragen sie an Festtagen? Warum?

SPRACHMELODIE

CD 2 14 MP3 32

Les voyelles brèves

- Une voyelle est **brève** quand elle **précède une double consonne.**
  die Rolle – muss – kann – bitte

! **La longueur permet de discriminer certains mots.** Une erreur peut être source de malentendu.

die Mitte	le milieu (voyelle brève)	*die Miete*	le loyer (voyelle longue)
bitten	prier, demander (voyelle brève)	*bieten*	offrir (voyelle longue)

1 Écoutez ces mots et répétez-les.
der Sport – die Brille – schwimmen – lustig – der Stress – der Rock – die Jacke

2 Écoutez attentivement ces deux phrases.
Ich mache jeden Tag Sport.
Sie trägt einen Rock und eine blaue Jacke.

3 Lisez-les maintenant en veillant à bien prononcer les voyelles brèves. Vous pouvez vous enregistrer.

4 Réécoutez l'enregistrement et vérifiez que vous avez bien réalisé les sons.

TRAINING

GRAMMATIK

LERNTEMPODUETT
→ p. 19

Quand et à quelle fréquence → p. 101

→ PRÉCIS p. 234

- Pour **situer un événement dans le temps**, on peut utiliser un groupe prépositionnel qui répond à la question ***wann?***
  La préposition diffère selon que l'on indique :
  – **le jour** ou **le moment de la journée** : ***am** 3. Oktober, **am** Montag, **am** Abend, **am** Wochenende*
  Pour préciser le jour exact, on utilise un adjectif numéral ordinal en ajoutant *-ten* de 1 à 19 et *-sten* à partir de 20, abrégés par un point après le chiffre : *am 15. (fünfzehn**ten**) Dezember, am 20. (zwanzig**sten**) Mai*
  – **le mois, le siècle** : ***im** März, **im** 19. Jahrhundert*
  – On peut indiquer **l'année** sans préposition ou la faire précéder de *im Jahre* :
  ***Im Jahre** 1923 / **Ø** 1923 wurde der Flughafen eröffnet.*
- Pour **indiquer la fréquence**, on peut utiliser :
  – un **adverbe de fréquence** ***oft*** (souvent) ***manchmal*** (parfois) ***immer*** (toujours) ***nie*** (jamais)
  – un **complément de temps** *Ich fahre **jeden Tag*** (tous les jours) *mit dem Fahrrad in die Schule.*
  – Pour marquer **une répétition**, on peut ajouter un **-s** : *abend**s*** (tous les soirs), *nachmittag**s*** (tous les après-midis)

1 (*)
Complétez le texte avec les indications temporelles. Pensez aux prépositions lorsque c'est nécessaire !
Diese große Frankfurter Sporthalle wurde … (25. Juni 2003) eröffnet. … (September 2017) spielte meine Handballmannschaft hier. Heute spielen wir immer noch in dieser Sporthalle. … (Samstag) machen wir ein Klassenturnier … . … (Mai) spielen wir sogar in München. … (2020) fahren wir nach Berlin, um dort an einem europäischen Turnier teilzunehmen!

2 (**)
Formulez des phrases personnelles en indiquant la fréquence.
→ *Ich treffe mich oft mit meinen Freunden. Mittags esse ich zu Hause …*
a. ins Kino gehen
b. mit dem Bus in die Schule fahren
c. mit Freunden campen
d. mit meiner Freundin ins Café gehen
e. in der Schulkantine essen
f. im Winter Ski fahren

Le groupe nominal indéfini au nominatif et à l'accusatif → p. 103

→ PRÉCIS p. 231, 233

- ***ein*** est l'article indéfini au singulier.
  – **Au singulier**, *ein* ne prend pas de marque au nominatif masculin, au nominatif neutre et à l'accusatif neutre.
  – **Au pluriel**, il n'y a pas d'article.
- L'adjectif épithète précède le nom et est décliné. En l'absence de marque à l'article, c'est lui qui porte la marque du cas.

	masculin	neutre	féminin	pluriel
nominatif	einØ roter Rock	einØ blaues T-Shirt	eine gelbe Hose	Ø braune Schuhe
accusatif	einen roten Rock	einØ blaues T-Shirt	eine gelbe Hose	Ø braune Schuhe

3 (**)
Décrivez les tenues vestimentaires des deux jeunes, en formulant des phrases et en déclinant correctement les groupes nominaux à l'accusatif.
der Kopfhörer le casque audio – *offen* ouvert – *karriert* à carreau – *zerrissen* déchiré – *grau* gris

4 (***)
Complétez les phrases avec les marques du groupe nominal, si nécessaire.
a. Ich kenne ein… berühmt… Modeschöpfer, der aus Berlin kommt.
b. Sie möchte ein… rot… Dirndl kaufen.
c. Wir tragen handgemacht… Schuhe.
d. Es ist ein… neu… Hemd.
e. Ich habe im Auto ein… alt… Sonnenbrille gefunden.

Das Lifestyle-Magazin der Klasse

A2-B1

- Besprechen Sie zuerst in der Klasse, welche Rubriken in Ihrem Magazin erscheinen sollen: Aktivitäten und Freizeit, Essen und Ausgehen, Kleidung und Accessoires, Designer/innen, Kunst, usw.
- Bilden Sie so viele Gruppen in der Klasse, wie es Rubriken gibt. Achtung, Sie müssen auch einen Chefredakteur wählen, der alle Artikel liest und korrigiert und einen Grafiker, der das Layout des Magazins macht.
- Innerhalb jeder Rubrikengruppe: Jeder schlägt ein Thema vor, die Gruppe präsentiert dann kurz dem Chefredakteur ihre Ideen. Jeder Teilnehmer schreibt seinen Artikel und illustriert ihn. Das Magazin kann sowohl eine Papierversion oder online sein!

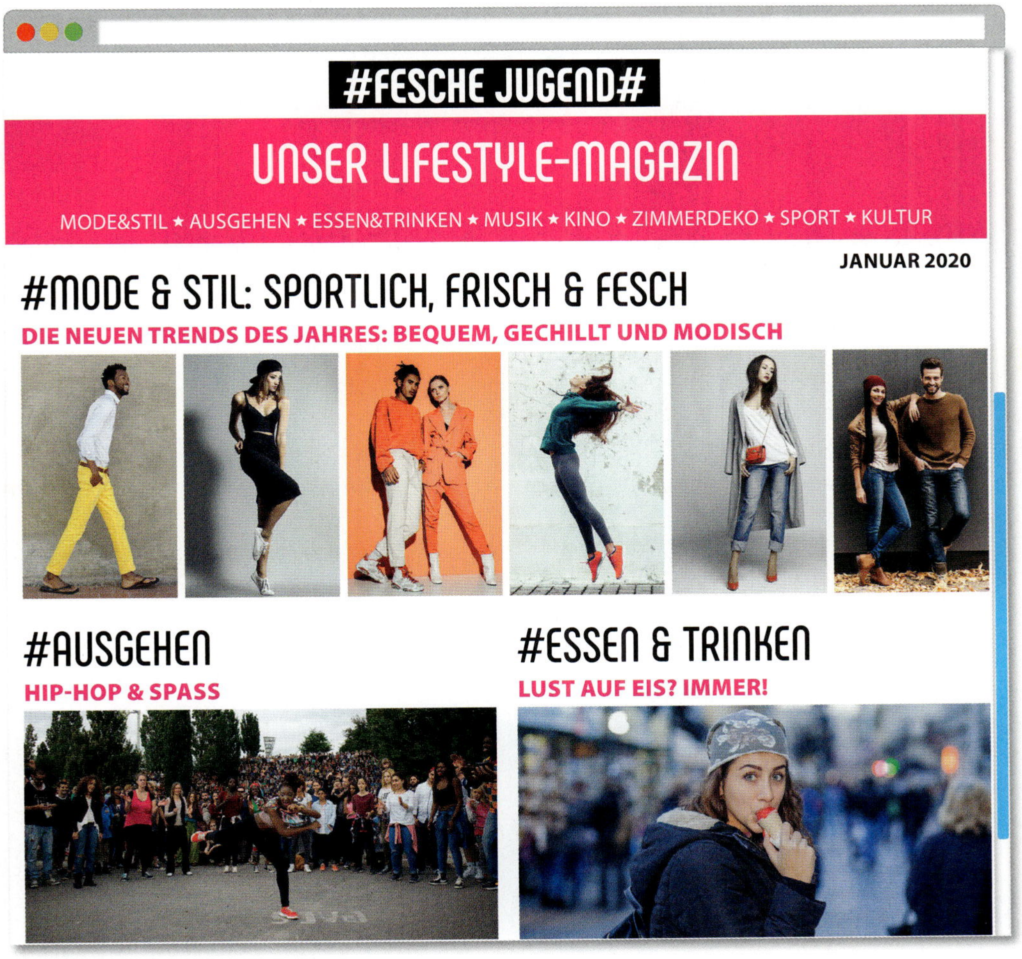

Avant la publication du magazine, les différents groupes ne doivent pas échanger sur leurs idées respectives ; il y aura ainsi des surprises pour chaque lecteur !
Vous pouvez aussi envoyer votre magazine à votre établissement partenaire allemand !

Stratégies

Pour la mise en forme

- **Nom du magazine :** vous pouvez faire un sondage au sein de la classe.
- **Lister les différentes rubriques.**
- **Élire un rédacteur en chef et un graphiste.**

Pour l'article

- **Le titre doit interpeler !**
  – À l'impératif : *Holt euch … Reagiert … Geht …*
  – Sous forme de question : *Wie kann ich fit bleiben? Was soll ich ihm zum Geburtstag schenken?*
  – Sous forme de liste : *7 Gründe, warum ich nach Deutschland fahre – 3 Tipps, für die nächsten Sommerferien – 10 Ideen, um die Schönste zu sein*
- **L'article doit être informatif.**
  Horaires d'ouverture, prix, histoire du lieu…
- **N'oubliez pas d'illustrer et de signer l'article !**

Irina gehört
anders
gemeinsam
Potenziale
Respekt
Individualität
Zusammenhalt
Austausch
Akzeptanz
Chance
Zugehörigkeitsgefühl
gegeneinander
Diskriminierung
allein
Transparenz
Anerkennung
sicher
Rassismus
Ablehnung
Schönheitsideale
Toleranz
Partizipation
miteinander
Integration
Barrieren

Kapitel 8

REPRÉSENTATION DE SOI ET RAPPORT À AUTRUI

Trotzdem dazugehören

SPRACHBOX

- die Vielfältigkeit *la diversité*
- das Aussehen *l'apparence*
- unterschiedlich *différent*
- anders sein *être différent*
- dazu/gehören *faire partie d'un groupe, d'une communauté*
- das Zugehörigkeitsgefühl *le sentiment d'appartenance*
- die Bereicherung *l'enrichissement*
- miteinander ≠ gegeneinander *les uns avec les autres ≠ les uns contre les autres*
- die Ablehnung *le refus*
- jn / etw. ab/lehnen *refuser qn / qc*
- die Anerkennung *la reconnaissance*
- jn / etw. an/erkennen* *reconnaître qn / qc*
- der Zusammenhalt *la cohésion*
- zusammen/halten* *être solidaire*
- das Zusammenleben *le vivre ensemble*

→ p. 114

Sehen mich die anderen, wie ich bin?

Anders sein

A2-B1

1. Sehen Sie sich das Foto an. Beschreiben Sie die beiden Mädchen. Was lesen sie? Stellen Sie Hypothesen über die Geschichte auf. Worum geht es?
2. Lesen Sie nun die Wörter in der Wortwolke. Welche Wörter finden Sie positiv? Welche negativ?
3. Vergleichen Sie Ihr Ergebnis in der Klasse.

Schulmodell Waldorfschule

A Was sind Waldorfschulen?

MÉDIATION

GRUPPENPUZZLE MINDMAP

→ p. 20, 25

B1

1. Bilden Sie Gruppen von je 3 Schülern, jeder liest einen Text und gibt die wichtigsten Informationen mit eigenen Worten wieder.
2. Bilden Sie nun Expertengruppen, indem jeweils 3 Schüler mit dem gleichen Text zusammenarbeiten und ihre Ergebnisse vergleichen.
3. Bilden Sie wieder die Gruppen wie zu Beginn und erstellen Sie eine Mindmap zur Waldorfschule.

a Wie funktionieren Waldorfschulen?

Die Ausbildung beginnt im Kindergarten und geht dann in die Grundschule und später in die Sekundarstufe über. Die Schulzeit dauert 12 Jahre. Am Ende bekommen die Schüler ein Zeugnis, das allerdings kein Abitur ist. Es ist aber möglich, ein 13. Schuljahr zu absolvieren, bei dem nach den Methoden der Gymnasien gelernt wird. Dieses Jahr kann man dann mit dem Abitur abschließen.

b Die Besonderheiten[1]

Die Schüler haben keine Schulbücher. Sie haben leere Hefte, in die sie den Lernstoff[2] selbst hineinschreiben, nachdem sie alles durch eigenes Beobachten verstanden haben.
Der Unterricht ist lebendig und praktisch, das bedeutet, dass es viele Projekte und Gruppenarbeiten gibt.
Die Schüler bekommen auch keine Noten. Jeder Schüler erhält in einem ausführlichen Text eine Beschreibung seines Erfolges.
Wenn Schüler nachsitzen[3] müssen, dürfen sie über den Zeitpunkt selbst entscheiden.
Musik und Kunst sind ebenso wichtig wie die klassischen Fächer. Dazu gehört der Eurythmie-Unterricht. Dabei werden Laute[4] in Tanzbewegungen ausgedrückt.

1. die Besonderheit (-en) *la particularité*
2. der Lernstoff *le cours*
3. nach/sitzen* *être en retenue*
4. der Laut (-e) *le son*

Kultur BOX

Das System der Waldorfschule entstand zu Beginn des 20. Jahrhunderts und basiert auf den Lehren des österreichischen Philosophen Rudolf Steiner, der das pädagogische Prinzip (Denken, Fühlen, Wollen) entwickelt hat.
In Österreich heißen sie „Steiner-Schulen".
In Deutschland sind die Waldorfschulen offizielle Ersatzschulen[1]. Derzeit gibt es etwa 240 davon. Und sie sind sehr beliebt. Besonders in den Großstädten werden die Plätze oft knapp.
In Frankreich hingegen gibt es nur etwa 10 dieser Schulen, in Europa 736 und weltweit 1 100.

1. die Ersatzschule (-n) *l'école alternative*

c Wie erfolgt der Unterricht?

Es gibt kein fixes Lehrprogramm.
Der Unterricht besteht aus Epochen-Unterricht und aus Fachunterricht.
Der Epochen-Unterricht besteht aus Mathe, Deutsch, Physik, Biologie, Chemie, Geschichte oder Kunstgeschichte. Er findet jeden Tag statt und dauert 2 Stunden. Er wird vom Klassenlehrer unterrichtet und dauert mehrere Wochen.
Der Klassenlehrer ist übrigens in den ersten acht Jahren ein und dieselbe Person. Zum Fachunterricht zählen Fremdsprachen, Sport, Religion und handwerkliche Fächer[1] wie Gartenbau[2]. Sie werden von Fachlehrern unterrichtet. In der 8. und 12. Klasse haben die Schüler Jahresaufgaben, das heißt, sie arbeiten das ganze Schuljahr an einem Thema.

1. handwerkliche Fächer *des matières manuelles*
2. der Gartenbau *le jardinage*

B Sind Waldorfschüler wirklich so anders?

B1 Erklären Sie in Ihren eigenen Worten, warum Waldorfschüler sich diskriminiert fühlen können.

Samstagabend auf einer Party. „Auf welcher Schule bist du?" Kurze Pause. „Waldorfschule", mit wenig Hoffnung auf Verständnis. Peinliche Stille[1]. Nur die Musik dröhnt. Antonia hat vor ein paar Minuten Mike kennengelernt. Sein Humor gefällt ihr. Hoffentlich reagiert er jetzt auch so cool. Nicht wie alle anderen Deppen[2]. Ein Lächeln huscht durch sein Gesicht. Ist es Mitleid?[3] Verständnis? Seine nächste Frage ist abzusehen. „Kannst du deinen Namen tanzen?" Schade! So läuft das immer. Mehr fällt den meisten nicht ein[4]. Auch Mike nicht …

Natürlich kann Antonia ihren Namen tanzen. Dafür hat sie Eurythmie, ein waldorfeigenes Fach, das sie von der 1. bis zur 12. Klasse besucht und was für Außenstehende[5] wie mich tatsächlich etwas seltsam[6] aussieht. „Wenn man das aber so lange gemacht hat, ist es nicht mehr peinlich", erzählt Antonia, die in der 12. Klasse der Waldorfschule in Freiburg-St. Georgen ist. „Eurythmie ist eine gelungene Abwechslung[7] zum eintönigen Lernen", versucht Diana zu erklären, warum sie Eurythmie sinnvoll findet. Diana war bis zur 9. mit Antonia in einer Klasse, nun ist sie auf einem normalen Gymnasium.

Johannes Thanner, *Lesbar*

1. eine peinliche Stille *un silence gênant*
2. der Depp (-en) *l'idiot* 3. das Mitleid *la pitié*
4. Mehr fällt den meisten nicht ein. *La plupart ne va pas chercher plus loin.*
5. die Außenstehenden *les non-initiés*
6. seltsam *bizarre*
7. eine gelungene Abwechslung *une distraction bienvenue, agréable*

C Mit Vorurteilen aufräumen

VIDEO

B1

1. Sehen Sie sich das Video an. Welche Vorurteile werden genannt?
2. Was erklärt die Waldorfschülerin?

mit Vorurteilen auf/räumen *lutter contre des préjugés* – die Bewegungskunst *l'art de se déplacer*

SPRACHBOX

positive und negative Aspekte der Waldorfschule

☺

- Ich finde es gut, dass …
  Je trouve bien que…
- Mir gefällt, dass …
  Ce qui me plaît, c'est que…
- Das Positive ist / sind …
  Ce qui est positif, c'est / ce sont…
- Toll ist, dass … *C'est génial que…*
- Es ist ein Vorteil, dass …
  … est un avantage.

☹

- Ich finde es nicht so gut, … zu + inf.
  Je ne trouve pas bien de…
- Es stört mich, dass …
  Ce qui me dérange, c'est que…
- Das Negative ist / sind …
  Ce qui est négatif c'est / ce sont…
- Es ist schade, dass … *C'est dommage que…*
- Ein Nachteil ist, dass …
  C'est un inconvénient que…

→ p. 114

Nun sind Sie dran!!

Was gefällt Ihnen an der Waldorfschule? Warum wird sie oft kritisiert?

Menschen haben eine Geschichte

A) In Deutschland zu Hause

CD 2 15

A2-B1 **1** Hören Sie sich das Interview mit Monir an. Er ist 15 Jahre alt. Seine Eltern stammen aus dem Libanon. Was sagt er über sein Zuhause? Wo ist es?

B1 **2** Was sagt er über das Zugehörigkeitsgefühl?

3 Was sagt er über die Ausgrenzung?

B) Der Mensch, der wir sind

MÉDIATION PARTNERBRIEFING → p. 18

B1 **1** Bilden Sie eine Zweiergruppe. PARTNER A liest den Text a aus dem Roman *Im Jahr des Affen*. PARTNER B liest den Text b. Jeder macht sich Notizen zu folgenden Punkten:

a. Was möchte Onkel Wu wissen? Wie reagiert Mini?

b. Beschreiben Sie Minis Gefühle.

2 Bilden Sie wieder die Gruppen wie zu Beginn. Beide Partner tauschen ihre Informationen aus. Ein paar Schüler präsentieren ihre Ergebnisse (oder die des Partners).

3 Im Plenum diskutieren Sie dann über folgende Fragen: Wie interpretieren Sie die unterschiedlichen Reaktionen? Welche der Personen können Sie am besten verstehen?

Die Erzählerin, Mini, stammt aus einer chinesischen Familie, die in Vietnam lebte. Sie flüchtete nach dem Vietnamkrieg nach Deutschland. Ihr Vater führt ein China-Restaurant. Eines Tages kommt Onkel Wu aus Australien zu Besuch. Onkel Wu ist sehr neugierig und stellt viele Fragen.

a

Ich verstand Onkel Wu nicht immer und er mich auch nicht. Mir fehlten noch mehr Wörter als sonst. Vielleicht weil ich mit meinem Vater immer nur das Nötigste sprach, Onkel Wu aber von tausend Dingen erzählte.

Auf dem Weg ins Restaurant sagte Onkel Wu wieder irgendwas, das ich nur zum Teil verstand.

„*Meij jäh* – was?", fragte ich.

Onkel Wu [...] fragte: „Bist du mehr deutsch als chinesisch?"

[...]

Ich antwortete patzig[1], ich könnte besser Deutsch sprechen, und Onkel Wu schaute mich vielsagend[2], aber nicht milde[3] an. Er fing schon wieder von meinen Cousins und Cousinen an. Sie würden perfekt Chinesisch sprechen, mit Stäbchen[4] essen, sie seien gebildet und würden studieren. Komischerweise hatten sie in Australien aber nicht ihre chinesischen Vornamen behalten. In ihren Pässen standen Namen wie „Bobby", „David" oder „Amy". Hier gab es das nicht. Da behielt man seine chinesischen Vornamen.

1. patzig *sur un ton effronté* 2. jn vielsagend an/schauen *regarder qn avec un regard qui en dit long* 3. milde *clément* 4. Stäbchen *des baguettes*

b

Onkel Wu wandte[1] sich abrupt an mich: „Ich hab' auf dem Weg wirklich keinen einzigen Chinesen gesehen. Wie kannst du überhaupt Freunde haben, wenn es hier keine anderen Chinesen gibt?"
Mich hatte man ja schon vieles gefragt, aber so was noch nie. Auf den Fotos waren meine Cousins und Cousinen immer mit anderen Chinesen abgebildet. Ich hatte noch nie einen Australier zwischen ihnen gesehen.
Ich sagte: „Ich habe deutsche Freunde." [...]
„Deutsche Freunde? *Diem jön* – wie geht das?"
Ich zuckte mit den Schultern[2], was Onkel Wu übersah[3] und weswegen[4] er immer noch auf eine Antwort wartete.
Ich hatte mir nie mehr Chinesen hierhin gewünscht. Ich hatte mir immer nur gewünscht, deutsch auszusehen. [...]
„Hier gibt es keine Chinesen", sagte mein Vater. „Da muss sie sich natürlich mit *Gwai Lou*[5] anfreunden. In Australien gibt es genug Chinesen, da hat man chinesische Freunde."
Onkel Wu schüttelte den Kopf: „Ich verstehe nicht, wie ihr hier leben könnt, so allein ohne andere Chinesen."

Que Du Luu, *Im Jahr des Affen*, 2016

1. sich an jn wenden* *s'adresser à qn* 2. mit den Schultern zucken *hausser les épaules*
3. etw. übersehen* *ne pas voir qc* 4. weswegen *la raison pour laquelle*
5. Gwai Lou *les gens d'ici*

SPRACHBOX

Herkunft und Identität

- die Herkunft *la provenance*
- der Verwandte *(adj. subst.) le membre de la famille*
- aus (D) stammen = aus (D) kommen *venir de*
- auf/wachsen* *grandir*
- das Ausland *le pays étranger*
- Migrationshintergrund haben *être issu de l'immigration*
- andere Gebräuche *d'autres coutumes*
- das Geburtsland *le pays natal*
- aus/sehen* *avoir l'air*
- das Besondere *la particularité*

das Zugehörigkeitsgefühl

- die Heimat *là où l'on se sent chez soi*
- sich geborgen fühlen *se sentir en sécurité*
- hierhin gehören *avoir sa place ici*
- die Mitmenschen *les semblables*
- Anschluss finden* *nouer des contacts*
- sich an die Gesellschaft an/passen *s'adapter à la société*
- eine neue Heimat finden* *trouver une nouvelle patrie*
- für etw. (A) Verständnis haben *avoir de la compréhension pour qc*

das Selbstbild

- sich deutsch vor/kommen* *se sentir allemand*
- jn aus/grenzen *exclure qn*
- die Ausgrenzung *l'exclusion*
- sich anders fühlen *se sentir différent*
- sich wohl fühlen *se sentir bien*
- das Verhalten *le comportement*

→ p. 114

KulturBOX

Que Du Luu, 1973 in Südvietnam (Saigon / Cholon) geboren, ist chinesischer Abstammung. Nach Ende des Vietnamkriegs flüchtete die Familie wie Millionen andere Boatpeople über das Meer. Sie blieb fast ein Jahr lang in einem thailändischen Flüchtlingslager.

In Deutschland hatten die Eltern später ein China-Restaurant. Luu wuchs in Herford auf und lebt in Bielefeld. Sie studierte Germanistik und Philosophie.

http://www.queduluu.de/autorin.html

SPRACHBOX

Justifier son propos

- Mini muss chinesisch sprechen, **weil** Onkel Wu viele Fragen stellt.
- Er stellt viele Fragen, **denn** er ist zum ersten Mal in Deutschland.
- Lesen Sie dieses Interview. Es ist **nämlich** sehr interessant.
- Monirs Eltern kommen aus dem Libanon. **Deshalb** spricht er perfekt zwei Sprachen.
- Meine Großmutter erzählt mir oft von früher. **Aus diesem Grund** höre ich ihr gern zu.

L'interrogation globale

- **Leben** Sie gern in Deutschland?
- **Hast** du viele Freunde in deiner Stadt?

→ p. 116

Nun sind Sie dran!

Kann man Ihrer Meinung nach zwei Heimaten haben? Erarbeiten Sie die Frage in Vierergruppen und diskutieren Sie dann im Plenum.

TRAINING

WORTSCHATZ

Trotzdem dazugehören

seine Meinung äußern

A2

- etw. (A) positiv ≠ negativ finden* *trouver qc positif ≠ négatif*
- der Vorteil (-e) ≠ der Nachteil (-e) *l'avantage ≠ l'inconvénient*
- Es gefällt mir (nicht). *Cela (ne) me plaît (pas).*
- Es stört mich (nicht), wenn … *Cela (ne) me dérange (pas) si…*
- seine eigene Meinung aus/drücken / äußern / vertreten* *exprimer son opinion*

A2-B1

- etw. als ein Klischee / ein Vorurteil betrachten *considérer qc comme un cliché / un préjugé*
- die Diskriminierung; jn diskriminieren *la discrimination ; discriminer qn*
- die Ablehnung; jn ab/lehnen *le rejet ; rejeter qn*
- für etw. (A) (kein) Verständnis haben *(ne pas) montrer de compréhension pour qc*
- ausländerfreundlich ≠ ausländerfeindlich *xénophile ≠ xénophobe*
- sich über jn lustig machen *se moquer de qn*
- außergewöhnlich *extraordinaire*
- für etw. (A) Partei ergreifen* *prendre parti pour qc*

Herkunft und Identität

A2-B1

- die Herkunft *la provenance*
- in (D) auf/wachsen* *grandir à*
- aus einem anderen Land stammen / kommen* *venir d'un autre pays*
- einen Migrationshintergrund haben *être issu de l'immigration*
- andere Gewohnheiten *d'autres habitudes*
- das Geburtsland ≠ das Ausland *le pays natal ≠ le pays étranger*
- das Aussehen; aus/sehen* *l'apparence ; avoir l'air*
- die Hautfarbe *la couleur de peau*
- die Vielfalt *la diversité*
- das Besondere *la particularité*
- für etw. (A) Verständnis haben *avoir de la compréhension pour qc*

dazugehören

A2-B1

- das Zugehörigkeitsgefühl *le sentiment d'appartenance*
- sich wohl fühlen *se sentir bien*
- hierher gehören *avoir sa place ici*
- sich geborgen fühlen *se sentir en sécurité*
- zu etw. (D) gehören; dazugehören *faire partie de qc ; être intégré*
- die Mitmenschen *les semblables*
- Anschluss finden* *nouer des contacts*
- die kulturelle Bereicherung *l'enrichissement culturel*
- sich an die Gesellschaft an/passen *s'adapter à la société*
- sich leicht ≠ schwer integrieren *s'intégrer facilement ≠ difficilement*
- jn respektlos ≠ respektvoll behandeln *traiter qn sans ≠ avec respect*
- sich akzeptiert, integriert fühlen *se sentir accepté, intégré*

ausgegrenzt werden

A2-B1

- die Beleidigung (-en); jn beleidigen *l'offense ; offenser qn*
- jn aus/grenzen *exclure qn*
- sich ausgegrenzt fühlen *se sentir exclu*
- die Ausgrenzung *l'exclusion*
- jn verletzen *vexer qn*
- sich allein, einsam fühlen *se sentir seul*
- die Einsamkeit *la solitude*
- sich anders fühlen *se sentir différent*
- das Verhalten *le comportement*
- sich schämen *avoir honte*

Comprendre les consignes

- Bilden Sie Zweiergruppen … *Formez des groupes de deux…*
- Bilden Sie Gruppen von je … Schülern. *Formez des groupes de… élèves.*
- Was hat Ihrer Meinung nach zu … beigetragen? *À votre avis, qu'est-ce qui a contribué à… ?*

ÜBUNGEN

1 Trouvez le contraire.

a. der Nachteil ≠ …
b. respektvoll ≠ …
c. ausländerfeindlich ≠ …
d. anders ≠ …
e. der Feind ≠ …
f. miteinander ≠ …

2 Trouvez le nom correspondant avec son article.

a. diskriminieren → d… …
b. verstehen → d… …
c. kulturell → d… …
d. ausgrenzen → d… …
e. besonders → d… …
f. vielfältig → d… …

3 Formez les bons groupes infinitifs.

Verständnis •	• fühlen
ausländerfreundlich •	• finden
sich lustig •	• machen
sich wohl •	• sein
Freunde •	• fahren
aus einem anderen Land •	• haben
ins Ausland •	• stammen

4 Complétez les séries de mots avec le terme qui convient logiquement.

die Ablehnung – die Bekannten – das Vorurteil – das Herkunftsland – das Verständnis

a. die Mitmenschen – die Freunde
b. das Geburtsland – die Heimat
c. die Zugehörigkeit – die Toleranz
d. die Ausländerfeindlichkeit – die Ausgrenzung
e. die Diskriminierung – das Klischee

5 Complétez le texte avec l'élément qui convient.

anzupassen – akzeptiert – dazugehören – geborgen – Gewohnheiten – Vorurteile

Viele wollen ☐. Dafür sind sie bereit, ihre ☐ zu ändern und sich an die Gesellschaft ☐. Wenn sie in eine neue Gruppe hineinkommen, sind sie oft nervös. Sie wissen nicht, ob sie ☐ werden. Deshalb ist es wichtig, eine Gruppe zu finden, die keine ☐ hat und in der man sich ☐ fühlt.

EXTRA

A2-B1

6 Jeder Schüler in Ihrer Klasse antwortet schriftlich und anonym auf folgende Frage: „Hattest du einmal das Gefühl, nicht dazuzugehören? Wenn ja, in welcher Situation?" Diskutieren Sie anschließend in der Gruppe über die Antworten.

SPRACHMELODIE

CD 2 16 MP3 33

La prononciation du « *Ach-Laut* »

- Le « *ch* » se prononce différemment en fonction de la voyelle qui le précède.
- Après ***a***, ***o***, ***u*** et ***au***, le son « *ch* » se proncence « *hr* » comme un raclement de gorge : comme dans *acht*, *hoch*, *Buch*, *brauchen*.

1 Écoutez ces mots et répétez-les.

die Sprache – gesprochen– die Flucht – beobachten – der Nachteil – machen – die Woche – auch

2 Écoutez attentivement ces deux phrases.

Achten Sie auf die Aussprache und versuchen Sie nachzusprechen.
In der Waldorfschule machen die Lehrer jede Woche Epochen-Unterricht und Fachunterricht.

3 Lisez-les maintenant en veillant à bien prononcer le son « *ch* ». Vous pouvez vous enregistrer.

4 Réécoutez l'enregistrement et vérifiez que vous avez bien réalisé les sons.

TRAINING
GRAMMATIK

LERNTEMPODUETT
→ p. 19

❯ Justifier son propos → p. 113

→ PRÉCIS p. 234, 235

- Avec la conjonction de subordination ***weil*** (parce que).
  *Mini ist genervt, **weil** Onkel Wu viele Fragen stellt.*
- Avec la conjonction de coordination ***denn*** (car).
  Comme toutes les conjonctions de coordination, ***denn*** n'a pas d'influence sur la place du verbe.
  *Mini gehört zu Deutschland, **denn** sie ist hier geboren.*
- Avec le connecteur ***nämlich*** (en effet) qui est placé obligatoirement juste après le verbe conjugué dans une phrase énonciative indépendante ou principale.
  *Lesen Sie diesen Roman. Er ist **nämlich** sehr interessant.*
- Avec ***deshalb*** (c'est pourquoi) ou ***aus diesem Grund*** (pour cette raison).
  *Die Waldorfschule gefällt mir, **deshalb** möchte ich mehr darüber erfahren.*
  *Monir ist mein bester Freund. **Aus diesem Grund** helfe ich ihm gern.*

1 (*) **Complétez les phrases avec la conjonction ou le connecteur qui convient.**
denn – deshalb – nämlich – weil
a. Tina und ich haben Freunde mit Migrationshintergrund, … kennen wir viele andere Kulturen.
b. Ich konnte dich nicht anrufen, … ich mein Handy zu Hause vergessen habe.
c. Hoffentlich ist das Wetter am Samstag schön. Ich habe … eine Gartenparty geplant.
d. Ich diskutiere nicht gern mit ihm, … er will immer Recht haben.

2 (**) **Reliez les phrases en utilisant la conjonction ou le connecteur entre parenthèses.**
a. (nämlich) Mini kann nicht mit Stäbchen essen. Sie ist in Deutschland aufgewachsen.
b. (denn) Onkel Wu nervt Mini. Er stellt so viele Fragen.
c. (deshalb) Ich möchte meine Sprachkenntnisse verbessern. Ich sehe mir den Film in Originalfassung an.
d. (weil) Ich könnte mir vorstellen, ein Jahr in Berlin zu verbringen. Die Stadt ist sehr vielfältig.
e. (aus diesem Grund) Ich mag diesen Autor. Ich lese alle seine Bücher.

❯ L'interrogation globale → p. 113

→ PRÉCIS p. 234

- Pour obtenir une information, on peut poser une **question globale**.
  Le **verbe conjugué** est alors placé en **première position**.
- La réponse est ***Ja***, ***Nein*** ou ***Doch***.
  *– **Hast** du einen Migrationshintergrund? → **Ja**, ich komme aus China.*
  *– **Sind** Sie neu in der Stadt? → **Nein**, ich bin nicht neu in der Stadt.*
  *– **Fühlt** er sich in Deutschland **nicht** wohl? → **Doch**, er fühlt sich hier wohl.*

❗ La structure « est-ce que » n'existe pas en allemand et ne peut pas être traduite.
Pour demander « Est-ce qu'il vient d'Allemagne ? », il faut dire : *„Kommt er aus Deutschland?"*

3 (*) **Trouvez la question qui correspond à la réponse.**
a. Nein, ich war noch nie in Australien.
b. Doch, ich habe das Buch gelesen.
c. Ja, ich kann gut Deutsch.
d. Nein, ich kenne den Autor des Buches nicht.
e. Ja, ich fahre mit euch in die Stadt.
f. Doch, ich fühle mich wohl.

4 (**) **Traduisez.**
a. Est-ce que je peux vous poser une question ?
b. Trouvez-vous les gens accueillants en Allemagne ?
c. N'as-tu pas reçu mon message ?
d. Lisez-vous beaucoup de livres ?
e. Est-ce que vous comprenez la réaction du grand-père ?
f. Avez-vous d'autres questions ?

Dazugehören

A2-B1 **Stellen Sie eine Person vor, die sich durch etwas Besonderes von den Anderen unterscheidet und trotzdem dazugehört. Es kann eine berühmte Person sein, aber auch eine Person aus Ihrer Familie oder Ihrem Freundeskreis.**

- Präsentieren Sie zuerst eine kurze Biografie und erklären Sie die Besonderheit, die das Leben der Person kennzeichnet.
- Erklären Sie dann, warum Sie diese Person interessant finden.

Stratégies

▷ Pour justifier votre point de vue, vous pouvez utiliser

- **la conjonction *weil* ou *denn***
  – *Ich finde das Waldorfmodell interessant, weil die Schüler viele Freiheiten haben / denn die Schüler haben viele Freiheiten.*
  Je trouve le modèle de l'école Waldorf intéressant parce que / car les élèves ont beaucoup de libertés.
- **ou les connecteurs *nämlich* ou *deshalb***
  – *Ich bin gern mit Freunden mit Migrationshintergrund zusammen. Ich lerne nämlich sehr viel von ihrer Kultur.*
  J'aime passer du temps avec des amis issus de l'immigration. En effet, j'apprends beaucoup de leur culture.
  – *Mini ist sehr gut in Deutschland integriert. Deshalb fühlt sie sich hier zu Hause.*
  Mini est très bien intégrée en Allemagne. C'est pourquoi elle se sent chez elle ici.

▷ Présenter une personne

– *Er / Sie ist am … in … geboren.*
– *Er / Sie ist in … aufgewachsen.*
– *Seine / Ihre Eltern stammen aus … .*
– *Er / Sie hat seine / ihre Jugend in … verbracht.*
– *Sein / Ihr Beruf ist … .*
– *Ich bewundere ihn / sie, weil … .*
– *Das Besondere / Außergewöhnliche an dieser Person ist, dass … .*
– *Er / Sie kann sehr gut … .*

› Fit für die Zertifikation

ENTRAÎNEMENT AUX ÉPREUVES COMMUNES EN COURS D'ANNÉE

Schriftliche Interaktion

Machen Kleider Leute?
In einem Online-Forum gibt es eine Diskussion zum Thema Mode. Du findest hier dazu folgende Meinungen:

Melissa
„Also, ich finde Mode und Trends sehr wichtig. Ich mag es, schöne Kleidung zu haben, weil es für mich auch die Persönlichkeit und den Lifestyle widerspiegelt. Eine coole Person trägt auch coole Kleider!"

Mario
„Für mich ist Mode nicht sehr wichtig. Ich gebe lieber mein Geld für Kino oder Freizeitaktivitäten mit meinen Kumpeln aus! Ich mag meine Freunde, egal ob sie Poloshirts von Hugo Boss oder von C&A tragen!"

Albert
„Ich trage hauptsächlich sportliche Kleidung, weil ich es bequem haben möchte. Ich treibe viel Sport und fahre mit dem Rad bis zur Schule, da müssen die Hose und das Shirt einfach gut passen!"

Tessa
„Ich glaube, dass Kleider die Persönlichkeit nicht widerspiegeln. Wir haben alle die gleichen Adidasschuhe, die gleichen H&M-Hosen oder Zara-Gürtel an! Also sind wir alle gleich? Nein, jeder hat seine Individualität … Kleider sind halt nur ein Trend … Vielleicht sagen Kleider mehr über unsere Generation aus als über uns selbst!"

- **Gib die Meinungen wieder, die du auf dem Forum zum Thema Mode gelesen hast und schreibe auch einen kurzen Kommentar.**

Attention aux négateurs dans les témoignages, ils sont très importants pour restituer correctement le sens !

Leseverstehen

- **Für diesen Teil sollst du dir 20 Minuten Zeit nehmen. Lies den Text und die Aufgaben (1 – 5). Sag bei jeder Aufgabe (1 – 5), ob sie richtig oder falsch ist.**

Lorsque vous êtes confronté à un texte narratif, soyez attentif aux commentaires personnels ainsi qu'aux négations qui changent le sens d'une phrase.

Meine besondere Schule

Ich möchte von der Waldorfschule in Stuttgart erzählen, da ich dort zwölf Jahre lang Schüler war. Die ersten acht Jahre waren sehr schön. In der ersten Klasse beginnt man sofort Englisch zu lernen und auch die zweite Fremdsprache – in meinem Fall Spanisch. Es ist aber kein stures Lernen und Pauken mit Vokabellisten und so, sondern man lernt eher spielerisch. Man lernt Gedichte und beginnt langsam ein Gefühl für die Sprache zu entwickeln. Jeder Tag beginnt mit dem Hauptunterricht. Die ersten zwei Stunden von 8 Uhr bis 9 Uhr 30 hatten wir acht Jahre lang denselben Klassenlehrer. Der Vorteil daran ist, dass man eine Bezugsperson hat und auch einen gleichbleibenden Rhythmus. Der Klassenlehrer unterrichtet in vier- bis sechswöchigen Epochen Mathematik, Deutsch, Geografie und Geschichte. Der Geschichtsunterricht war immer wie eine Märchenstunde. Das fand ich schön. Mit dem Fach Chemie haben wir erst in der siebten Klasse begonnen, und Physik gab es erst ab Klasse acht. Das ist meiner Meinung nach zu spät, denn da mussten wir sehr viel in sehr kurzer Zeit lernen.

Aufgaben 1 – 5

1	In der Waldorfschule lernen alle Schüler Spanisch.
2	Die Waldorfschüler müssen keine Vokabellisten auswendig lernen.
3	Es ist gut, acht Jahre lang denselben Klassenlehrer zu haben.
4	Der Erzähler mochte den Geschichtsunterricht nicht.
5	Die Fächer Physik und Chemie werden nicht früh genug unterrichtet.

Hörverstehen

CD 2 17-19 MP3 34-36

- **Du hörst gleich drei Szenen.**
  Zu jeder Szene gibt es drei Bilder.
  Welches Bild passt? Gib beim Hören zu jeder Szene das richtige Bild (A, B oder C) an.
  Danach hörst du die Szenen noch einmal.

Prenez bien connaissance des vignettes avant les écoutes et anticipez celles-ci en remobilisant tout de suite le lexique que vous reconnaissez sur les images !

Szene 1 Sieh dir zuerst die Bilder an. Du hast dafür 6 Sekunden Zeit.

A

B

C

Szene 2 Sieh dir zuerst die Bilder an. Du hast dafür 6 Sekunden Zeit.

A

B

C

Szene 3 Sieh dir zuerst die Bilder an. Du hast dafür 6 Sekunden Zeit.

A

B

C

Mündliche Kommunikation

- **Wähle ein Thema aus und bereite ein kurzes Referat vor. Du kannst auch einen Gegenstand mitbringen, der dein Thema illustriert.**
  – Wie verbringst du deine Freizeit?
  – Welche Sportarten treibst du gern?
  – Wohin gehst du mit deinen Freunden in deiner Freizeit?

Il s'agit de répondre précisément aux questions. Partez de votre expérience personnelle, mais si vous êtes à court d'idées, il ne vous est pas interdit d'inventer si cela vous permet de mettre en œuvre vos compétences linguistiques !

Mündliche Interaktion

- **Bei der mündlichen Prüfung sollst du auch Fragen des Prüfers beantworten. Übt in Zweiergruppen und antwortet abwechselnd auf diese Fragen:**
  – Welche Kleidung trägst du gern?
  – Findest du, dass Mode und Trends wichtig für Jugendliche sind?
  – Was hältst du von Markenkleidung?

Si vous n'avez pas compris une question ou si vous voulez gagner un peu de temps pour préparer votre réponse, vous pouvez demander à l'examinateur de répéter ou de reformuler :
– *Könnten Sie das bitte wiederholen?*
– *Könnten Sie die Frage bitte anders / neu formulieren?*

Deutschland

Europameisterschaft 2008
am Brandenburger Tor in Berlin

Kapitel 9

SPORTS ET SOCIÉTÉ

einig Fußballland

Inwiefern bringt Fußball die Menschen näher zusammen?

- Présenter son club de foot préféré. (p. 122)
- Parler de l'origine des joueurs de football. (p. 124)

- Le passif – Indiquer la finalité d'une action. (p. 123)
- Les prépositions suivies de l'accusatif et du datif. (p. 125)

Projekt

Annoncer un match de foot à la télévision. (p. 129)

Fit für die Zertifikation (p. 140)

SPRACHBOX

- das Fußballspiel (-e) *le match de foot*
- die Stimmung *l'ambiance*
- zusammen feiern *faire la fête ensemble*
- unterhaltsam *divertissant*
- spannend *captivant*
- die Weltmeisterschaft = die WM gewinnen* *gagner la Coupe du monde*
- zum ersten, zum zweiten Mal Weltmeister werden* *devenir champion du monde pour la première, pour la deuxième fois*

→ p. 126

Fußball ist unser Leben

A2 **1** Was machen die Menschen auf dem Bild und warum?

B1 **2** Können Sie verstehen, dass sich viele Menschen für Fußball interessieren?

Die Fußball-Bundesliga

A 18 Vereine, 16 Bundesländer

A1 1 Schauen Sie sich die Karte an und lesen Sie die Informationen zu den Vereinsnamen. Wie heißen die Städte dieser 9 Fußballvereine und wo liegen sie?

A2 2 Ordnen Sie die Bundesländer nach der Zahl ihrer Bundesligavereine. In welchem Bundesland spielen die meisten Vereine? In welchen Bundesländern gibt es keinen Bundesligaverein?

3 Welche Fußballstädte sind auch Landeshauptstädte?

Sehen Sie sich die Karte Seite 2 des Umschlags an!

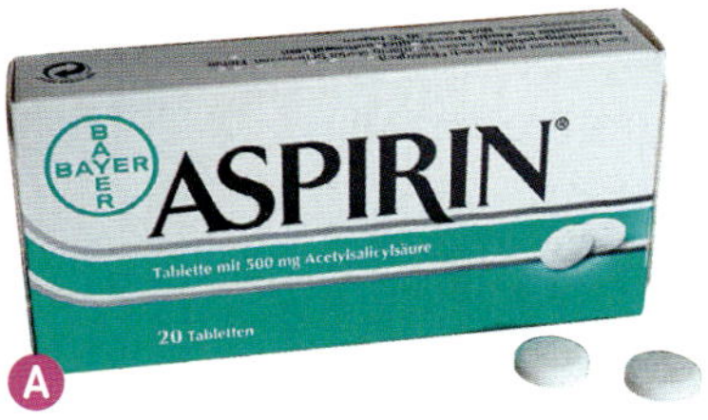

A

B

C die Europäische Zentralbank

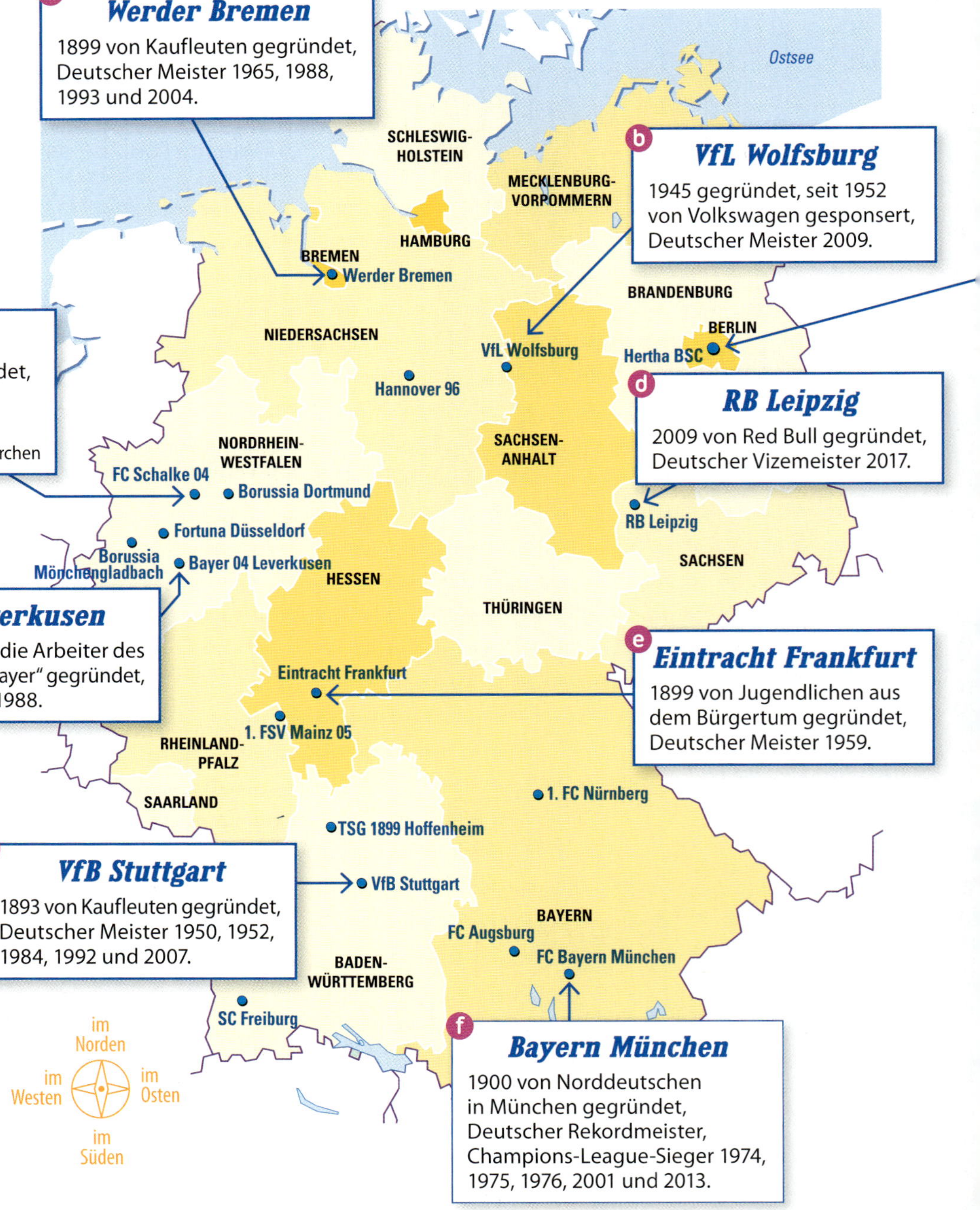

a Werder Bremen
1899 von Kaufleuten gegründet, Deutscher Meister 1965, 1988, 1993 und 2004.

b VfL Wolfsburg
1945 gegründet, seit 1952 von Volkswagen gesponsert, Deutscher Meister 2009.

d RB Leipzig
2009 von Red Bull gegründet, Deutscher Vizemeister 2017.

e Eintracht Frankfurt
1899 von Jugendlichen aus dem Bürgertum gegründet, Deutscher Meister 1959.

f Bayern München
1900 von Norddeutschen in München gegründet, Deutscher Rekordmeister, Champions-League-Sieger 1974, 1975, 1976, 2001 und 2013.

g VfB Stuttgart
1893 von Kaufleuten gegründet, Deutscher Meister 1950, 1952, 1984, 1992 und 2007.

h Bayer Leverkusen
1904 als Verein für die Arbeiter des Pharmakonzerns „Bayer" gegründet, UEFA-Cup-Sieger 1988.

i Schalke[1] 04
1904 von Bergleuten gegründet, 7 Mal Deutscher Meister, UEFA-Cup-Sieger 1997.

1. Schalke ist ein Stadtteil von Gelsenkirchen

B Vereinsgeschichte(n)

A2 **1** Welches Foto passt zu welcher Stadt? Überlegen Sie und lesen Sie die Kurzporträts der Vereine (a bis i).

B1 **2** Wer hat sie gegründet oder unterstützt?

D die Hanse

E Kohleförderung

C
Hertha BSC Berlin
1892 von Freunden gegründet, Deutscher Meister 1930 und 1931, repräsentiert seit dem Mauerbau 1961 West-Berlin.

G Johann Sebastian Bach

F das Oktoberfest

H das Brandenburger Tor

I Mercedes-Benz

SPRACHBOX

einen Verein vorstellen

- der Verein (-e) *le club, l'association*
- im Norden, in Bayern, am Rhein liegen* *se trouver au Nord, en Bavière, sur le Rhin*
- für etw. (A) bekannt sein *être connu pour qc*
- Meister werden* *devenir champion, gagner le championnat*
- den DFB-Pokal, die Champions League gewinnen* *gagner la Coupe d'Allemagne, la Ligue des Champions*
- gründen *fonder*
- die Arbeiter *les ouvriers*
- die Bergleute *les mineurs*
- die Kaufleute *les marchands*
- der Konzern (-e) *la grande entreprise, le groupe*
- bürgerlich *bourgeois*
- Kontakte knüpfen *nouer des contacts*
- Spaß haben *s'amuser*
- Werbung machen *faire de la publicité*
- den Zusammenhalt fördern *favoriser la cohésion, la solidarité*

→ p. 126

SPRACHBOX

Identifier et comprendre le passif

passif
- Der VfL Wolfsburg **wird** seit 1952 von VW **unterstützt**.
- Schalke 04 **wurde** 1904 von Bergleuten **gegründet**.

actif
- VW unterstützt den VfL Wolfsburg seit 1952.
- Bergleute gründeten 1904 Schalke 04.

Indiquer la finalité d'une action

- Die Arbeiter haben den Verein gegründet, **um** nach der Arbeit Spaß **zu** haben.
- Die Kaufleute haben den Verein gegründet, **um** neue Kontakte **zu** knüpfen.

→ p. 128

Nun sind Sie dran!

Wählen Sie einen Verein und stellen Sie ihn der Klasse vor. Recherchieren Sie dafür Informationen zum Verein (Gründung, Erfolge, Vereinsfarben) und zur Stadt (Lage, Institutionen, Traditionen, Sehenswürdigkeiten).

Hören Sie sich die Präsentationen Ihrer Klassenkameraden an und schreiben Sie mit.

Über die Herkunft von Fußballspielern sprechen

Für wen spiele ich?

A Ein Verein, eine Heimat

MÉDIATION PARTNERBRIEFING → p. 18

CD 2 20

A2-B1
1. PARTNER A hört sich das Radio-Interview „Ein holländischer Bayer" an und sammelt Informationen zu Arjen Robben (Verein, Nationalität, die Verbindung zwischen Arjen Robben und Bayern).
2. PARTNER B liest den Text „Schalke und der Bergbau" und sammelt Informationen (die Verbindung zwischen Schalke und den Bergleuten; Ralf Fährmann: Funktion, Herkunft).
3. Beide Partner tauschen die Informationen aus, die sie gesammelt haben.

B1
4. Ein Partner kündigt jetzt für das Fernsehen ein Bundesligaspiel zwischen Schalke 04 und Bayern München an und benutzt die Informationen aus den beiden Dokumenten.

Arjen Robben mit seiner Familie in Dirndl und Lederhosen.

Schalke und der Bergbau

Der FC Schalke 04 wurde von Bergleuten gegründet und steht deshalb immer Seite an Seite mit ihnen. Die ganz besondere Verbindung war zum Beispiel auch im Dezember 2015 zu sehen: Die Mine Auguste Victoria in Marl musste schließen und die Bergleute verloren ihre Arbeit. Also hat der FC Schalke 04 alle Bergleute zum Spiel gegen die TSG Hoffenheim eingeladen.

Ralf Fährmann, als 14-Jähriger aus Chemnitz ins Ruhrgebiet[1] gezogen[2], ist in der Mannschaft dafür da, neuen Spielern die Verbindung zu erklären: „Schon unser Spielertunnel zeigt klar, dass Schalke und der Bergbau eng miteinander verbunden sind." Der S04-Torwart hat im Ruhrgebiet seine neue Heimat gefunden. „Wenn man die Menschen hier versteht, sieht man, dass hier Zusammenhalt eine enorm große Rolle spielt, dass man gemeinsam kämpft."

Nach www.schalke04.de

1. das Ruhrgebiet *la Ruhr, une ancienne région minière* 2. ziehen* *ici, déménager*

Der neue Spielertunnel im Stadion von Schalke erinnert an den Bergbau.

B Zwei Brüder, zwei Nationen

B1

1. Lesen Sie den Artikel und sammeln Sie Informationen zu folgenden Punkten: das Spiel (Datum, Ort, Mannschaften), Jérôme Boateng (Familie, Karriere) und Kevin-Prince Boateng (Familie, Karriere).
2. Glauben Sie, dass sich Kevin-Prince Boateng als Ghanaer fühlt?
3. Kündigen Sie nun das Spiel im Fernsehen an und sprechen Sie über das Duell der Brüder.

An diesem Samstag spielt die deutsche Mannschaft bei der WM gegen Ghana und also auch gegen Kevin-Prince Boateng. In Fortaleza trifft er auf einen besonderen Gegenspieler: auf Jérôme Boateng, seinen Halbbruder. Die beiden gebürtigen Berliner haben denselben ghanaischen Vater, aber unterschiedliche deutsche Mütter. Und beide könnten unterschiedlicher nicht sein. Kevin ist extrovertiert, Jérôme zurückhaltend[1]. Kevin ist Angreifer, Jérôme Abwehrspieler. Kevin spielt derzeit für Schalke 04, Jérôme beim FC Bayern. Kevin ist bei der Mutter in Berlin-Wedding aufgewachsen, Jérôme bei seinem Vater im ruhigen Berlin-Wilmersdorf.
Anfang 2009 spielten die beiden genau ein Mal Seite an Seite für das deutsche Junioren-Nationalteam U21. Doch Kevin sah im deutschen Trikot keine Perspektive. Im Gegensatz zu Jérôme. Der hört jetzt vor jedem Länderspiel die deutsche Hymne – und am Samstagabend zudem die ghanaische seines Bruders. Er denkt dabei, sagt er, an die gemeinsame Kindheit.

Ulrich Hartmann,
Süddeutsche Zeitung, 21. 06. 2014

1. zurückhaltend *réservé*

SPRACHBOX

Womit man sich identifiziert …
- die Heimat *le pays natal*
- die bayerische Lebensart *l'art de vivre bavarois*
- der Bergbau *l'industrie minière*
- die gemeinsame Kindheit *l'enfance que l'on a passée ensemble*
- in ... auf/wachsen* *grandir à...*
- aus dem Süden, aus dem Ruhrgebiet, aus Ghana kommen* *être originaire du Sud, du bassin de la Ruhr, du Ghana*

Verbindungen
- die Verbindung zu etw. / jm *le lien avec qc / qn*
- sich mit etw. / jm verbunden fühlen *se sentir proche de qc / qn*
- für etw. stehen* *représenter qc*
- sich mit etw. identifizieren *s'identifier à qc*
- zu jm stehen* *supporter, soutenir qn*

im Fußballstadion
- der Torwart *le gardien de but*
- der Abwehrspieler (-) *le défenseur*
- der Angreifer (-) *l'attaquant*
- das Trikot (-s) *le maillot*
- die Zuschauer *les spectateurs*
- live aus Brasilien berichten *commenter en direct du Brésil*

→ p. 126

SPRACHBOX

Quelle préposition pour parler de son club ?

***für* suivi de l'accusatif**
- Der Verein steht **für den** Zusammenhalt.

***mit* suivi du datif**
- Der Verein fühlt sich **mit dem** Bergbau verbunden.
- Die Fans identifizieren sich **mit ihrem** Fußballverein.
- Ich fühle mich **mit diesem** Team verbunden.

***zu* suivi du datif**
- Diese Fußballmannschaft gehört **zu den besten**.
- Als Fußballfan stehe ich **zu meiner** Mannschaft, egal wie gut sie spielt.

→ p. 128

TRAINING

WORTSCHATZ

Deutschland einig Fußballland

im Stadion

A2
- das Fußballspiel (-e) *le match de foot*
- die Mannschaft (-en) *l'équipe*
- gewinnen* ≠ verlieren* *gagner ≠ perdre*
- ein Tor schießen* *marquer un but*
- der DFB-Pokal, die Champions League *la Coupe d'Allemagne, la Ligue des Champions*
- deutscher Meister werden* *devenir champion d'Allemagne, gagner le championnat allemand*
- die Erste Bundesliga *la Ligue 1 en Allemagne*
- der Angreifer (-) *l'attaquant*
- das Trikot (-s) *le maillot*
- die Zuschauer *les spectateurs*
- zusammen feiern *faire la fête ensemble*
- Spaß haben *s'amuser*

A2-B1
- das Stadion *le stade*
- live aus Berlin berichten *commenter en direct depuis Berlin*
- die Weltmeisterschaft = die WM *la Coupe du monde*
- der Torwart *le gardien de but*
- der Abwehrspieler (-) *le défenseur*
- auf den Anstoß warten *attendre le coup d'envoi*
- unentschieden spielen *faire match nul*
- die Stimmung *l'ambiance*
- unterhaltsam *divertissant*
- spannend *captivant*
- Es wird spannend. *Ça s'annonce passionnant.*
- auf Platz 3 stehen* *être classé 3e au championnat*

wofür ein Verein steht

A2
- aus dem Süden, dem Ruhrgebiet kommen* *être originaire du Sud, du bassin de la Ruhr*
- im Osten, in Bayern, am Rhein liegen* *se situer à l'Est, en Bavière, sur le Rhin*
- in ... auf/wachsen* *grandir à...*
- die Arbeiter *les ouvriers*
- gründen *fonder*

A2-B1
- der Verein (-e) *le club, l'association*
- der Konzern (-e) *la grande entreprise, le groupe*
- die Heimat *le pays natal*
- die bayerische Lebensart *l'art de vivre bavarois*
- der Bergbau *l'industrie minière*
- den Zusammenhalt fördern *favoriser la cohésion, la solidarité*
- Werbung machen *faire de la publicité*

Verbindungen schaffen

A2-B1
- Kontakte knüpfen *nouer des contacts*
- die Verbindung zu etw. / jm *le lien avec qc / qn*
- sich mit etw. / jm verbunden fühlen *se sentir proche de qc / qn*
- sich mit etw. identifizieren *s'identifier à qc*
- für etw. stehen* *représenter qc, être représentatif de qc*
- zu jm stehen* *supporter, soutenir qn*
- für etw. (A) bekannt sein *être connu pour qc*
- zu etw. gehören *faire partie de qc*

Comprendre les consignes

- Ordnen Sie die Länder nach der Zahl der Vereine. *Classez les régions selon le nombre de clubs.*
- Kündigen Sie für das Fernsehen ein Spiel an. *Annoncez un match à la télévision.*
- Benutzen Sie die Informationen aus den beiden Dokumenten. *Utilisez les informations des deux documents.*

ÜBUNGEN

1 Retrouvez les mots composés.

Welt- •	• -spieler
Fuß- •	• -art
Abwehr- •	• -ball
Lebens- •	• -bau
Berg- •	• -meisterschaft

2 Trouvez l'intrus dans chaque liste.

a. der Torwart – der Abwehrspieler – der Angreifer – der Arbeiter
b. Werbung machen – zusammen feiern – Spaß haben – den Zusammenhalt fördern
c. sich mit etw. identifizieren – zu etw. stehen – verlieren – sich mit jm verbunden fühlen
d. die Kindheit – der Konzern – aufwachsen – die Heimat

3 Associez les éléments qui conviennent.

Meister •	• gründen
ein Spiel •	• fördern
einen Verein •	• werden
den Zusammenhalt •	• gewinnen
aus Berlin •	• knüpfen
Kontakte •	• kommen

4 Lisez la définition et trouvez le mot qui lui correspond.

die Heimat – die Mannschaft – der Meister – das Stadion – der Verein

a. ein Ort, wo viele Zuschauer zusammen ein Spiel sehen
b. eine Organisation, die für Freizeitaktivitäten gegründet wird
c. die Region, in der man aufgewachsen ist
d. eine Gruppe von Spielern
e. der Beste in einer Sportart

5 Complétez avec le mot qui convient.

bekannt – fühlt – gegründet – liegt – steht – verloren – wurde

a. Eintracht Frankfurt ... auf Platz 3.
b. Das letzte Spiel haben sie 3:0 ... .
c. Der Verein ... 1959 Deutscher Meister.
d. 1899 wurde der Verein ... .
e. Frankfurt ... am Main.
f. Die Stadt ... sich vor allem mit Goethe verbunden.
g. Heute ist Frankfurt für die Europäische Zentralbank ... .

EXTRA

A2-B1

6 Kündigen Sie das Spiel an und benutzen Sie alle Informationen.

Signal-Iduna-Park: 80 000 Zuschauer

	Borussia Dortmund (Platz 1)	Werder Bremen (Platz 14)
Letztes Spiel	3:2 gegen Bayern	1:2 gegen Leverkusen
Größter Erfolg	Champions-League-Sieger 1997	Europa-Pokal-Sieger 1992
Gründungsjahr	1909	1899
Topspieler		
Name	Marco Reus	Ludwig Augustinsson
Alter	31	26
Position	Angreifer	Abwehrspieler
Herkunft	Dortmund	Schweden
Tore	8	1

→ *„Herzlich Willkommen, liebe Zuschauer, ich berichte ..."*

SPRACHMELODIE

CD 2 21 MP3 37

Épeler en allemand

• La prononciation de certaines lettres diffère beaucoup d'une langue à l'autre, comme par exemple **C, E, G, H, J, U, V, W, Y**.

1 Écoutez la prononciation de ces lettres et répétez-les.
Ce – E – Ge – Ha – Jott – U – Vau – We – Ypsilon

2 Écoutez attentivement les phrases suivantes.
Der FC Bayern spielt heute gegen die TSG Hoffenheim.
VW unterstützt den VfL Wolfsburg.
Der Hamburger Sportverein wird auch HSV genannt.

3 Lisez-les maintenant en veillant à bien prononcer les sigles. Vous pouvez vous enregistrer.

4 Réécoutez l'enregistrement et vérifiez que vous avez bien réalisé les sons.

TRAINING

GRAMMATIK

LERNTEMPODUETT
→ p. 19

› Le passif → p. 123

→ PRÉCIS p. 229

- Le passif est très employé en allemand. On l'utilise pour **mettre en évidence l'action**, plus que celui qui l'effectue.
- Le passif se compose de l'**auxiliaire *werden* conjugué et du participe II du verbe**, qui ne varie jamais. Pour varier le temps, il suffit de changer le temps de l'auxiliaire.
  présent → *Der Verein **wird** von VW **gesponsert**.*
  prétérit → *Der Verein **wurde** 1904 **gegründet**.*
  parfait → *Der Verein **ist** von Bergleuten **gegründet worden**.*
- On peut indiquer **par qui l'action est effectuée** à l'aide d'un complément d'agent introduit par la préposition ***von*** qui est suivie du **datif**.
  *Bayer Leverkusen wird **von dem** Konzern Bayer unterstützt.*
- Pour indiquer **le moyen par lequel l'action est effectuée**, on emploie la préposition ***durch*** suivie de **l'accusatif**.
  *Das Spiel wurde **durch ein** Tor in der letzten Minute gewonnen.*

1 * **Les phrases suivantes sont au passif. Remettez-les à l'actif.**

a. Im Stadion wird Bayern München von 70 000 Fans unterstützt.
b. Bayern München wird von der Allianz gesponsert.
c. Im Jahr 1900 wurde Bayern München von Freunden gegründet.
d. Das Finale wurde im Fernsehen von 20 Millionen Menschen gesehen.

2 ** **Transformez ces phrases au passif en faisant attention au temps du verbe.**

a. VW finanziert den Club seit 1952.
b. Schalke unterstützt die Bergleute.
c. Die Kaufleute gründeten den Verein 1893.
d. 10 Millionen Menschen sahen das Spiel im Fernsehen.

› Verbes et adjectifs à rection prépositionnelle → p. 125

→ PRÉCIS p. 233, 239

- Certains verbes en allemand exigent l'emploi d'un cas particulier ou d'une préposition. La liste de ces verbes se trouve p. 239 du précis grammatical. Il faut les apprendre par cœur.
- Les **adverbes pronominaux** sont formés avec ***da(r)**** + **la préposition exigée** :
  – par le verbe : ***auf** etwas warten* → ***darauf** warten*
  – par l'adjectif : ***für** etwas bekannt sein* → ***dafür** bekannt sein*
- Ils servent
  – soit à reprendre des éléments précédents :
  *Alle kennen das Oktoberfest. München ist bekannt **dafür**.*
  – soit à annoncer une information qui suit dans une proposition infinitive ou subordonnée :
  *Die Fans warten **darauf**, dass das Spiel beginnt.*

* On intercale un *-r* si la préposition commence par une voyelle.

3 ** **Complétez par la préposition qui convient et déclinez l'article qui suit.**

Der Verein fühlt sich … d… Ruhrgebiet verbunden. Er steht … d… Bergbau und d… Zusammenhalt. In Bayern identifizieren sich viele Menschen … d… bayerischen Lebensart. München ist bekannt … sein… Gastronomie: Weißwurst und Brezeln gehören … d… typisch bayerischen Spezialitäten. Viele Bayern-Fans warten schon … d… Beginn des Oktoberfests.

4 ** **Complétez par l'adverbe pronominal qui convient.**

a. Der Spieler mag seine neue Heimat. Er identifiziert sich … .
b. Bayern München steht für die bayerische Lebensart. Der Verein fühlt sich … verbunden.
c. In Düsseldorf feiert man Karneval. Die Stadt ist … bekannt .
d. 60 000 Zuschauer warten …, dass das Spiel losgeht.
e. Bayer Leverkusen ist … bekannt, immer Zweiter zu werden.

Live aus dem Stadion

A2-B1

- Ein Los weist Ihnen ein Fußballspiel zu, das Sie ankündigen sollen. Sie haben zehn Minuten, um sich vorzubereiten. Präsentieren Sie zuerst die eine Mannschaft und danach die andere.
- Ihre Präsentation sollte folgende Punkte behandeln:
  – aktuelle Situation des Vereins (letztes Spiel, Platz in der Tabelle)*
  – größte Erfolge*
  – Gründungsjahr* und Identität des Vereins (welches Milieu repräsentiert er?)
  – Informationen zur Stadt (Lage, Traditionen, Institutionen, Sehenswürdigkeiten)
  – Vereinsfarbe
  – Topspieler (Name, Alter, Position, Herkunft, Tore)*

* Diese Informationen gibt Ihnen Ihr Lehrer / Ihre Lehrerin während der Vorbereitung.

ZDF-Kommentatorin Claudia Neumann

Stratégies

▷ Se mettre dans le rôle du reporter

- Portez un casque ou un micro.
- Parlez fort et de façon dynamique : vous êtes dans un stade de foot.
- Vous avez droit à des notes, mais pas à des phrases rédigées.

▷ Prendre la parole

- Commencez votre intervention en saluant le public.
  Herzlich willkommen, liebe Zuschauer, ich berichte heute live aus … vom Spiel … gegen … .
- Après la présentation de chaque club, vous pouvez mettre en avant la situation géographique ou la situation dans le classement pour créer un enjeu.
  Heute spielt also der Rekordmeister aus dem Süden gegen den Traditionsclub aus dem Westen. Der Erste gegen den Dritten. Es wird also spannend.

▷ Prolongement

Le jeu de rôle peut être filmé et mis en ligne sur le site du lycée. Il est possible d'ajouter le rôle de l'interprète qui traduit les interventions pour la télévision française.

A

B

C

Kapitel 10

SPORTS ET SOCIÉTÉ

Sport ohne Limit?

SPRACHBOX

Sport treiben
- einen Einzelsport, Teamsport betreiben* *pratiquer un sport individuel, collectif*
- der Sportler; sportlich *le sportif ; sportif*
- die Mannschaft (-en) *l'équipe*
- die Leistung (-en) *la performance*
- der Leistungssport *le sport de haut niveau*
- sich übertreffen* *se dépasser*

Gefühle beim Sport
- der Fan (-s); der Zuschauer (-) *le supporter ; le spectateur*
- sich integriert, akzeptiert fühlen *se sentir intégré, accepté*
- Teamgeist haben *avoir l'esprit d'équipe*
- jn begeistern; begeistert *enthousiasmer qn ; enthousiaste*
- ein Event erleben *vivre un événement*
- sich mit jm identifizieren *s'identifier à qn*
- Spaß machen *amuser, divertir*
- Emotionen, Gefühle empfinden* *ressentir des émotions, éprouver des sentiments*

→ p. 136

Was macht man alles aus Liebe zum Sport?

- Expliquer les bienfaits du sport. (p. 132)
- Discuter des dérives du sport dans l'Histoire allemande. (p. 134)

- Rendre compte des propos de quelqu'un. (p. 132)
- Exprimer une contradiction. (p. 132)

Projekt

Organiser une discussion sur différents aspects du sport. (p. 139)

MÉDIATION WORLD CAFÉ

Fit für die Zertifikation (p. 140)

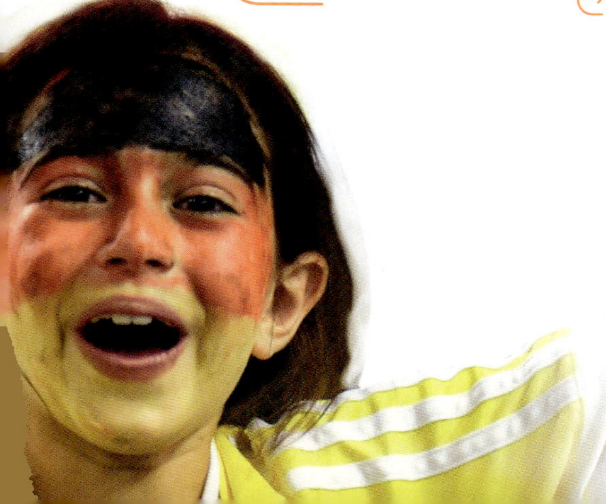

Die vielen Seiten des Sports

A2 **1** Wie kann man Sport erleben?
2 Welche Aspekte des Sports illustrieren diese Bilder?

Sport macht mehr als nur fit

A Für Körper und Geist

MÉDIATION PARTNERBRIEFING
→ p. 18

CD 2 22-24 MP3 38-40

A2

1. PARTNER A hört sich die Interviews an und macht sich Notizen zu den sportlichen Aktivitäten der Interviewten. PARTNER B liest den Text und sucht nach Informationen über Sport und Intelligenz.
2. Jeder Partner präsentiert dem anderen seine Ergebnisse. Der Zuhörer macht sich Notizen und fasst dann zusammen.
3. Zwei Schüler präsentieren der Klasse ihre Aufgabe oder die Aufgabe ihres Partners.

Stress ab/bauen *diminuer le stress*

Svenja (Schülerin, 14)

Frau Kippenberg (Sportlehrerin, 38)

Herr Schiller (Sportwissenschaftler, 51)

Sport macht klug!

Laut den neuesten Studien bewegen sich 5 bis 8 % der Grundschulkinder ungeschickt[1], weil sie zu wenig Sport treiben. Sie können schlecht rückwärts laufen, haben Probleme, einen Ball zu fangen[2] oder sind unsicher auf dem Fahrrad. Das ist fatal, denn das Gehirn kontrolliert die Bewegungen genau dort, wo es auch das Lernen und das Denken kontrolliert. Defizite in der Beweglichkeit beim Sport bedeuten Defizite im Lernen der Kinder, besonders in den ersten 10 Jahren.

Nur wer sich im Raum bewegen kann, wer oben und unten, rechts und links, vorne und hinten automatisch unterscheidet[3], wird die Welt der Zahlen und der Buchstaben verstehen können.

Leider verbringen immer mehr Kinder ihre Freizeit schon in frühen Jahren ohne Sport vor verschiedensten Bildschirmen. Ohne Sport bekommen sie einige Kompetenzen nicht und bekommen in der Schule Defizite. Sport treiben kann also die Schulleistungen verbessern.

Nach Dipl.-Päd. Uta Reimann-Höhn, www.elternwissen.com

1. ungeschickt *de façon maladroite* 2. fangen* *attraper* 3. unterscheiden* *distinguer*

B Körperlich und mental stark

CD 2 25

A2 1. Hören Sie sich das Interview an. Was erfahren wir über Anna Baders Leben als Sportlerin?

B1 2. Was ist das Besondere an ihrer Sportart? Erklären Sie mit Ihren eigenen Worten ihre Faszination.

der Klippensprung *le saut de falaise*
das Eintauchen *la plongée*
der Sprungturm *le plongeoir*

SPRACHBOX

Rapporter les paroles / les pensées de quelqu'un

- **Sie sagt / erklärt / erzählt, dass** ihre Kinder den ganzen Tag im Bett liegen.
- **Er meint / Er ist der Meinung, dass** auch Sport gut für das Hirn ist.

Exprimer une contradiction

- Sie hat mehrmals bei diesem Sport versagt. Sie bleibt **trotzdem** entschlossen.
- **Trotz** der Risiken stürzen sich einige Leute in die Tiefe.
- Sie springt von einer Klippe, **obwohl** es sehr gefährlich ist.

→ p. 138

C Sich übertreffen

A2 **1** Lesen Sie das Interview mit Anna Schaffelhuber. Inwiefern ist sie eine außerordentliche Sportlerin?

B1 **2** Was erfahren wir über mentale Stärke und Erfolg?

Anna Schaffelhuber ist Monoskifahrerin und von Geburt an querschnittsgelähmt[1]*. Sie hat schon fünf Goldmedaillen bei den Paralympics in Sotschi gewonnen.*

JOURNALIST – Frau Schaffelhuber, Ihre bisherige Erfolgsbilanz ist immens, Sie haben alles gewonnen, was es zu gewinnen gibt. Und Sie machen immer noch weiter. Warum?

ANNA – Ich habe auch Phasen, in denen ich mich frage: Warum tust du dir das Ganze jetzt noch mal an und noch mal? Ich glaube, das gehört wohl einfach mit dazu. Ich habe unglaublich tolle Menschen, die hinter mir stehen. Nach den Paralympics in Sotschi hätte ich natürlich aufhören können, das war ein absolutes Topergebnis. Man muss realistisch sein: Es wird extrem schwer, das zu wiederholen. Und ich wollte noch mal zeigen, dass ich das kann. Ich war für mich persönlich noch nicht am Limit.

JOURNALIST – Können Sie erklären, warum Sie auf der Piste so dominant sind? Was machen Sie besser als andere?

ANNA – Das ist schwer zu beurteilen. Es müssen sehr, sehr viele Faktoren zusammenkommen. Ich glaube, dass ich ein sehr, sehr ehrgeiziger Mensch bin, der sehr strukturiert arbeitet. Ich habe einen Plan, wonach ich das zu dem und dem Zeitpunkt geschafft haben will, und daran halte ich mich. Ein Servicemann hat auch mal zu mir gesagt: Anna, ein Rennen gewinnt der, der es im Kopf gewonnen hat. Daran habe ich in den letzten Jahren sehr oft gedacht. Dabei habe ich sehr oft versagt, aber sehr oft habe ich es auch hinbiegen können[2].

Nach Susanne ROHLFING,
Kölner Stadt-Anzeiger, März 2018

1. querschnittsgelähmt *paraplégique*
2. es hinbiegen können *se débrouiller, s'en sortir*

SPRACHBOX

fit bleiben
- trainieren; das Training *s'entraîner ; l'entraînement*
- gesund; die Gesundheit *en bonne santé, sain ; la santé*
- krank; die Krankheit *malade ; la maladie*
- sich bewegen; die Bewegung *bouger ; le mouvement*
- sitzen*; liegen*; stehen* *être assis ; couché ; debout*
- laufen*; zu Fuß gehen*; springen* *marcher, courir ; aller à pied ; sauter*
- der Körper *le corps*
- das Gehirn, das Hirn *le cerveau*

Extremsportarten: Faszination und Risiken
- der Profi (-s), der Profisportler (-) *le pro, le sportif professionnel*
- die Herausforderung (-en) *le défi*
- gefährlich; die Gefahr (-en) *dangereux ; le danger*
- das Risiko; um die Risiken wissen* *le risque ; connaître les risques*
- die mentale Stärke haben *avoir la force mentale*

Leistungssport treiben
- an einem Wettkampf teil/nehmen* *participer à une compétition*
- der Erfolg; Erfolg haben *le succès ; avoir du succès*
- es schaffen ≠ versagen *réussir ≠ échouer*
- mutig; der Mut *courageux ; le courage*
- nicht aufhören wollen *ne pas vouloir arrêter*
- ehrgeizig; der Ehrgeiz *ambitieux ; l'ambition*
- entschlossen *déterminé*
- willensstark sein *avoir de la volonté*

→ p. 136

Nun sind Sie dran!

Erklären Sie die Motivationen von Anna Bader und Anna Schaffelhuber, Leistungs- oder Extremsport zu treiben. Was halten Sie davon?

Politische Dimension des Sports

A Sport und Ideologie

MÉDIATION PARTNERPUZZLE → p. 20

B1

1. Bilden Sie Zweiergruppen. Die Hälfte der Zweiergruppen (GRUPPE A) erarbeitet die Plakate: die Rolle des Regimes (Organisation, Symbole), das Aussehen der Sportler als Illustration der Nazi-Ideologie.
   Die andere Hälfte (GRUPPE B) liest den Text und sucht nach Informationen über die Olympischen Spiele von 1936 und den politischen Kontext von damals.
2. Ein Schüler der GRUPPE A tauscht dann seinen Platz mit einem Schüler der GRUPPE B. Beide Schüler tauschen sich nun aus.

Sporttag des BDM: ein Tag für sportliche Mädchen

Reichs-Sportwerbewoche: eine Woche Sport für deutsche Sportler

Gaufest des NSRL: ein regionaler Wettkampf

Olympische Spiele im Nazi-Deutschland

Vom 1. bis 16. August 1936 fanden in Berlin die XI. Olympischen Sommerspiele statt. Das NS-Regime verwandelte sie in ein perfektes Propagandaspektakel für das nationalsozialistische Deutschland. Die Nationalsozialisten sahen in den Olympischen Spielen eine Chance, Prestige im In- und Ausland zu erreichen. Die Spiele wurden perfekt vorbereitet: Antisemitische Parolen[1] verschwanden aus dem Stadtbild, die Verfolgung der Juden[2] war für die Dauer der Spiele auch in den Medien verboten. Um das Ausland zu beruhigen, starteten in der deutschen Mannschaft zwei Alibi-„Halbjuden", der Eishockeyspieler Rudi Ball und die Fechterin[3] Helene Mayer.
Obwohl viele deutsche Athleten Medaillen gewannen, war der große Star dieser Spiele der schwarze Amerikaner Jesse Owens, der vier Goldmedaillen gewann.

Claudia Prinz,
Deutsches Historisches Museum, Berlin

1. die Parole (-n) *le slogan* 2. die Verfolgung der Juden *la persécution des Juifs* 3. die Fechterin *l'escrimeuse*

B Gewinnen ... um jeden Preis?

VIDEO

A2 **1** Lesen Sie die Kulturbox.
Sehen Sie sich dann das Interview mit Rica Reinisch an.
Erzählen Sie, wie Rica sich entschlossen hat, Olympiasiegerin zu werden.

B1 **2** Erklären Sie, wie Rica zum Doping gekommen ist und welche Rolle ihre Vertrauensperson gespielt hat.

3 Was hat das Doping beim Training und danach verursacht?

100 Meter Rücken *100 mètres dos* – das Immunsystem *le système immunitaire*
zusammen/brechen* *s'effondrer, être détruit*

SPRACHBOX

Sport und Politik

- das NS-Regime = das Nazi-Regime
- die Propaganda *la propagande*
- das Hakenkreuz *la croix gammée*
- ähnlich aus/sehen* *se ressembler*
- große, blonde Athleten dar/stellen *représenter des athlètes grands et blonds*
- jn für überlegen halten* *considérer qn comme supérieur*
- rassistisch; der Rassismus *raciste ; le racisme*
- antisemitisch; der Antisemitismus *antisémite ; l'antisémitisme*

Sieg und Doping

- jm ein Vorbild sein *être un exemple pour qn*
- jn bewundern *admirer qn*
- der Olympiasieger, die Olympiasiegerin *le champion, la championne olympique*
- den Weltrekord brechen* *battre le record du monde*
- jm vertrauen *avoir confiance en qn*
- die Vertrauensperson *la personne de confiance*
- das Vertrauen von jm missbrauchen *abuser de la confiance de qn*
- das Doping; jn dopen *le dopage ; doper qn*
- die Leistungen verbessern *améliorer les performances*
- der Gesundheit schaden *nuire à la santé*
- die Grenzen des Körpers erreichen *atteindre les limites du corps*

→ p. 136

KulturBOX

Rica Reinisch: ehemalige DDR-Schwimmerin (1965 geboren)

Rica Reinisch hat mit 9 Jahren ihre ersten Wettkämpfe gewonnen. Sie wurde mit 10 Jahren Schülerin der Sportschule in Dresden. Dort musste sie weit von zu Hause jeden Tag trainieren. Bei den Olympischen Spielen 1980 in Moskau gewann sie 3 Goldmedaillen.
Aber 1982 musste sie im Krankenhaus liegen und erfuhr später, dass sie – wie die meisten jungen DDR-Profisportler – gedopt wurde. Seitdem hat sie schlimme Gesundheitsprobleme.
Die DDR wollte unbedingt Medaillen gewinnen, um der Welt zu zeigen, dass DDR-Sportler besser waren als Sportler aus dem Westen. 2000 war sie Zeugin[1] beim Doping-Prozess.

1. die Zeugin *le témoin*

Nun sind Sie dran!

MÉDIATION TISCHSET → p. 25

Erstellen Sie mit einer Gruppe ein Tischset über das Thema Instrumentalisierung des Sports. Präsentieren Sie der Klasse die Ergebnisse Ihrer Gruppe.

TRAINING

WORTSCHATZ

Sport ohne Limit?

rund um den Sport

A2

- Sport treiben* *faire du sport*
- der Sportler; die Sportlerin *le sportif ; la sportive*
- sportlich sein *être sportif*
- die Mannschaft (-en) *l'équipe*
- der Einzelsport ≠ der Teamsport *le sport individuel ≠ collectif*
- der Geist; der Teamgeist *l'esprit ; l'esprit d'équipe*
- der Körper; körperlich *le corps ; physique*
- trainieren; das Training *s'entraîner ; l'entraînement*
- laufen*; schwimmen*; springen* *courir ; nager ; sauter*
- stehen*; sitzen*; liegen* *être debout ; assis ; couché*
- gesund ≠ krank *en bonne santé ≠ malade*
- fit ≠ müde *en forme ≠ fatigué*
- der / die Beste sein *être le meilleur / la meilleure*

A2-B1

- sich bewegen; die Bewegung *bouger ; le mouvement*
- die Gesundheit ≠ die Krankheit *la santé ≠ la maladie*
- die Leistung (-en) *la performance*
- die Stärke; stark *la force ; fort*
- der Wettkampf *la compétition*
- an einem Wettkampf teil/nehmen* *participer à une compétition*
- gewinnen* ≠ verlieren* *gagner ≠ perdre*
- der Sieg *la victoire*

Gefühle

A2

- Spaß machen *amuser, divertir*
- der Fan (-s) *le supporter*
- der Zuschauer (-) *le spectateur*
- sich mit jm identifizieren *s'identifier à qn*
- die Faszination; fasziniert *la fascination ; fasciné*
- sich fühlen; das Gefühl (-e) *se sentir ; le sentiment*

A2-B1

- Emotionen, Gefühle empfinden* *ressentir des émotions, éprouver des sentiments*
- die Begeisterung; begeistert *l'enthousiasme ; enthousiaste*
- jn bewundern *admirer qn*
- jm ein Vorbild sein *être un modèle pour qn*
- jm vertrauen; das Vertrauen *faire confiance à qn ; la confiance*

Sport und mentale Fitness

A2

- sich konzentrieren; die Konzentration *se concentrer ; la concentration*
- es schaffen *réussir*
- der Erfolg (-e) *le succès*
- der Mut; mutig *le courage ; courageux*
- seine Grenzen testen *tester ses limites*

A2-B1

- das Gehirn, das Hirn *le cerveau*
- die Ausdauer *l'endurance*
- sich übertreffen* *se dépasser*
- mit etw. auf/hören *arrêter qc*
- der Geist *l'esprit, le mental*
- entschlossen *décidé, déterminé*
- willensstark sein *avoir de la volonté*
- die Herausforderung (-en) *le défi*

Gefahren des Sports

A2

- der Leistungssport; der Extremsport *le sport de haut niveau ; le sport extrême*
- das Risiko (Risiken); riskant *le risque ; risqué*
- die Vorsicht; vorsichtig *la prudence ; prudent*
- jn dopen; das Doping *doper qn ; le dopage*

A2-B1

- die Leistungen verbessern *améliorer les performances*
- einen Rekord brechen* *battre un record*
- die Gefahr (-en); gefährlich *le danger ; dangereux*
- um die Risiken wissen* *connaître les risques*
- die Grenze erreichen *atteindre la limite*
- der Gesundheit schaden *nuire à la santé*

Comprendre les consignes

- Was erfahren wir über …? *Qu'apprenons-nous sur… ?*
- Erzählen Sie, wie … *Racontez comment…*
- Erklären Sie, wie … *Expliquez comment…*

ÜBUNGEN

1 Associez chaque terme à son contraire.

fit •	• verlieren
krank •	• die Vorsicht
laufen •	• müde
der Einzelsport •	• der Geist
das Risiko •	• liegen
gewinnen •	• der Teamsport
der Körper •	• gesund

2 Retrouvez le nom et son article défini.

a. gefährlich → d... ...
b. trainieren → d... ...
c. riskant → d... ...
d. stark → d... ...
e. gesund → d... ...
f. sich bewegen → d... ...
g. vorsichtig → d... ...
h. sich fühlen → d... ...

3 Associez les éléments afin de former des groupes infinitifs cohérents.

seinem Trainer •	• sitzen
mit dem Leistungssport •	• gewinnen
zu lange •	• vertrauen
einen Leistungssport •	• aufhören
eine Goldmedaille •	• betreiben

4 Chassez l'intrus.

a. der Profi – der Trainer – der Geist – der Sportler – der Fan
b. krank – sich bewegen – laufen – sportlich – fit
c. entschlossen – willensstark – müde – die Ausdauer – sich übertreffen
d. der Körper – die Stärke – das Gefühl – die Bewegung – die Gesundheit
e. der Erfolg – es schaffen – der Sieg – gewinnen – das Risiko

5 Complétez avec le mot qui convient.

aufhören – bewundert – gefährlich – gesprungen – läuft – Wettkampf

a. Vor einem ... muss ich mich lange konzentrieren.
b. Meine Schwester ist schon aus 10 Metern ... .
c. Er ... jeden Morgen eine Stunde lang.
d. Vielleicht solltet ihr ..., es ist zu ... .
e. Ich habe diesen Sportler immer ... .

EXTRA

A2 **6 Wie kann sich ein Profisportler auf einen Wettkampf vorbereiten?**

SPRACHMELODIE

CD 2 26 MP3 41

Les consonnes « *v* » et « *w* »

En allemand, les consonnes « *v* » et « *w* » ne se prononcent pas comme en français ou en anglais.

- Le « *v* » se prononce comme un « f » français : *der Vater, vier.*
- Le « *w* » se prononce comme un « v » français : *die Wahl, wir.*

1 Écoutez ces mots et répétez-les.

von – die Vorsicht – der Wettkampf – schwimmen – verlieren – wissen – die Bewegung – vor – gewinnen

2 Écoutez attentivement ces deux phrases.

Vor zwei Jahren hat mein Vater bei einem Schwimmwettkampf vier Medaillen gewonnen.
Viele Bewohner von meiner Stadt wollen sich nicht viel bewegen.

3 Lisez-les maintenant en veillant à bien prononcer les consonnes « *v* » et « *w* ». Vous pouvez vous enregistrer.

4 Réécoutez l'enregistrement et vérifiez que vous avez bien réalisé les sons.

TRAINING

GRAMMATIK

LERNTEMPODUETT
→ p. 19

La complétive avec *dass* → p. 132

→ PRÉCIS p. 234

- La complétive avec *dass* (que) permet de rendre compte d'une parole, d'une pensée ou d'une volonté.
- Comme pour toutes les subordonnées, elle est séparée de la principale par une virgule et le verbe conjugué est en dernière position.
  *Der Experte sagt, **dass** Kinder mehr Sport treiben müssen.*
  *Die Profisportlerin meint, **dass** dieser Sport nicht gefährlich ist.*

1 **Répondez aux questions en complétant l'amorce proposée.**

a. – Trainiert er genug?
– Nein, ich glaube nicht, …
b. – Weiß dein Bruder um die Risiken?
– Ja, er hat mir gesagt, …
c. – Ist die Bewegung gefährlich?
– Ja, der Sportlehrer hat uns erklärt, …
d. – Soll sie sich mehr konzentrieren?
– Ja, wir sagen immer, …
e. – Kann die Mannschaft gewinnen?
– Ja, die Fans haben schnell verstanden, …
f. – Soll er jeden Tag schwimmen?
– Nein, ich will nicht, …

2 **Transformez les affirmations suivantes en utilisant les groupes infinitifs ci-dessous et une subordonnée avec *dass*.**

immer sagen – der Meinung sein – erzählen – erklären – denken

a. Meine Mutter: „Sport macht intelligent."
b. Der Profisportler: „Man muss sehr vorsichtig bleiben."
c. Mein Bruder: „Die Mannschaft hat noch einmal verloren."
d. Der Experte: „Ohne Sport funktioniert das Gehirn nicht gut."
e. Die Trainerin: „Ich kann noch meine Leistungen verbessern."

Exprimer la contradiction → p. 132

→ PRÉCIS p. 233, 234

Pour exprimer une contradiction entre deux faits, on peut utiliser :

- l'adverbe ***trotzdem*** (malgré tout, quand même) *Er ist heute krank, er geht **trotzdem** zum Sport.*
- la préposition ***trotz*** (malgré) suivie d'un groupe nominal au génitif *Trotz der Gefahr will sie von dieser Klippe springen.*
- une subordonnée introduite par ***obwohl*** (bien que) *Sie hat verloren, **obwohl** sie sehr gut gespielt hat.*

3 **Complétez par *trotz*, *trotzdem* ou *obwohl*.**

a. Meine Schwester ist schwimmen gegangen, … es heute sehr kalt ist.
b. Er hat … seiner Krankheit alle seine Hausaufgaben gemacht.
c. Ich kenne diese Mannschaften nicht. Ich möchte … das Spiel sehen.
d. Sie ist nicht wirklich begeistert, … sie alles geschafft hat.
e. Die Trainer wussten um die Risiken, aber sie haben sie … gedopt.
f. … einer guten Leistung war sie diesmal nicht die Beste.
g. … mein Bruder sehr vorsichtig gewesen ist, hat er sich beim Springen weh getan.

4 **Reliez les deux phrases en exprimant une contradiction, en variant si possible les formulations et en procédant aux modifications nécessaires.**

a. Mein Freund ist fit. Er macht keinen Sport.
b. Ich bewundere diese Schwimmerin. Sie hat bei diesem Wettkampf verloren. (die Niederlage *la défaite*)
c. Hitler hat Jesse Owens nicht gratuliert. Er hatte vier Goldmedaillen gewonnen.
d. Sie hat nicht mit dem Leistungssport aufgehört. Ihr Körper hat seine Grenzen erreicht.
e. Er hat es leider nicht geschafft. Er war sehr entschlossen. (die Entschlossenheit *la détermination*)

Sport am runden Tisch

MÉDIATION WORLD CAFÉ → p. 23

A2-B1 Sie organisieren eine Gruppen-Diskussion über Sport und sollen folgende Themen besprechen:
- Warum ist Sport nicht nur gut für den Körper?
- Inwiefern ist Leistungssport attraktiv oder nicht? Welche Eigenschaften braucht man, um Leistungs- oder Extremsportarten auszuüben?
- Sport und Nation: Was erwarten manche Nationen von ihren Profisportlern?

Stratégies

Prendre la parole lors du « world café »

- **Lancement de la discussion**

À chaque tour de table, l'hôte vous accueillera, résumera ce qui a été dit dans le groupe précédent, lira la question à traiter avant que vous y réfléchissiez en prenant des notes.

→ *Willkommen alle! Nehmt bitte Platz!* Bienvenue à tous ! Prenez place s'il vous plaît !

→ *Zur vorigen Frage hat die letzte Gruppe Folgendes gesagt …* Pour la question précédente, le dernier groupe a dit les choses suivantes…

→ *Hier ist das Thema unserer Diskussion: …* Voici le sujet de notre discussion : …

→ *Ihr habt … Minuten, um euch Notizen zu machen.* Vous avez … minutes pour prendre des notes.

- **Rôle de l'hôte**

L'hôte distribuera la parole à chacun à tour de rôle. Il prendra des notes sur ce que dit chacun.

→ *Medhi, du hast das Wort.* Medhi, tu as la parole.

→ *Justine, was hältst du davon?* Justine, qu'en penses-tu ?

→ *Enzo, was willst du dazu sagen?* Enzo, qu'as-tu à ajouter ?

- **Les participants**

Vous pouvez bien sûr rebondir sur ce qu'un participant de votre groupe vient de dire en montrant votre accord, votre désaccord ou en complétant ses propos.

→ *Ich bin mit … völlig / nicht einverstanden.* Je suis complètement / ne suis pas d'accord avec…

→ *Ich möchte dazu sagen, dass …* J'aimerais ajouter que…

- **Conclusion de la discussion**

L'hôte conclura en résumant votre discussion

→ *Ich fasse schnell eure Diskussion zusammen: …* Je résume rapidement votre discussion : …

→ *Danke für euren Beitrag.* Merci pour votre contribution.

› Fit für die Zertifikation

ENTRAÎNEMENT AUX ÉPREUVES COMMUNES EN COURS D'ANNÉE

Schriftliche Interaktion

In einem Internetforum gibt es eine Diskussion zum Thema Jugend und Sport. Du findest dazu folgende Aussagen:

Thomas

„Sport ist mein Leben. Ich fahre 7 Kilometer mit dem Fahrrad in die Schule. Dort spiele ich in der Pause immer Tischtennis. Nachmittags habe ich Fußballtraining. Danach bin ich immer sehr müde, aber ich brauche Bewegung."

David

„Ich bin nicht sehr sportlich. Nach der Schule spiele ich lieber Strategiespiele am Computer. Das macht mir mehr Spaß, als bei Regen hinter einem Ball her zu laufen."

Linda

„Ich bin in einem Internat für Leistungssportler. Ich spiele Basketball. Dabei bin ich gar nicht so groß. Wichtig ist vor allem Teamgeist, Taktik und sehr viel Training."

Jana

„Ich treibe nicht regelmäßig Sport. Aber im Winter fahre ich mit meinen Eltern immer zum Skifahren. Ich gehe auch gerne schwimmen, aber nur im Freibad. Ich mag die Atmosphäre in Hallenbädern nicht."

● **Gib alle vier Aussagen aus dem Internetforum mit eigenen Worten wieder.**

Pour le compte rendu, il s'agit de reformuler les différents points de vue en évitant les mots qui sont déjà présents dans le texte. Essayez de trouver des synonymes.
Voici quelques exemples:
nicht so groß = relativ klein
sie mag … = ihr gefällt …
er braucht … = ihm ist … wichtig
der Teamgeist = der Zusammenhalt

Hörverstehen

CD 2 27 MP3 42

Manuela ist 21 Jahre alt, kommt aus Angola und trainiert als Handballspielerin in Hamburg.

● **Hör dir nun das Interview an. Sag, ob die Aussagen richtig oder falsch sind.**

1	Manuela trainiert in Hamburg, weil sie in dieser Stadt Verwandte hat.
2	Die deutschen Handballspielerinnen sind für ihre guten Leistungen bekannt.
3	Nur die körperliche Aktivität gefällt Manuela an diesem Sport.
4	Am wichtigsten ist für sie der Teamgeist.
5	Es gibt zu viele Konflikte zwischen den Spielerinnen.

Dans une interview, il est important de bien comprendre les questions car elles permettent d'anticiper les réponses.

Leseverstehen

Du findest unten einen kurzen Lesetext. Der Text hat sechs Lücken. Setze aus der Wortliste das richtige Wort in jede Lücke ein. Vier Wörter bleiben übrig.

Werbung – spielt – identifizieren – Zusammenhalt – Ball – Stoppuhr – Weltmeisterschaft – verliert – unterstützt – Leistungen

Am Sonntag findet das Finale der ... statt. Bei diesem Spiel geht es um alles oder nichts. Wer gewinnt ist Weltmeister, wer ..., fährt mit leeren Händen nach Hause. Für beide Länder ist der Ausgang des Spiels enorm wichtig.

Die Menschen ... sich mit der Nationalmannschaft. Wenn sie Fußball im Fernsehen sehen, vergessen sie ihre Sorgen und Probleme. Ein Sieg der Nationalmannschaft würde den sozialen ... im Land stärken. Außerdem könnten die Nationalspieler zum Vorbild für die Jugend werden: Mannschaftssportarten wie Fußball fördern den Teamgeist und die Bewegung hält fit.

Allerdings wird die Kommerzialisierung des Fußballs kritisiert. Viele Konzerne benutzen diesen Sport, nur um ... für ihre Produkte zu machen. Dabei braucht man keine teure Ausrüstung, um Fußball zu spielen: Ein paar Freunde und ein ... genügen, um Spaß zu haben.

Avant d'analyser un texte en détail, il est important de le lire une fois en intégralité pour se faire une idée du thème.
Après ce travail préparatoire, on peut passer à la compréhension fine.

Welche Überschrift passt am besten zum Text?

1	Rassismus im Fußball
2	Spielmanipulationen im Fußball
3	Fußball verbindet

Mündliche Kommunikation

Wähle ein Thema aus und bereite ein kurzes Referat vor. Du solltest einen Gegenstand mitbringen, der dein Thema illustriert.
- Dein(e) Lieblingssportler(in)
- Der Sportunterricht in deiner Schule
- Du bist Fan von einem Sportverein / Fußball. Warum?

Ne rédigez pas un texte, notez seulement des mots-clés et les différents points que vous souhaitez aborder. Ces mots-clés peuvent être des idées centrales, mais pensez aux articulations du discours (adverbes, conjonctions de subordination). Elles vous permettent de relier vos idées entre elles et rendront votre propos plus convaincant. (→ p. 73)

Mündliche Interaktion

Bei der mündlichen Prüfung sollst du auch Fragen des Prüfers beantworten. Übt in Zweiergruppen und antwortet abwechselnd auf diese Fragen:
- Was sind deine sportlichen Gewohnheiten?
- Was ist dein Lieblingssport?
- Hast du schon an einem Wettkampf teilgenommen? Wie war es?
- Findest du Sport wichtig? Warum (nicht)?
- Interessierst du dich für Fußball? Warum (nicht)?

Il est souvent difficile d'expliquer pourquoi on ne s'intéresse pas à un domaine comme le sport ou le football. Ces deux chapitres présentent le sport sous des angles originaux et divers ; un de ces angles a certainement attiré votre attention (histoire des clubs de foot, handisport, sport extrême) : vous pouvez en faire le cœur de votre argumentation.
Für mich ist Sport nicht besonders wichtig, aber ich finde es gut, dass ...
Ich interessiere mich nicht besonders für Fußball, aber ich finde es interessant, dass ...

ELYAS M'BAREK
KAROLINE HERFURTH
FACK JU GÖHTE
VON DEN MACHERN VON TÜRKISCH FÜR ANFÄNGER
AB 7.11. IM KINO
BUCH & REGIE BORA DAGTEKIN
/FJG.FILM

A

Alexander Fehling
André Szymanski
Friederike Becht
und
Gert Voss
IM LABYRINTH DES SCHWEIGENS
NOVEMBER 2014 IM KINO

B

NACH DEM ERFOLGSROMAN VON
WOLFGANG HERRNDORF
tschick
EIN FILM VON
FATIH AKIN
REGISSEUR VON GEGEN DIE WAND UND SOUL KITCHEN
DER BESTE SOMMER VON ALLEN
www.tschick-film.de
IM KINO
facebook.de/tschick.film

C

DIE NEUE KOMÖDIE
VON DEN MACHERN VON
WER FRÜHER STIRBT IST LÄNGER TOT
Almanya
WILLKOMMEN IN DEUTSCHLAND

D

DAS SCHWEIGENDE KLASSENZIMMER
IM KINO

E

Kapitel 11

LA CRÉATION
ET LE RAPPORT AUX ARTS

In Originalfassung

SPRACHBOX

Filmplakat

- das Filmplakat (-e) *l'affiche de film*
- der Schwarzweißfilm *le film en noir et blanc*
- der Regisseur (-e) *le réalisateur*
- der Schauspieler (-) *l'acteur*
- die Schauspielerin (-nen) *l'actrice*
- Ich interessiere mich für Komödien, Krimis, Thriller, Science-Fiction-Filme, Actionfilme.
  Je m'intéresse aux comédies, films policiers, thrillers, films de science-fiction, films d'action.
- Es handelt sich um … *Il s'agit de…*
- Dieses Filmgenre mag ich nicht besonders, denn …
  Je n'aime pas particulièrement ce type de film car…

→ p. 148

F

Was für Filme sehen deutsche Jugendliche? Wie?

- Faire part de ses impressions sur le cinéma. (p. 144)
- Se décider pour un film en particulier. (p. 146)

- Les verbes prépositionnels. (p. 144)
- Exprimer une préférence. (p. 147)

Projekt

Organiser un festival de films. (p. 151)

Fit für die Zertifikation (p. 162)

Lust auf einen Film?

A2
1. Welche Filme kennen Sie?
2. Kennen Sie andere deutsche Filme?
3. Welche Filme haben Sie schon gesehen?

B1
4. Welche Filme würden Sie gern sehen? Welche nicht? Begründen Sie Ihre Antwort!

Eindrücke vom Kino am Olympiasee wiedergeben

Kino für alle

A Online-Kino-Umfrage

A1-A2 **1** Lesen Sie die Fragen und die Antworten dieser Online-Umfrage und geben Sie die Ergebnisse wieder.

A2 **2** Stellen Sie einem Mitschüler / einer Mitschülerin die Fragen und definieren Sie sein / ihr Kinoprofil!

B1 **3** Ergänzen Sie die Definition der beiden Profile: Kinoexperte oder Kinoanfänger.

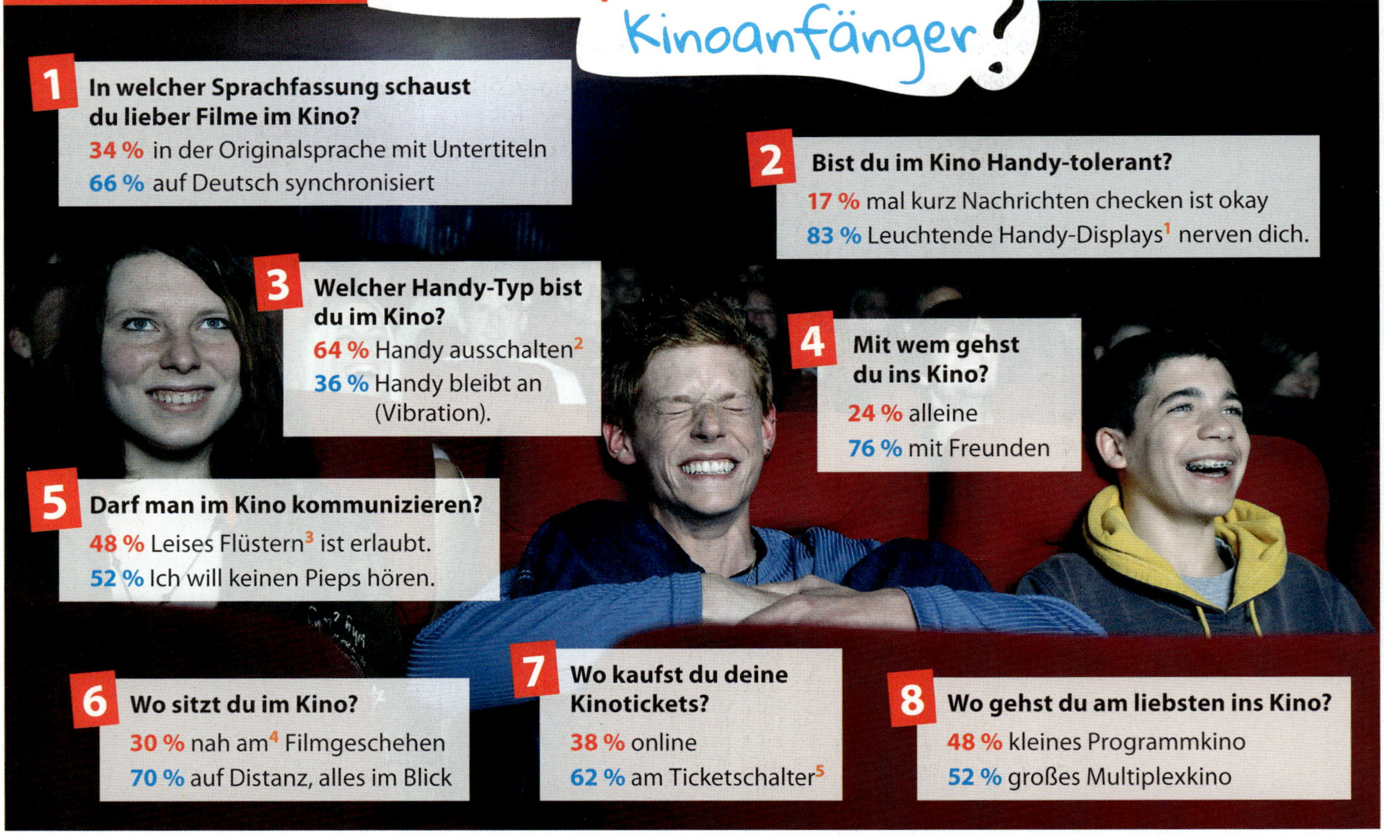

Kinoexperte

Du magst Filme und du gehst gern ins Kino! Für dich ist ein Kinobesuch etwas Besonderes. Handy im Kino? Du findest es …

Kinoanfänger

Ins Kino? Warum nicht. Aber nie allein, nur mit Freunden. So kannst du …

Kinoexperte oder Kinoanfänger?

1 In welcher Sprachfassung schaust du lieber Filme im Kino?
34 % in der Originalsprache mit Untertiteln
66 % auf Deutsch synchronisiert

2 Bist du im Kino Handy-tolerant?
17 % mal kurz Nachrichten checken ist okay
83 % Leuchtende Handy-Displays[1] nerven dich.

3 Welcher Handy-Typ bist du im Kino?
64 % Handy ausschalten[2]
36 % Handy bleibt an (Vibration).

4 Mit wem gehst du ins Kino?
24 % alleine
76 % mit Freunden

5 Darf man im Kino kommunizieren?
48 % Leises Flüstern[3] ist erlaubt.
52 % Ich will keinen Pieps hören.

6 Wo sitzt du im Kino?
30 % nah am[4] Filmgeschehen
70 % auf Distanz, alles im Blick

7 Wo kaufst du deine Kinotickets?
38 % online
62 % am Ticketschalter[5]

8 Wo gehst du am liebsten ins Kino?
48 % kleines Programmkino
52 % großes Multiplexkino

1. leuchtende Handy-Displays *des écrans de portables allumés*
2. aus/schalten *éteindre (un appareil)* 3. leises Flüstern *un léger chuchotement*
4. nah an (D) *proche de* 5. am Ticketschalter *au guichet*

SPRACHBOX

Les verbes prépositionnels
- Das Kino am Olympiasee engagiert sich für die Umwelt.
- Wofür interessierst du dich?
- Woran nehmt ihr teil? Wir nehmen am Kinoabend teil.

→ p. 150

B Am Olympiasee

A2 1 Was wird am Olympiasee angeboten? Was ist das Besondere an diesem Kino?

A2-B1 2 Sagen Sie, wofür und wie sich das Kino am Olympiasee engagiert. Und wogegen?

B1 3 Was halten Sie von dieser Veranstaltung? Würden Sie gern daran teilnehmen? Begründen Sie Ihre Antwort.

10 DINGE die du über Kino am Olympiasee wissen solltest!

1 EINZIGARTIG
Kino am Olympiasee ist das einzige Saisonkino mit Digital 3D. Auf die Riesen-Leinwand projizieren wir eine Auflösung[1] von 4K mit brillanten Farben.

2 LOVE-SEATS
Die superbequemen Love-Seats für zwei sind unsere Erfindung. Für Verliebte und alle, die gerne zu zweit einen Film im Freien schauen.

3 MÜNCHENS NUMMER EINS
Kino am Olympiasee ist Münchens beliebtestes Open-Air-Kino. Wir empfehlen: Rechtzeitig Tickets sichern und früh kommen.

4 PLATZRESERVIERUNG
Tickets auf der Website sind direkt fürs Handy oder zum Ausdrucken. Nur Kino am Olympiasee bietet dir die kostenlose[2] Reservierung!

5 DRINKS
Die Kino am Olympiasee Bars und Biergärten öffnen täglich um 19 Uhr.

6 LECKERES ESSEN
Dazu gibt es Bio-Grillspezialitäten und leckere Rindfleisch- und Veggie-Burger.

7 TRAUMKULISSE OLYMPIAPARK
Die großartige Kulisse für Kino am Olympiasee ist die Jahrhundertarchitektur des Olympiaparks von 1972.

8 SPIELEVERLEIH UND SERVICES
Die Zeit vor dem Film vergeht im Nu[3] mit unseren Tischkickern[4].

9 VERANTWORTUNG
Wir drucken unsere Werbemittel klimaneutral und haben ein Mülltrennungs- und Entsorgungskonzept für Kino am Olympiasee entwickelt.

10 ENGAGEMENT
Im Geist der olympischen Bauten von 1972 stehen wir für eine offene Gesellschaft. Rassismus, Antisemitismus und andere Formen der Ausgrenzung[5] haben bei Kino am Olympiasee nichts zu suchen.

www.kinoamolympiasee.de

1. die Auflösung *la résolution*
2. kostenlos *gratuit*
3. im Nu vergehen* *passer en un clin d'œil*
4. der Tischkicker *le baby-foot*
5. die Ausgrenzung *l'exclusion*

SPRACHBOX

Statistiken lesen
- die Mehrheit der Befragten *la majorité des personnes interrogées*
- die meisten *la plupart*
- die Hälfte *la moitié*
- wenige Personen *peu de personnes*
- ein Viertel; drei Viertel *un quart ; trois quarts*
- % = Prozent

Kino im Freien
- sich (D) einen Film an/schauen *voir un film*
- die Riesenleinwand *l'écran géant*
- im Freien *en plein air*
- bequem *confortable*
- etw. an/bieten* *proposer, offrir qc*
- sich für ≠ gegen etw. engagieren *s'engager pour ≠ contre qc*

Eindrücke sammeln
- etw. genießen* *apprécier qc*
- etw. mögen*; lieben *aimer ; adorer qc*
- den Eindruck haben, dass … *avoir l'impression que…*
- (einen) großen Eindruck auf jn machen *faire une grande impression sur qn*
- jm etw. empfehlen* *recommander qc à qn*
- etw. toll, angenehm finden* *trouver qc génial, agréable*
- die Stimmung *l'ambiance*

→ p. 148

Nun sind Sie dran! CD2 28-30 MP3 43-45

Hören Sie sich die Interviews mit deutschen Jugendlichen am Olympiasee an und erzählen Sie, was ihnen besonders gefallen hat!

Die Qual der Wahl

A) Erster Eindruck

A2 **1** Beschreiben Sie die Filmplakate.
Vokabelhilfen: *dunkle ≠ helle Farben – nachts auf der Straße laufen – allein sein ≠ zu einer Gruppe gehören – einen einfachen Hintergrund haben – dieselbe Geste machen – wie eine Familie sein – ein weißes Hemd tragen – auf einem Sofa sitzen*

B1 **2** Lesen Sie die Titel und stellen Sie Hypothesen auf.
a. Was für Filme sind das? (Komödie, Drama, Historienfilm …)
b. Worum geht es? (Handlung, Epoche …)

der Schauspielername (-n)
eine Auszeichnung
einen Preis erhalten*
die Hauptdarstellerin
im Mittelpunkt stehen*

der Name des Regisseurs
der Kinostart

B Filminhalte

MÉDIATION

PARTNERBRIEFING → p. 18

VIDEO

A2 **1** **PARTNER A** liest die Zusammenfassungen und gibt die wichtigsten Informationen (Handlung, Personen …) wieder. Er sagt auch, um welchen Film es sich handelt.

2 **PARTNER B** schaut sich die drei Trailer (eventuell mit Untertiteln) an und gibt die wichtigsten Informationen (Handlung, Personen …) wieder.

B1 **3** **PARTNER A** und **B** tauschen alle Informationen aus, die sie gesammelt haben. Waren Ihre Hypothesen richtig? Was erstaunt Sie? Woran hatten Sie nicht gedacht?

www.kino-tipps.de

PRESSEKRITIKEN ★★★★☆ USER-WERTUNG ★★★★☆

Die Familie Hartmann erlebt turbulente Zeiten, als Mutter Angelika nach dem Besuch eines Flüchtlingsheims[1] entscheidet, Diallo bei sich aufzunehmen[2]. Ihr Mann Richard ist dagegen. Und bald füllt sich das Haus noch weiter. Denn Tochter Sophie und der Sohn Philipp mit Enkel Basti ziehen wieder zu Hause ein. Eine ungewohnte Situation in einem Haus voller Turbulenzen.

PRESSEKRITIKEN ★★★★☆ USER-WERTUNG ★★★☆☆

Katja verliert ihren Mann Nuri und ihren Sohn Rocco bei einem Attentat. Sie ist tief erschüttert und will nicht mehr weiterleben. Die Polizei verhaftet[3] das Neonazi-Paar Edda und André Möller. Der Prozess ist anstrengend[4], doch die Verurteilung[5] der Täter gibt Katja Kraft und Hoffnung. Nachdem Edda und André mangels eindeutiger Beweise freigesprochen werden[6], ist Katja wütend …

PRESSEKRITIKEN ★★★★☆ USER-WERTUNG ★★★☆☆

Rainer Wenger ist Gymnasiallehrer und soll seinen Schülern in einer Projektwoche erklären, was „Autokratie" ist. Die Schüler sind der Meinung, eine Diktatur könne sich heute nicht mehr wiederholen. Wenger wagt ein Experiment[7]: Eine Leitfigur, Slogans wie „Macht[8] durch Disziplin", neue Regeln und eine Bewegung mit dem Namen „Die Welle" kommen an. Schnell aber gibt es erste Gewalttaten[9]. Die Situation gerät außer Kontrolle …

1. das Flüchtlingsheim *le centre d'hébergement pour réfugiés* 2. jn auf/nehmen* *accueillir qn* 3. jn verhaften *arrêter qn* 4. anstrengend *fatigant* 5. die Verurteilung *la condamnation* 6. mangels eindeutiger Beweise freigesprochen werden *être déclaré non coupable faute de preuves incontestables* 7. ein Experiment wagen *tenter une expérience* 8. die Macht *le pouvoir* 9. erste Gewalttaten *des premiers actes de violence*

TRAILER

Aus dem Nichts: https://bit.ly/2hnuR8l

Willkommen bei den Hartmanns: https://bit.ly/2eFyV0s

Die Welle: https://bit.ly/1Sxzhb0

SPRACHBOX

Hypothesen aufstellen

→ p. 148

Handlung

- die Handlung *l'histoire (d'un film)*
- die Komödie (-n) *la comédie*
- das Drama (Dramen) *le drame*
- erschütternd *bouleversant*
- die Kritik *la critique*
- die Rolle *le personnage*
- in der Rolle des Polizisten *dans le rôle du policier*

→ p. 148

SPRACHBOX

Exprimer une préférence

- **Am liebsten** würde ich mir die Komödie anschauen.
- Mein **Lieblings**film ist *Forrest Gump*.
- Ich schaue **lieber** Filme als Serien.
- **Was ich bevorzuge**, sind Historienfilme und Kostümfilme.

→ p. 150

Nun sind Sie dran!

Sagen Sie, welchen dieser drei Filme Sie sich am liebsten anschauen würden. Welchen nicht? Begründen Sie Ihre Antwort.

TRAINING

WORTSCHATZ

In Originalfassung

rund um den Film

A2

- das Filmplakat (-e) *l'affiche de film*
- der Regisseur (-e) *le réalisateur*
- der Schauspieler (-) *l'acteur*
- die Schauspielerin (-nen) *l'actrice*
- der Hauptdarsteller; die Hauptdarstellerin *l'acteur principal ; l'actrice principale*
- das Filmgenre *le type de film*
- die Stimmung *l'ambiance*
- die Rolle von … spielen *jouer le rôle de…*
- die Hauptrolle / die Nebenrolle spielen *avoir le rôle principal / rôle secondaire*
- einen Film drehen *tourner un film*
- die Kinopremiere *la première*

A2-B1

- Es handelt sich um (A) … *Il s'agit de…*
- eine grauenerregende Geschichte *une histoire d'épouvante*
- eine düstere Stimmung *une ambiance sombre*
- sich für ≠ gegen etw. engagieren *s'engager pour ≠ contre qc*
- Erfolg haben *avoir du succès*

vor der Leinwand

A2

- der Zuschauer (-) *le spectateur*
- etw. erleben *vivre, expérimenter qc*
- das Open-Air-Kino *le cinéma en plein air*
- der Untertitel (-) *le sous-titre*

A2-B1

- sich an ein besonderes Publikum / an junge Zuschauer richten *s'adresser à un public particulier / à de jeunes spectateurs*
- im Freien *en plein air*
- sich (D) einen Film an/schauen, an/sehen* *voir un film*
- etw. an/bieten* *proposer, offrir qc*
- die Originalfassung *la version originale*
- von etw. (D) begeistert *enthousiasmé par qc*
- synchronisieren *doubler un film*

Filmgeschichten

A2

- die Handlung *l'histoire*
- die Komödie (-n) *la comédie*
- der Actionfilm (-e) *le film d'action*
- der Krimi (-s) *le film policier*
- das Drama (Dramen) *le drame*
- In diesem Film geht es um … *Dans ce film, il est question de…*

Hypothesen aufstellen

A2

- Vielleicht handelt es sich um … *Peut-être qu'il s'agit de…*
- Ich vermute, dass … *Je suppose que…*
- Ich denke / glaube, dass … *Je pense / crois que…*
- Es kann sein, dass … *Il se peut que…*
- Es erstaunt mich, dass … *Cela me surprend que…*
- wahrscheinlich *probablement*
- anscheinend *apparemment*
- Es ist möglich, dass … *Il est possible que…*
- Es scheint, dass … *Il semble que…*
- Ich hätte nicht gedacht, dass… *Je n'aurais pas pensé que…*

Comprendre les consignes

- Ergänzen Sie die Definition. *Complétez la définition.*
- Stellen Sie Hypothesen auf. *Faites des hypothèses.*
- Hatten Sie richtig vermutet? *Aviez-vous fait les bonnes suppositions ?*

ÜBUNGEN

1 Indiquez le genre des noms suivants avec l'article défini.

a. d… Film
b. d… Kino
c. d… Filmplakat
d. d… Schauspieler
e. d… Stimmung
f. d… Kritik
g. d… Drama
h. d… Handlung
i. d… Rolle
j. d… Zuschauer

2 Retrouvez les mots composés.

Action- •	• -fassung
Original- •	• -film
Film- •	• -plakat
Schau- •	• -voll
effekt- •	• -spieler

3 Choisissez la bonne préposition et faites une phrase à partir des groupes suivants.

a. sich (um / von) … etw. handeln → …
b. (von / über) … etw. begeistert sein → …
c. sich (an / durch) … jn richten → …
d. sich (um / für) … etw. engagieren → …
e. sich (für / über) … etw. interessieren → …

4 Complétez ce texte à l'aide des éléments suivants.
ansehen – Handlung – Kino – Komödie – Regisseur – synchronisiert

Wir gehen heute ins ☐ und werden uns einen englischen Film ☐. Der Film ist nicht auf Deutsch ☐, er hat Untertitel, aber das ist kein Problem. Ich höre und lese gleichzeitig den Text. So wird mein Englisch besser. Ich mag die Filme von diesem ☐. Sein letzter Film war eine ☐ mit einer lustigen ☐.

5 Présentez un film sans en donner le titre. Laissez vos camarades retrouver le nom !

– der Regisseur: *Der Mann / Die Frau, der / die den Film gedreht hat, heißt ….*
– die Handlung: *Es handelt sich um ….*
– der Handlungsort: *Die Handlung findet in … statt.*
– die Zeit: *Der Film spielt ….*
– die Figuren: *Im Film gibt es … Hauptfiguren: ….*
– die Schauspieler: *Im Film spielen ….*
– meine Meinung: *Ich finde den Film …. Ich mag besonders diesen Film, weil ….*

EXTRA

A2 **6 Ergänzen Sie das Filmplakat mit den passenden Wörtern.**

SPRACHMELODIE

CD 2 31 MP3 46

Les sons « *ch* » et « *sch* »

- Les sons « *ch* » et « *sch* » sont différents en allemand. Après les voyelles ***i, e, ä, ö, ü*** et les diphtongues ***eu, ei, äu***, le « *ch* » est prononcé en souriant et en tirant le plus possible les lèvres vers l'arrière.
- Devant un « *s* », le « *ch* » se prononce « *k* » : *der nächste Film, sechs*
- Le « *sch* » est prononcé comme « **ch** » dans « chat » en français : *deutsche Filme schauen.*

1 Écoutez ces mots et répétez-les.
möglich – der Schauspieler– die Geschichte – gleich – der Zuschauer – wachsen – französisch – jährlich – schön – sich

2 Écoutez attentivement ces deux phrases.
Welchen Film schaut er sich an?
Ich möchte euch die Geschichte des Films erzählen.

3 Lisez-les maintenant en veillant à bien prononcer les sons « *ch* » et « *sch* ». Vous pouvez vous enregistrer.

4 Réécoutez l'enregistrement et vérifiez que vous avez bien réalisé les sons.

TRAINING

GRAMMATIK

LERNTEMPODUETT → p. 19

› Les verbes prépositionnels → p. 144

→ PRÉCIS p. 239

- Certains verbes se construisent avec une préposition obligatoire qui introduit le groupe nominal complément.
  *Wir interessieren uns **für** Kino und französische Filme.*
  *Ich nehme jede Woche **an** der Kino-AG teil.*
- Le pronom interrogatif correspondant est composé : ***wo*** + (***r****) + **la préposition** quand le complément n'est pas une personne :
  ***Worauf** freust du dich?*
  ***Wogegen** engagiert ihr euch?*

* On intercale un « ***r*** » si la préposition commence par une voyelle.

1 **Complétez par la préposition qui convient.**

a. Ich interessiere mich … Kino und nicht besonders … Serien.
b. Mit diesem Film richtet sich der Regisseur … die neuere Generation.
c. Hat Sean Connery schon … einem James-Bond-Film gespielt?
d. Viele Regisseure engagieren sich … einen guten Zweck.

2 **Posez la question sur l'élément souligné.**

Sie nehmen jedes Jahr <u>an diesem Filmfestival</u> teil.
→ Woran nehmen sie jedes Jahr teil?

a. Wir geben gern Geld <u>für 4D-Filme</u> aus. → …
b. Er interessiert sich <u>für Filme</u>. → …
c. Sie freut sich <u>über ihren Preis</u> als beste Schauspielerin. → …
d. Es handelt sich <u>um ein Drama</u>. → …

› Exprimer une préférence → p. 147

→ PRÉCIS p. 232

- Quand on veut dire que l'on aime faire quelque chose, on utilise ***gern*** :
  *In seiner Freizeit geht er **gern** ins Kino.*
- Quand on veut dire que l'on préfère faire quelque chose, on utilise ***lieber*** :
  *Ich sehe **lieber** Science-Fiction-Filme als Komödien.*
  ou au superlatif : ***am liebsten*** quand on a le choix entre plus de deux possibilités :
  ***Am liebsten** gehe ich morgens ins Kino.*
- Si l'on préfère quelque chose, on utilise ***lieber mögen*** ou ***bevorzugen*** :
  *Ich **mag lieber** deutsche Filme. Er **bevorzugt** Dramen.*
- Pour parler de son film préféré, de sa série préférée…, il suffit de faire un mot composé avec ***Lieblings-*** :
  *Mein **Lieblings**schauspieler ist Florian David Fitz.*

3 **Remettez les éléments dans l'ordre. Proposez plusieurs solutions si cela est possible.**

a. ihre Lieblingsschauspielerin – Diane Kruger – ist
b. Filme mit Untertiteln – mein Bruder – bevorzugt
c. allein – lieber – ich – gehe – ins Kino
d. 3D-Filme – sehen – am liebsten – wir – im Multiplexkino

4 **Formulez des phrases en variant les structures pour exprimer la préférence.**

a. Film	b. Filmgenre	c. Schauspieler
♥ *Forrest Gump*	♥ Historienfilme	♥ Elyas M'Barek
✗ *Der Untergang*	✗ Komödien	✗ Moritz Bleibtreu

5 **Répondez aux questions suivantes.**

a. Welchen Film bevorzugen Sie?
b. Wer ist der Lieblingsschauspieler Ihrer Mutter?
c. Mit wem gehen Sie am liebsten ins Kino?
d. Lieben Sie Science-Fiction-Filme?
e. Schauen Sie lieber Komödien oder Dramen?
f. Haben Sie einen Lieblingsregisseur?

Die Berlinale am Gymnasium!

A2-B1 **Ihr Schulleiter möchte während der europäischen Woche die Vorführung von mehreren europäischen Filmen in Originalfassung organisieren. Sie sollen einen deutschen Film auswählen, den sich Ihre Mitschüler ansehen werden.**

- Bilden Sie Gruppen von vier oder fünf Schülern und suchen Sie sich einen Film aus, der nicht in diesem Kapitel behandelt wurde.
- Geben Sie Informationen über den Regisseur, die Hauptdarsteller, die Schauspieler, das Genre, die Handlung, die Musik, den Rhythmus …
- Sagen Sie auch, warum Sie diesen Film geeignet für eine öffentliche Vorführung in der Schule finden.
- Jeder Schüler konzentriert sich auf einen Aspekt der Präsentation. Legen Sie großen Wert auf die Dynamik und die Organisation der Gruppe.

Filmideen

Oh Boy	(2010-2012)	**Der Himmel über Berlin**	(1986-1987)
Vorstadtkrokodile	(2008-2009)	**Die Ehe der Maria Braun**	(1978-1979)
Der Untergang	(2004)	**Fontane Effi Briest**	(1972-1974)
Nirgendwo in Afrika	(2001)	**Aguirre, der Zorn Gottes**	(1972)
Der Tunnel	(2001)	**Der geteilte Himmel**	(1963-1964)
Sonnenallee	(1999)	**M**	(1931)
Lola rennt	(1998)	**Der blaue Engel**	(1929-1930)
Comedian Harmonists	(1997)	**Metropolis**	(1925-1926)

Stratégies

Kino im Gymnasium

- *die Vorführung eines Filmes* la projection d'un film
- *das Drehbuch* le scénario
- *aus/wählen* choisir
- *sich (D) einen Film aus/suchen* choisir un film
- *das Wort haben / ergreifen* / erteilen*
  avoir / prendre / donner la parole

Soigner sa présentation

- *Ich werde euch die Hauptdarsteller präsentieren / vorstellen.*
  Je vais vous présenter les personnages principaux.
- *Jetzt wollen wir den nächsten Aspekt behandeln und zwar die Handlung dieses Filmes.*
  Maintenant, nous allons aborder l'aspect suivant, à savoir l'histoire de ce film.
- *Ich bin dran und habe vor, euch zu erklären, warum dieser Film ein sehr guter Film ist.*
  C'est mon tour et j'ai l'intention de vous expliquer pourquoi ce film est un très bon film.
- *Tom hat gerade über die Handlung gesprochen, nun kommen wir zum nächsten Punkt.*
  Tom vient de parler de l'histoire du film. Maintenant nous passons au point suivant.
- *Nachdem Tina das Filmplakat beschrieben hat, möchte ich über den Handlungsort sprechen.*
  Après que Tina a décrit l'affiche, je voudrais vous parler du lieu de l'action.
- *Und ich erteile Juliette das Wort, damit sie von der Filmmusik sprechen kann.*
  Et je donne la parole à Juliette, afin qu'elle puisse parler de la musique du film.
- *Ich gebe das Wort an Juliette weiter.*
  Je passe la parole à Juliette.
- *Jetzt habe / ergreife ich das Wort. Ich möchte euch meine Lieblingsszene präsentieren.*
  Maintenant j'ai / je prends la parole. Je souhaiterais vous présenter ma scène préférée.

Die Musik ist
die Sprache
der Leidenschaft.
R. Wagner

A Silbermond

Meine Sprache
versteht
die ganze Welt.
J. Haydn

C Wiener Philharmoniker

B Robin Schulz

Ohne Musik wäre
das Leben ein Irrtum[1].
F. Nietzsche

1. der Irrtum *l'erreur*

Wo die Sprache aufhört,
fängt die Musik an.
E. T. A. Hoffmann

Kapitel 12

LA CRÉATION ET LE RAPPORT AUX ARTS

Bühne frei!

Welche Rolle spielt Musik für Jugendliche?

- Expliquer son rapport à la musique. (p. 154)
- Parler de sa pratique musicale. (p. 156)

- Exprimer le but. (p. 155)
- Exprimer la cause. (p. 156)

Projekt

Réaliser un micro-trottoir sur le rôle de la musique. (p. 161)

Fit für die Zertifikation (p. 162)

SPRACHBOX

- die Kommunikation *la communication*
- etw. aus/drücken *exprimer qc*
- eine Botschaft vermitteln *transmettre un message*
- das Gefühl (-e) *le sentiment*
- die Emotion (-en) *l'émotion*
- die Leidenschaft *la passion*
- Es macht Spaß, zu … + inf. *Cela fait plaisir de…*
- sich entspannen *se détendre*
- fröhlich ≠ traurig *joyeux ≠ triste*
- universell *universel*
- lebensnotwendig *indispensable, vital*

→ p. 158

D Sido

Musikwelten

A2 **1** Assoziieren Sie die Fotos mit dem passenden Musikstil:
Klassik – Pop – Rap – Elektro

2 Welche anderen Musikstile kennen Sie?

3 Welches Wort assoziieren Sie spontan mit Musik?

A2-B1 **4** Lesen Sie die Zitate. Welches Zitat gefällt Ihnen am besten? Warum?

Seine Beziehung zu Musik erklären

Musik erleben

A) Pop, Rock oder Rap?

MÉDIATION

PARTNERBRIEFING → p. 18

CD 2 32 MP3 47

A2-B1

1. **PARTNER A** liest die Aussagen der deutschen Jugendlichen.
   PARTNER B hört sich die Vox Pop an.
   Beide Partner machen sich Notizen zu den folgenden Punkten: Musikgeschmack, Begründung.
2. **PARTNER A** und **B** tauschen die Informationen aus.
3. Beide Partner präsentieren der Klasse die Ergebnisse ihres Austauschs.

die Trauer *la tristesse, le deuil* – querbeet *un peu de tout* – die Vorliebe (-n) = die Präferenz (-en)

„Ich höre den ganzen Tag Musik, besonders Pop. Damit kann ich so gut entspannen. Meine absolute Lieblingsband ist Silbermond. Ihre Songs haben sehr oft einen tieferen Sinn[1]. Und die Band engagiert sich sozial und macht aktiv bei vielen Hilfsprojekten mit."

Katrin (16)

„Ich höre vor allem deutschen Rap, zum Beispiel von Sido, oder auch amerikanische Rapper, wie Eminem. Ich finde toll, dass die Rapper oft über ihr persönliches Leben sprechen und meistens auch sehr gesellschaftskritische[2] Texte haben."

Simon (16)

„Ob Hip-Hop, Rock oder Pop, um Stress abzubauen oder zu träumen – Musik ist mein Leben! Ich lerne seit ein paar Jahren Gitarre. Deshalb mag ich vor allem Musiker, die selbst ihre Texte schreiben und die Musik komponieren und auch ein Instrument spielen, wie zum Beispiel Clueso. Außerdem hat er eine geniale, soulige Stimme[3]!"

Michaela (17)

„Musik ist lebenswichtig für mich! Ich mag am liebsten aktuelle Songs, auf Englisch oder Deutsch. Der Musikstil ist mir egal, ich höre alles! Ich sehe auch gern mal Musicals live im Theater. Mein absoluter Favorit ist *Les Misérables:* Die Geschichte ist so spannend!"

Julian (17)

Kultur BOX

Die **Vox Pop** (von lateinisch *vox populi* = „Stimme des Volkes") ist eine beliebte Interviewform, vor allem im Radio. Dabei werden mehrere Personen auf der Straße zufällig und spontan zu einem Thema befragt. Deshalb macht die Vox Pop eine Radiosendung sehr lebendig und dynamisch. Die Länge beträgt zwischen 1 Minute und 1 Minute 30 Sekunden.

1. einen tieferen Sinn haben *avoir un sens plus profond*
2. gesellschaftskritisch sein *porter un regard critique sur la société* 3. die Stimme (-n) *la voix*

B Hörgewohnheiten

A2 **1** Wozu hören Sie Musik? Machen Sie den Test.

A2-B1 **2** Vergleichen Sie Ihr Testergebnis mit dem eines Mitschülers. Erstellen Sie dann das Hörprofil der Klasse.

B1 **3** Welche Musikmedien benutzen Sie, um Musik zu hören? Oder gehen Sie lieber auf Konzerte? Berichten Sie.

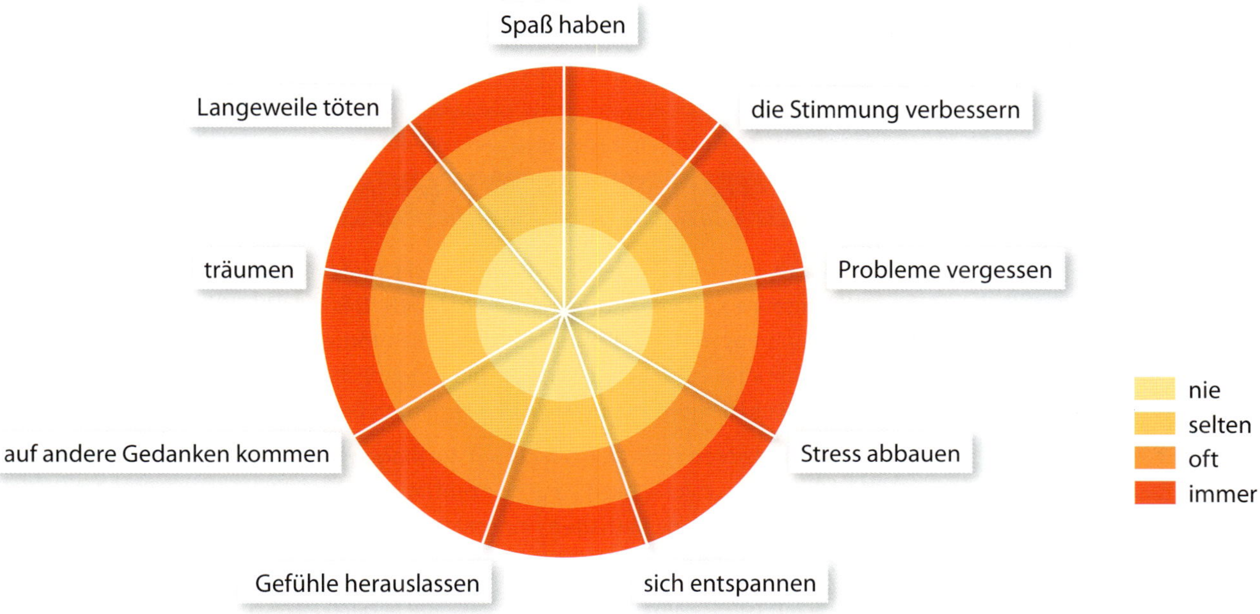

SPRACHBOX

Hörgewohnheiten
- die Gewohnheit (-en) *l'habitude*
- der Musikgeschmack *les goûts musicaux*
- das Lied (-er) = der Song (-s)
- der Schlager (-) *la chanson de variété (en allemand)*
- der Hit (-s) *le hit, le tube*
- die Melodie (-n) *la mélodie*
- der Rhythmus = der Beat *le rythme*
- Musik herunter/laden* *télécharger de la musique*
- Musik online hören *écouter de la musique en ligne*
- Musik über Streaming hören *écouter de la musique en streaming*
- das Webradio *la radio en ligne*
- etw. benutzen *utiliser qc*

Gefühle und Emotionen
- beruhigend *apaisant*
- Sorgen haben *avoir des soucis*
- die Stimmung verbessern *améliorer son humeur*
- Stress ab/bauen *diminuer le stress*
- Gefühle heraus/lassen* *faire sortir les émotions*
- jn auf andere Gedanken bringen* *changer les idées à qn*
- (echt) spannend ≠ langweilig *(vraiment) passionnant ≠ ennuyeux*
- genial ≠ schrecklich *génial ≠ horrible*
- fantastisch ≠ furchtbar *fantastique ≠ affreux*

Zahlen zusammenfassen → p. 66
- **wenige** Schüler *peu d'élèves*
- **einige / ein paar** Jugendliche *quelques adolescents*
- **mehrere** Personen *plusieurs personnes*
- **die meisten** Schüler *la plupart des élèves*

→ p. 158

SPRACHBOX

Dire pourquoi on écoute de la musique
- Ich höre oft Musik, **um zu** träumen.
- Wenn meine Freundin viel Arbeit hat, hört sie Musik, **um** Stress ab**zu**bauen.

→ p. 160

Nun sind Sie dran!

Wie wichtig ist Musik für Sie? Welche Musikstile hören Sie am liebsten, welche gefallen Ihnen gar nicht? Tauschen Sie sich mit einem Mitschüler aus.

Musik macht Schule

A) Jam-Session in der Schule

A2

1. Lesen Sie den Text. Welcher Titel passt zu welchem Absatz?
Sozialer Aspekt Das ist SchoolJam! Musikinstrumente für Schulen Schülerbandfestival
2. Lesen Sie den Text nochmal. Welche Informationen bekommen Sie zu den einzelnen Aspekten?
3. Vergleichen Sie Ihre Ergebnisse mit einem Mitschüler und berichten Sie dann der Klasse.

www.schooljam.de

DAS IST SCHOOLJAM | TEILNAHMEBEDINGUNGEN | NEWS | CHARITY | TRÄGER & PARTNER | PRESSE | RUBRIKEN

SchoolJam ist ein einzigartiges Non-Profit-Projekt zur Förderung[1] der Musik an Schulen sowie zur Unterstützung[2] junger Bands. Das Projekt will die Kultur von Rock- und Popmusik an Deutschlands Schulen fördern. Die Initiative entstand bereits im Sommer 2002. SchoolJam will die Jugendlichen davon überzeugen, wie viel Spaß es bereitet, ein Instrument zu erlernen und in einer Band zu spielen.

Das aktive Musizieren wirkt sich positiv auf die jungen Menschen aus: Kompetenzen wie Kreativität, Geschicklichkeit[3] und Konzentrationsfähigkeit werden ebenso gefördert wie das soziale Verhalten[4] innerhalb einer Gruppe (Kommunikation, Toleranz, Akzeptanz).

Der SchoolJam-Wettbewerb startet stets Mitte September eines Jahres nach Ende der Sommerferien in allen Bundesländern. An über 17 000 Schulen, Musikschulen und Jugendzentren erfolgt dann der Aufruf[5], sich zu beteiligen. Aus den besten 120 Bands werden nur acht am Ende zum Wettbewerbsfinale nach Frankfurt eingeladen. Als Hauptpreis gewinnt die Siegerband je einen Auftritt bei den renommierten Open-Air-Festivals „Hurricane" und „Southside" sowie eine einwöchige China-Reise, um auf der dortigen Musikmesse „Music China" live spielen zu können.

Schulen werden im Rahmen des SchoolJam-Projekts mit Musikinstrumenten unterstützt, insbesondere Schulen in den sozialen Brennpunkten[6] der Städte. Die Finanzierung generiert SchoolJam e.V. durch die Versteigerung[7] handsignierter Instrumente, die Weltstars wie Phil Collins, Peter Frampton, Carlos Santana und Nickelback für den guten Zweck[8] bereitstellen.

1. die Förderung *la promotion* 2. die Unterstützung *le soutien* 3. die Geschicklichkeit *l'habileté* 4. das Verhalten *le comportement* 5. der Aufruf *ici, l'invitation* 6. der soziale Brennpunkt *le quartier sensible* 7. die Versteigerung *la vente aux enchères* 8. der gute Zweck *la bonne cause*

Kultur BOX

Musikfestivals haben in Deutschland eine lange Tradition. Jährlich gibt es im ganzen Land über 500 Festivals, darunter auch einige Schülerfestivals. Neben Klassik kann man dort vor allem Rock und Pop, aber auch Elektro, Rap und Hip-Hop hören.
Eines der größten Festivals ist *Rock am Ring* mit ca. 75 000 Besuchern. Besonderheit: Dieses Festival findet an der berühmten Formel 1-Strecke „Nürburgring" in Rheinland-Pfalz statt.

SPRACH BOX

Justifier ses propos

- Wir möchten zum Rockfestival fahren, **weil** die Bands wirklich toll spielen.
- **Da** er in einer Musikgruppe mitmacht, möchte er am nächsten Festival teilnehmen.
- Das Festival ist super, **denn** es verbindet Musik und Engagement.

→ p. 160

B Im Festivalfieber!

VIDEO

A2 1 Überlegen Sie zu zweit: Was ist für die Organisation eines Musikfestivals wichtig?

A2-B1 2 Was erzählt Chris von der Band *AberHallo* über seine Musikpraxis und die Organisation von SchoolJam? Machen Sie sich Notizen.

3 Was berichten die Bands *Remaining Objectives*, *Dragonflies* und *MONOTONI* über ihre Bühnenerfahrung?

B1 4 Machen Sie selbst auch Musik oder würden Sie gern ein Instrument spielen? Könnten Sie sich vorstellen, an einem solchen Bandwettbewerb teilzunehmen? Berichten Sie der Klasse.

„Das Bett" = Name eines Musikclubs in Frankfurt – die Durchführung *la réalisation* – jn beeindrucken *impressionner qn* – die Orga (*lang. fam.*) = die Organisation – etw. ab/klären *ici, organiser, vérifier qc* – jn begleiten *accompagner qn* – sich wohl fühlen *se sentir bien, à l'aise* – aufgeregt sein *être nerveux, excité*

C Klassik ist klasse!

MÉDIATION

PARTNERBRIEFING → p. 18

CD 2 33

A2 1 Hören Sie sich das Interview mit Isabella und Martin aus dem Musikgymnasium in Graz an. PARTNER A konzentriert sich auf Isabellas Aussagen, PARTNER B auf Martins Informationen.

2 PARTNER A und B machen sich Notizen zu folgenden Punkten: Schule, Musikprojekte, Instrumente, Zukunftspläne der beiden Jugendlichen.

3 Beide Partner tauschen sich über die Ergebnisse aus und präsentieren dann der Klasse diese Ergebnisse.

das Konservatorium *le conservatoire* – die Matura = *le nom du bac en Autriche*

SPRACHBOX

Musikfestival

- das Festival (-s) *le festival*
- das Programm (-e) *le programme*
- der Teilnehmer (-) *le participant*
- der Auftritt (-e) *le passage sur scène*
- auf/treten* *se produire sur scène*
- die Bühne *la scène*
- die Bühnenerfahrung *l'expérience de la scène*
- auf der Bühne stehen* *être sur scène*
- der Wettbewerb *la compétition, le concours*
- veranstalten = organisieren
- an etw. (D) teil/nehmen* = bei etw. (D) mit/machen *participer à qc*
- in … (D) statt/finden* *avoir lieu à, dans…*

Musik machen

- in einer Band, einem Orchester spielen *jouer dans un groupe, un orchestre*
- das Mitglied (-er) *le membre*
- ein Instrument spielen *jouer d'un instrument*
- das Klavier *le piano*
- die Geige = die Violine *le violon*
- die (E-)Gitarre *la guitare (électrique)*
- das Schlagzeug *la batterie*
- der Gesang *le chant*
- der Sänger/in *le chanteur / la chanteuse*
- sich etw. (D) widmen *se consacrer à qc*

→ p. 158

Nun sind Sie dran!!

Sprechen Sie mit einem Mitschüler: Würden Sie gern auf ein solches Gymnasium gehen? Denken Sie auch an andere mögliche Schwerpunkte wie Sport, Mode oder Kunst und begründen Sie Ihren Standpunkt.

TRAINING

WORTSCHATZ

Bühne frei!

Musikstile und Instrumente

A2
- die Popmusik *la pop*
- die klassische Musik = Klassik *la musique classique*
- die elektronische Musik = Elektro *la musique électronique*
- das Lied (-er) = der Song (-s) *la chanson*
- der Schlager (-) *la chanson de variété (en allemand)*
- der Hit (-s) *le hit, le tube*
- die Stimme (-n) *la voix*

A2-B1
- der Musikgeschmack *le goût musical*
- die Gewohnheit (-en) *l'habitude*
- das Klavier *le piano*
- die Geige = die Violine *le violon*
- die (E-)Gitarre *la guitare (électrique)*
- das Schlagzeug *la batterie*

Gefühle und Emotionen

A2
- froh ≠ deprimiert *content ≠ déprimé*
- glücklich ≠ unglücklich *heureux ≠ malheureux*
- fröhlich ≠ traurig *joyeux ≠ triste*

A2-B1
- Sorgen haben *avoir des soucis*
- die Stimmung verbessern *améliorer son humeur*
- Stress ab/bauen *diminuer le stress*
- Gefühle heraus/lassen* *faire sortir les émotions*
- jn auf andere Gedanken bringen* *changer les idées à qn*
- sich langweilen *s'ennuyer*
- beruhigend *apaisant*
- sich entspannen = chillen *se détendre*
- an etw. (D) Spaß haben *prendre plaisir à qc*
- Es macht mir Spaß. *Cela m'amuse.*
- etw. erleben *vivre, éprouver qc*
- etw. macht jn traurig, nachdenklich *qc rend qn triste, songeur*

Musikfestival

A2
- das Festival (-s) *le festival*
- das Programm (-e) *le programme*
- die Bühne *la scène*

A2-B1
- der Teilnehmer (-) *le participant*
- an etw. (D) teil/nehmen* = bei etw. (D) mit/machen *participer à qc*
- der Auftritt (-e) *le passage sur scène*
- auf/treten* *se produire sur scène*
- der Wettbewerb *la compétition, le concours*
- veranstalten = organisieren
- die Bühnenerfahrung *l'expérience de la scène*
- auf der Bühne stehen* *être sur scène*
- in … (D) statt/finden* *avoir lieu, à, dans…*

Aktivitäten rund um Musik

A2
- ein Instrument spielen *jouer d'un instrument*
- singen*; der Gesang *chanter ; le chant*
- Musik machen = musizieren *faire de la musique*
- der Unterricht *les cours*

A2-B1
- Musik herunter/laden* *télécharger de la musique*
- Musik online hören *écouter de la musique en ligne*
- Musik über Streaming hören *écouter de la musique en streaming*
- das Webradio *la radio en ligne*
- etw. benutzen *utiliser qc*
- ins Konzert, in die Oper gehen* *aller au concert, à l'opéra*
- die Vorstellung (-en) *la représentation*
- proben; die Probe *répéter ; la répétition*
- üben *s'entraîner*
- in einer Band, in einem Orchester spielen *jouer dans un groupe, un orchestre*
- die Toleranz *la tolérance*
- der Respekt *le respect*
- einander zu/hören *écouter l'autre*

Comprendre les consignes

- Vergleichen Sie Ihr Ergebnis mit dem eines Mitschülers / einer Mitschülerin. *Comparez votre résultat avec celui d'un/e camarade.*
- Tauschen Sie sich mit einem Mitschüler darüber aus. *Échangez avec un camarade à ce sujet.*
- Gestalten Sie Ihr eigenes Interview. *Réalisez votre propre interview.*

ÜBUNGEN

1 Trouvez l'intrus.

a. das Klavier – die Geige – das Schlagzeug – das Konzert – die Gitarre
b. Klassik – Elektro – Gesang – Pop – Rock
c. üben – proben – spielen – chillen – musizieren
d. das Festival – auftreten – die Bühne – die Band – das Streaming

2 Trouvez le contraire.

a. Spaß haben ≠ …
b. fröhlich sein ≠ …
c. etw. genial finden ≠ …
d. spannend ≠ …
e. wichtig ≠ …

3 Complétez les expressions suivantes par le verbe adéquat.

abbauen – herauslassen – herunterladen – stehen – verbessern

a. auf der Bühne …
b. Gefühle …
c. Stress …
d. Musik …
e. die Stimmung …

4 Complétez le texte à partir des mots suivants.

Bühne – chillen – Gedanken – Gitarre – herunterladen – Konzert – Lieblingsband – Stress – traurig – verbessern

Hallo Leute! Gestern bin ich ins … gegangen. Es war echt toll! Meine … hat gespielt. Das war richtig super, um zu … . Die Sängerin hat eine wirklich geniale Show geliefert: Sie hat gesungen, getanzt und auch … gespielt! Es muss echt genial sein, auf der … zu stehen. Mit den Songs der Band kann ich super … abbauen und sie bringen mich auf andere … . Wenn ich mal … bin, dann … die Songs sofort meine Stimmung. Ich werde mir gleich ihr neues Album im Internet …! Bis bald.

EXTRA

A2 5 Waren Sie schon einmal im Konzert oder in der Oper? Erzählen Sie.

B1 6 Wer ist Ihre Lieblingsband? Erzählen Sie, wie Sie die Band entdeckt haben, was Ihnen an ihr gefällt und in welchen Situationen Sie ihre Songs hören.

SPRACHMELODIE

CD 2 34 MP3 48

La prononciation du « *s* »

- Le « *s* » se prononce « **z** »
  - en début de mot devant une voyelle : *singen*
  - entre 2 voyelles : *die Musik*
  - entre « *l* », « *m* », « *n* », « *r* » et une voyelle : *also*
- Dans les autres cas, le « *s* » se prononce comme un double « **s** » en français : *das Festival*
  En particulier :
  - en fin de mot : *der Preis*
  - à l'intérieur de la double consonne : *die Klassik*

1 Écoutez ces mots et répétez-les.

die klassische Musik – das Festival – singen – der Bass – die Sängerin – das Orchester – der Solokünstler – musizieren

2 Écoutez attentivement ces deux phrases.

Der Pianist musiziert als Solist mit einem großen Orchester.
Beim Musikfestival sieht man verschiedene Instrumente.

3 Lisez-les maintenant en veillant à bien prononcer le « *s* ». Vous pouvez vous enregistrer.

4 Réécoutez l'enregistrement et vérifiez que vous avez bien réalisé les sons.

TRAINING

GRAMMATIK

LERNTEMPODUETT → p. 19

Exprimer le but → p. 155

→ PRÉCIS p. 234, 235

- La proposition infinitive de but avec ***um … zu***
  On l'utilise lorsque le sujet de la proposition principale et celui de la subordonnée sont identiques.
  Proposition principale et subordonnée sont séparées par une virgule. Pour les verbes à préverbe séparable, ***zu*** se met entre le préverbe et le verbe.
  *Sie übt jeden Tag Gitarre, **um** besser **zu** werden.*
  *Ich höre Musik, **um** Gefühle heraus**zu**lassen.*
- La proposition subordonnée de but avec ***damit***
  On l'utilise lorsque le sujet de la proposition principale et celui de la subordonnée sont différents.
  Proposition principale et subordonnée sont séparées par une virgule. Le verbe est conjugué et en dernière position.
  *Er spielt zu Hause oft Klavier, **damit** seine Eltern seine Fortschritte hören.*

1 (*) **Répondez aux questions en utilisant les réponses entre parenthèses et *um … zu*.**
a. Wozu hörst du Musik? (Spaß haben)
b. Wozu gehst du ins Konzert? (meine Lieblingsband live sehen)
c. Wozu spielst du Schlagzeug? (bald mit einer Band auftreten)
d. Wozu kaufst du dir ein Opernticket? (eine Vorstellung der *Zauberflöte* erleben)

2 (**) **Reliez les propositions en utilisant *damit* ou *um … zu*.**
a. Er übt jeden Tag auf seiner Gitarre. Er möchte ein Rockstar werden.
b. Die Eltern wollen mit ihrem Sohn sprechen. Er soll die Musik leiser machen.
c. Sie surft oft im Internet. Sie möchte Musik herunterladen.
d. Sie singt zu Hause nie. Ihr Bruder soll in Ruhe für die Schule arbeiten.

Exprimer la cause → p. 156

→ PRÉCIS p. 234, 236

- Les conjonctions de subordination ***weil*** (parce que) et ***da*** (puisque)
  Le verbe conjugué est en dernière position. Proposition principale et subordonnée sont séparées par une virgule.
  *Das Rockfestival ist toll, **weil / da** dort viele junge Bands auftreten.*
- La conjonction de coordination ***denn*** (car)
  Cette conjonction est en position zéro et n'a donc pas d'influence sur la place du verbe conjugué. Les deux propositions sont séparées par une virgule.
  *Die Schülerband gewinnt den Wettbewerb, **denn** sie spielen fast wie Profis.*
- L'adverbe ***deshalb*** (c'est pourquoi)
  *Sie liebt Musik. **Deshalb** möchte sie Gesang studieren.*
- L'expression ***aus diesem Grund*** (pour cette raison)
  *Die Band spielt oft auf Konzerten. **Aus diesem Grund** hat sie schon viel Bühnenerfahrung.*

3 (*) **Répondez aux questions en utilisant *weil*, *da* ou *denn* et les éléments entre parenthèses.**
a. Warum gehst du ins Konzert? (meine Lieblingsband spielt dort)
b. Warum hörst du gern Opern? (Opern erzählen spannende Geschichten)
c. Warum magst du Rap? (die Texte sind oft gesellschaftskritisch)

4 (**) **Écrivez la suite des phrases en mettant les éléments entre parenthèses dans le bon ordre. Attention à la ponctuation.**
a. Sie studiert Musik … (weil – Gesangslehrerin – möchte – werden – sie)
b. Die Orchestermusiker proben jede Woche … (ein Konzert – spielen – da – bald – sie)
c. Musizieren ist positiv für das Schulklima … (die Schüler – denn – Toleranz – lernen)
d. Chris arbeitet in der Festivalorganisation … (ist – aus diesem Grund – die Kontaktperson – er – für die Musiker)

5 (***) **Reliez les phrases en utilisant l'élément entre parenthèses.**
a. Musizieren ist positiv für junge Menschen. Es fördert Kreativität und Konzentration. (weil)
b. Ein Musikgymnasium ist eine besondere Schule. Es gibt dort viele Stunden Musikunterricht. (denn)
c. Die Initiative SchoolJam ist toll. Sie verbindet Musik und Solidarität. (da)

Vox Pop: die Rolle der Musik?

A2-B1

- Gestalten Sie in Vierergruppen Ihre eigene Vox Pop.
- Ein Schüler / Eine Schülerin ist der Interviewer / die Interviewerin und stellt den anderen Schülern der Gruppe Fragen zu folgenden Punkten:
  Lieblingsmusik – Hörgewohnheiten – Musikmedien – eigene Musikpraxis – Rolle der Musik im Alltag
- Die interviewten Schüler sollen ihre Meinung auch begründen.
- Ihre Vox Pop soll maximal 1′30″ dauern.
- Sie können Ihre Vox Pop mit dem Smartphone aufnehmen.
- Vergleichen Sie dann die verschiedenen Produktionen in der Klasse.

Stratégies

Avant les interviews

- Pensez à répartir clairement les rôles dans votre groupe (intervieweur, personnes interviewées).
- Votre Vox Pop doit être spontanée et dynamique. Il ne faut donc rédiger ni les questions ni les réponses à l'avance mais essayer de réagir aux questions en direct !

Pendant les interviews

- Pour rendre vos réponses plus spontanées et « idiomatiques », vous pouvez utiliser les interjections suivantes en début de phrase :

nun *alors*

tja *eh bien*

na ja *bon d'accord*

okay *d'accord*

gut *bon*

also *donc*

- Pour expliquer votre musique préférée, vous utiliserez l'expression du goût :
  – *Also, ich finde Hip-Hop (echt) genial!*
  Donc, je trouve le hip-hop (vraiment) génial !
  – *Elektro gefällt mir (überhaupt) nicht.*
  L'électro ne me plaît pas (du tout).
  – *Ich höre lieber Klassik als Rock.*
  Je préfère écouter de la musique classique au rock.
  – *Aber am liebsten mag ich Metal.*
  Mais c'est le metal que j'aime le plus.

› Fit für die Zertifikation

ENTRAÎNEMENT AUX ÉPREUVES COMMUNES EN COURS D'ANNÉE

Schriftliche Interaktion

In einer Jugendzeitschrift gibt es eine Diskussion zum Thema Kino und Filme.

Janine

„Ich liebe Filme. Ich gehe jeden Mittwoch mit Freunden oder mit meinem Bruder ins Kino. Ich finde, es ist jedes Mal ein besonderes Erlebnis, wenn ich den Rest des Tages oder meine Probleme vergesse. Filme auf einer großen Leinwand sind einfach viel besser als sich einen Film auf dem Laptop anzusehen. Ich könnte auf Filme im Kino nicht verzichten."

Nils

„Als ich klein war, hat mein Vater mir ein paar James-Bond-Filme gezeigt. Seitdem ist das ein Ritual geworden. Wennein James-Bond-Film im Kino läuft, gehen mein Vater und ich zusammen ins Kino. Mit meinen Freunden sehen wir uns gern amerikanische oder deutsche Komödien an."

Barbara

„Ich gehe immer sehr gern ins Kino, weil ich finde, dass das sehr unterhaltsam ist. Ich mag entweder Komödien oder Actionfilme. Für mich bedeutet Kino Spaß und Freizeit. Deswegen sehe ich mir gern einen Film an, wenn ich ein bisschen traurig bin oder wenn ich mich langweile. Ich weiß, es bringt mir gute Laune!"

- **Erzähle, wie wichtig Kino und Filme in deinem Leben sind. Gehst du oft ins Kino? Was bringen dir Filme? Welche Filme haben dich besonders beeindruckt?**

Donnez des exemples précis issus de votre propre expérience au cinéma et tirés de films qui vous ont particulièrement touché ou plu.

Mündliche Kommunikation

- **Wähle ein Thema aus und bereite ein kurzes Referat vor. Du solltest auch einen Gegenstand mitbringen, der dein Thema illustriert.**
  – deine Lieblingsband
  – deine persönliche Musikpraxis
  – ein besonderer Konzertbesuch (Festival, Oper, Open Air-Konzert …)

Pour illustrer votre exposé, vous pouvez préparer un diaporama, montrer des photos et expliquer l'objet que vous aurez apporté (par exemple : un t-shirt avec votre groupe préféré, les tickets d'un concert…).
N'oubliez pas de structurer clairement votre présentation.
Voici quelques expressions utiles :
Ich möchte heute … vorstellen. / Mein Thema ist …
Zuerst möchte ich … / Danach spreche ich über … /
Schließlich erkläre ich …
Zum Schluss möchte ich sagen …

Mündliche Interaktion

- **Bei der mündlichen Prüfung sollst du auch Fragen des Prüfers beantworten. Übt in Zweiergruppen und antwortet abwechselnd auf diese Fragen:**
  – Interessierst du dich für Musik? Erzähle!
  – Welche Musik hörst du gern? Warum?
  – Hast du eine Lieblingsband? Warum magst du sie so sehr?
  – Spielst du ein Musikinstrument? Wie hast du das gelernt?
  – Welches Instrument würdest du gern spielen? Warum?

Pour justifier vos réponses, vous devez utiliser l'expression de la cause. (→ p. 160)
Voici un petit rappel (attention à la place du verbe !) :
weil (parce que) / *da* (puisque)
denn (car)
deshalb (c'est pourquoi)
aus diesem Grund (pour cette raison)
Das ist der Grund, warum …
(C'est la raison pour laquelle…)

Leseverstehen

Lies die Texte (A – C) und die Überschriften (1 – 5). Was passt zusammen?
Zwei Überschriften bleiben übrig.

Il ne peut y avoir qu'un seul titre par texte. Si vous hésitez, notez plusieurs solutions et continuez à réfléchir. Par élimination, vous trouverez sans aucun doute la bonne combinaison !

A

Wenn ich weiß, dass wir ins Kino gehen, freue ich mich immer auf einen angenehmen Abend vor einem guten Film mit meiner Familie oder meinen Freunden. Am häufigsten gehe ich mit meinen Freunden ins Kino, aber wenn mein Vater frei hat, genießt er es, einen Nachmittag mit mir im Kino zu verbringen.

B

Kino bedeutet Spezialeffekte, amerikanische Blockbuster, laute Musik und schnellen Rhythmus, ohne Langeweile. Trotzdem muss man gestehen, dass echtes Abenteuer einen Preis hat. Jedes Mal, wenn ich mir einen Film im Kino ansehe, merke ich, wie teuer die Kinokarten geworden sind.

C

Wir haben keine Lust mehr, ins Kino zu gehen, neben unhöflichen Personen zu sitzen, die laut sprechen, ständig auf ihr Handy schauen und uns den Film verderben. Das geht uns auf die Nerven. Deswegen investieren wir lieber unser Geld in eine riesige Leinwand und einen Beamer.

1	Ein teures Erlebnis
2	In einen Kinobesuch investieren
3	Familienfreude
4	Kino bedeutet Spaß
5	Kino zu Hause

Hörverstehen

CD 2 35-37 MP3 49-51

Welchen Film?

Du hörst gleich drei kurze Berichte über Filme, die die Schüler am Wochenende gesehen haben. Lies zuerst die Liste mit den Überschriften (A – E). Notiere beim Hören zu jedem Bericht den richtigen Buchstaben.
Zwei Buchstaben bleiben übrig.

A	Goethe als Regisseur
B	Faszination für eine Schauspielerin
C	Sissi-Fan
D	Alexander Fehling spielt Goethe
E	Französischer Erfolg

Prenez des notes pendant l'écoute. Écrivez les mots que vous comprenez, les noms propres, les verbes qui déterminent l'action.

BAHNHOF FRIEDRICHSTRASSE
DB
Dussmann
Dussmann
U
richstraße
147 S+U Friedrichstr

Kapitel 13

SAUVER LA PLANÈTE, PENSER LES FUTURS POSSIBLES

Mobiler, grüner

Inwiefern ist unsere Mobilität nachhaltig?

- S'interroger sur l'avenir de l'automobile. (p. 166)
- Proposer des solutions pour des déplacements plus écologiques. (p. 168)

- Les particules verbales séparables. (p. 167)
- Émettre des hypothèses – La comparaison. (p. 168)

SPRACHBOX

- das Verkehrsmittel (-) *le moyen de transport*
- die öffentlichen Verkehrsmittel *les transports en commun*
- die Bahn ≃ der Zug (¨-e) *le train*
- die Straßenbahn *le tramway*
- die S-Bahn = die Schnellbahn *le train de banlieue*
- die U-Bahn = *le métro*
- die (Bus)haltestelle *l'arrêt (de bus)*
- das Fahrrad (¨-er) *le vélo*

→ p. 170

Projekt

Améliorer les déplacements dans son quartier. (p. 173)

MÉDIATION GALERIEGANG

Fit für die Zertifikation (p. 185)

Wir fahren!

A1 1 Schauen Sie sich das Bild an. Welche Verkehrsmittel sehen Sie? Überlegen Sie, was die Symbole U, S, H und DB bedeuten.

A2-B1 2 Erklären Sie, welches dieser Verkehrsmittel für Sie das ideale Verkehrsmittel ist.

1 2 Projekt

Über die Zukunft des Autos nachdenken

Verkehrsmittel im Alltag

A Mobile Jugend

A2 1 Junge Deutsche haben geschrieben, welches ihr Lieblingsverkehrsmittel ist. Notieren Sie ihre Argumente.

B1 2 Sind Sie damit einverstanden?

„Ich liebe es, Bahn zu fahren, denn ich liebe es, die Menschen zu beobachten[1].“ *Lea*

1. beobachten *observer*

„Ich fahre eigentlich immer Fahrrad, auch wenn es regnet oder schneit. Das ist einfach das Schnellste und es ist vor allem kostenlos.“ *Maxim*

„Mit dem Führerschein bin ich total unabhängig. Wenn ich zum Beispiel nachts um drei Uhr Hunger auf einen Hamburger habe, kann ich einfach fahren.“ *Sarah*

„Mit dem Flugzeug kommt man schnell und gemütlich von einem Ort zum anderen, ohne lange im Auto sitzen zu müssen.“ *Thomas*

SPRACHBOX

Vorteile von Verkehrsmitteln +
- kostenlos *gratuit*
- gemütlich *confortable, cosy*
- unabhängig *indépendant*
- umweltfreundlich *écologique*

Nachteile von Verkehrsmitteln –
- einen Führerschein brauchen *avoir besoin d'un permis de conduire*
- gefährlich *dangereux*
- die Abgase *les gaz d'échappement*
- viel kosten = teuer sein *coûter beaucoup d'argent = être cher*

mit wem ich fahre
- jn ab/holen *venir chercher qn*
- jn mit/nehmen*; bei jm mit/fahren* *emmener qn ; se faire emmener par qn*
- eine Mitfahrgelegenheit nehmen* *faire du covoiturage*

wohin ich fahre
- weg/gehen*, aus/gehen* ; auf eine Party gehen* *sortir ; aller à une fête*
- zum Training, zur Musikschule, zu Freunden fahren* *aller à l'entraînement, à l'école de musique, chez des amis*

argumentieren → p. 51

→ p. 170

B Abends nach Hause kommen

CD2 38

A2

1. Wenn Jugendliche weggehen, stellt sich immer die Frage, wie sie abends nach Hause kommen. Hören Sie zu und notieren Sie, was die Jugendlichen aus Traunstein geantwortet haben.
2. Schreiben Sie eine E-Mail an Ihren Austauschpartner und erzählen Sie, wie Sie nach Ihren Freizeitaktivitäten (Sport, Shopping, Party …) nach Hause kommen.

C Führerschein? Nein danke!

A2

1. Lesen Sie den Text und notieren Sie, welche Vor- und Nachteile ein Auto hat und welche Alternativen es zum Auto gibt.
2. Sprechen Sie mit Ihrem Partner / Ihrer Partnerin darüber, ob er / sie mit 18 den Führerschein machen will und warum/warum nicht. Notieren Sie seine / ihre Antworten und präsentieren Sie sie der Klasse.

Der Führerschein, ein eigenes Auto, die große Freiheit? Nö, meinen immer mehr 18-Jährige. Drei Jugendliche sagen, warum sie keine Lust auf den Führerschein haben.

Praktikantin Malina, 18: Autofahren ist mir nicht wichtig
Die meisten meiner Freunde haben den Führerschein schon, ich nicht. Autofahren finde ich wegen der Abgase nicht gut. Und wenn ich nach Düsseldorf will, bin ich mit den öffentlichen Verkehrsmitteln genauso schnell wie mit dem Auto.

Schüler Benjamin, 18: zu teuer
Es ist einfach zu teuer. Wenn ich als Schüler 500 Euro im Monat für ein Auto ausgebe, ist das sehr viel. Ich fahre lieber mit dem Fahrrad. Aber ich glaube, dass ich irgendwann einen Führerschein machen muss, weil das für viele Jobs wichtig ist.

Studentin Kimberley, 18: lieber mit der Mitfahrgelegenheit
Ich komme vom Land. Dort haben die Jugendlichen ein Auto gebraucht, um unabhängig zu sein. Heute muss ich für meinen Nebenjob oft nach München und Berlin. Dafür nehme ich meist Mitfahrgelegenheiten. Das geht gut und ist umweltfreundlich. Im Moment brauche ich einfach keinen Führerschein.

Christian Engel, www.spiegel.de, 21. 07. 2015

Kultur BOX

Raus aus dem Auto, rein in die Bahn

Deutschland will Autos, die viel verschmutzen, aus den Städten verbannen[1]. So sollen alte Diesel-Autos ab September 2019 in Stuttgart nicht mehr fahren. Einige Städte möchten auch, dass öffentliche Verkehrsmittel gratis werden. Um mit Bus oder Bahn zu fahren, braucht man dann kein Ticket mehr zu kaufen.

1. verbannen *bannir*

SPRACH BOX

Les particules verbales séparables

Dans une phrase énonciative (principale ou indépendante) :
- **ab/holen:** Mein Vater **holt** mich von der Schule **ab**.
- **los/fahren:** Morgen **fahren** wir **los**.

Dans une subordonnée :
- **weg/gehen:** Wenn ich abends **weggehe**, fahre ich mit dem Fahrrad.
- **mit/nehmen:** Ich möchte den Führerschein machen, weil ich meine Freunde im Auto **mitnehmen** möchte.

→ p. 172

Nun sind Sie dran!

Hat das Auto als Verkehrsmittel Zukunft? Schreiben Sie einen Artikel für die Schülerzeitung.

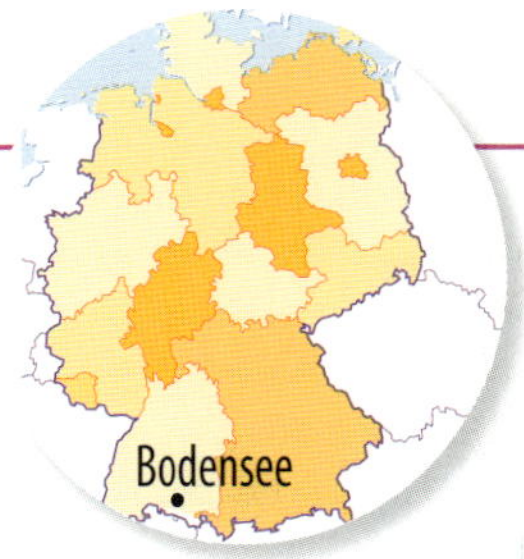

Verkehrsmittel der Zukunft

A Der CO_2-Ausstoß im Vergleich

A2
1. Sehen Sie sich die Statistik an. Vergleichen Sie die Umweltbilanz der verschiedenen Verkehrsmittel.
2. Berechnen Sie die CO_2-Bilanz für Ihren Schulweg. Vergleichen Sie Ihre CO_2-Bilanz mit der Ihrer Klassenkameraden.

CO_2-AUSSTOß IN GRAMM PRO KILOMETER PRO PASSAGIER

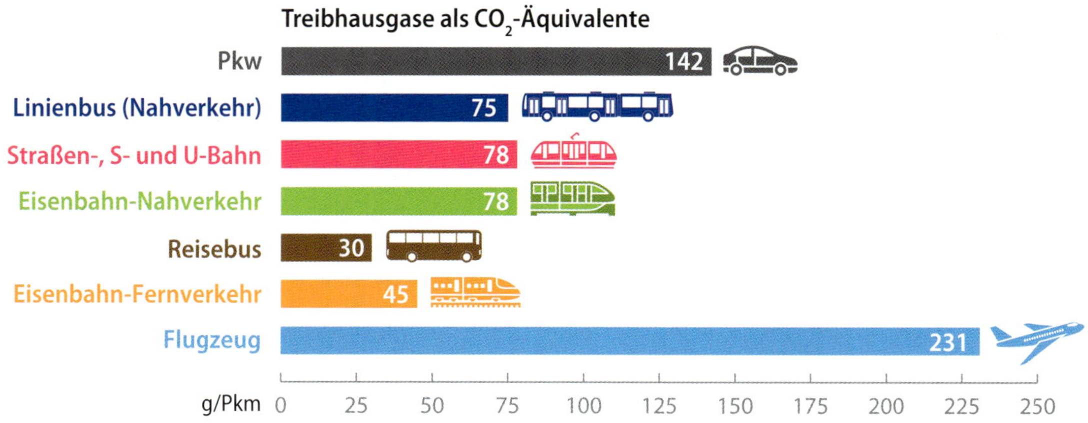

der Nahverkehr *les transports urbains* – der Fernverkehr *les grandes lignes*

www.umweltbundesamt.de

B Die Mitfahrerbank

VIDEO

A2
1. Sehen Sie sich das Video an und notieren Sie alle Informationen über die Mitfahrerbank.
2. Erklären Sie, wie die Mitfahrerbank funktioniert und was die Leute dazu meinen.

B1
3. Was halten Sie von dieser Idee? Würden Sie die Bank benutzen? Warum/Warum nicht?

SPRACHBOX

Émettre des hypothèses → p. 228

Pour envisager une éventualité, on peut recourir au subjonctif II.
- Ich **würde** die Bank **benutzen**.
- Ich **hätte** Angst.
- Ich **wäre** schüchtern.

Comparer

Le comparatif d'égalité
- Der Zug stößt **so viel** CO_2 aus **wie** der Bus.
- Der Bus ist **so** umweltfreundlich **wie** der Zug.

Le comparatif de supériorité
- Das Auto stößt **mehr** CO_2 aus **als** der Bus.
- Der Bus ist umweltfreundlich**er als** das Auto.

Le superlatif
- Das Flugzeug stößt **am meisten** CO_2 aus.
- Das Fahrrad ist **am** umweltfreundlich**sten**.

→ p. 172

C „Duschen im Büro"

B1

1. Welche Verkehrsmittel möchte Weert Canzler stärken und warum?
2. Nennen Sie drei Maßnahmen, um das Fahrradfahren attraktiver zu machen.
3. Was ist Canzlers Meinung zum Auto?

Der Mobilitätsforscher Weert Canzler erklärt im Interview mit dem Deutschlandfunk, wie die Mobilität der Zukunft aussehen wird.

Barenberg: Werden jetzt die Autos aus den Innenstädten verbannt?

Canzler: Wir brauchen weniger Autos in der Stadt. Wir brauchen mehr Elektromobilität. Und dann brauchen wir natürlich eine Stärkung der Verkehrsmittel, die überhaupt keine Schadstoffe ausstoßen, nämlich das Fahrradfahren und das zu Fuß gehen. Da geht es nicht nur um schlechte Luft; da geht es auch um Lärm. Das sind die Zukunftsfragen.

Barenberg: Bessere öffentliche Verkehrsmittel, mehr Linien, Carsharing, Leihfahrräder, mehr Radwege. Ist das das Wichtigste?

Canzler: Ja, aus meiner Sicht sind das die wichtigsten Schritte, die jetzt kommen müssen. Das heißt, wir brauchen vor allen Dingen sichere, gute Verkehrsinfrastruktur für Fahrräder. Wir brauchen gute Abstellplätze auch zum Beispiel für Pedelecs[1], die ja für viele Pendler[2] eine Alternative zum Auto sind. Wenn wir gute Fahrradwege haben, wenn wir die Möglichkeit haben, diese Fahrräder sicher abzustellen, wenn wir die Möglichkeit haben, in den Büros zu duschen, dann wird Fahrradfahren attraktiv.

Und wir wissen, dass 40 Prozent aller Wege in der Stadt unter fünf Kilometer sind. Aber viele trauen sich[3] nicht aufs Fahrrad, weil sie sagen, das ist unsicher und ich weiß nicht, wo ich das Rad abstellen soll.

Barenberg: Wenn wir an die Liebe der Deutschen zum Auto denken und das Freiheitsgefühl, ist das realistisch, ein Abstellplatz für Fahrräder in einer Stadt, dort, wo bisher ein Parkplatz war?

Canzler: Ja. Natürlich gibt es immer noch Leute, die Autos klasse finden und die ihr Auto lieben. Aber für viele ist das doch ein Alltagsgegenstand[4]. Die große Liebe? Ich meine, das ist für viele Vergangenheit.

Jasper Barenberg, www.deutschlandfunk.de, 28. 02. 18

1. das Pedelec = das Elektro-Fahrrad 2. der Pendler (-) *celui qui fait la navette* 3. sich etw. trauen *oser qc* 4. der Alltagsgegenstand *l'objet du quotidien*

SPRACHBOX

die Umwelt
- CO_2 aus/stoßen* *émettre du CO_2*
- die Schadstoffe *les polluants*
- klimafreundlich *respectueux du climat*
- dem Klima, der Umwelt schaden *nuire au climat, à l'environnement*
- zum Treibhauseffekt bei/tragen* *contribuer à l'effet de serre*
- der Lärm *le bruit*
- die schlechte Luft *l'air pollué*

vergleichen
- im Vergleich zu = verglichen mit *comparé à*
- im Unterschied zu = anders als *à la différence de*

trampen
- trampen *faire du stop*
- etw. benutzen *utiliser qc*
- bereit sein, jn mitzunehmen* *être prêt à emmener qn*

rund ums Fahrrad
- der Radweg (-e) *la piste cyclable*
- der Abstellplatz (¨-e) *l'abri vélo, l'aire de stationnement*
- das Leihfahrrad (¨-er) *le vélo en libre service*

→ p. 170

Nun sind Sie dran!

Auf dieser Doppelseite geht es um Ideen, um unser Verkehrssystem umweltfreundlicher zu machen. Welche Ideen halten Sie für realisierbar, welche nicht? Begründen Sie Ihre Antwort.

WORTSCHATZ

Mobiler, grüner

Verkehrsmittel

A2
- das Auto (-s); mit dem Auto *la voiture ; en voiture*
- das Fahrrad (¨-er); mit dem Fahrrad *le vélo ; en vélo*
- das Flugzeug (-e); mit dem Flugzeug *l'avion ; en avion*
- der Bus (-se); mit dem Bus *le bus ; en bus*
- der Zug (¨-e); die Bahn; mit dem Zug *le train ; en train*

A2-B1
- ein Verkehrsmittel benutzen *utiliser un moyen de transport*
- die (öffentlichen) Verkehrsmittel *les transports (en commun)*
- die Straßenbahn *le tram*
- die U-Bahn = die Untergrundbahn *le métro*
- die S-Bahn = die Schnellbahn *le train de banlieue*
- die Deutsche Bahn *la société des chemins de fer allemands*

die Verkehrsinfrastruktur

A2
- der (Haupt)bahnhof (¨-e) *la gare (centrale)*
- der Flughafen *l'aéroport*
- die (Bus)haltestelle (-n) *l'arrêt (de bus)*
- eine Straße (-n) bauen *construire une route*

A2-B1
- die Verkehrsinfrastruktur *l'infrastructure des transports*
- verbessern *améliorer*
- einen Radweg an/legen *aménager une piste cyclable*
- sein Fahrrad ab/stellen *déposer son vélo*
- der Abstellplatz (¨-e) *le parking à vélos*
- eine neue Buslinie schaffen* *créer une nouvelle ligne de bus*

Verkehrsmittel teilen

A2-B1
- jn ab/holen *aller chercher qn*
- bei jm mit/fahren* *se faire conduire en voiture par qn*
- jn mit/nehmen* *emmener qn*
- eine Mitfahrgelegenheit nehmen* *faire du covoiturage*
- trampen *faire du stop*
- das Car-Sharing *le service d'autopartage*
- das Leihfahrrad (¨-er) *le vélo en libre service*

Vorteile von Verkehrsmitteln

A2
- schnell *rapide*
- kostenlos *gratuit*
- billig *bon marché*

A2-B1
- unabhängig *indépendant*
- gemütlich *confortable, cosy*
- umweltfreundlich, klimafreundlich *écologique, respectueux du climat*
- entspannt *détendu*
- pünktlich *à l'heure*

Nachteile von Verkehrsmitteln

A2
- langsam *lent*
- teuer *cher*
- gefährlich *dangereux*

A2-B1
- die Luft verschmutzen *polluer l'air*
- die Abgase *les gaz d'échappement*
- der Lärm *le bruit*
- Schadstoffe aus/stoßen* *émettre des polluants*
- dem Klima, der Umwelt schaden *nuire au climat, à l'environnement*
- umweltschädlich *polluant*
- zum Treibhauseffekt bei/tragen* *contribuer à l'effet de serre*

von A nach B kommen

A2
- zu Fuß gehen* *aller à pied*
- mit dem Fahrrad, Auto, Bus fahren* *aller à vélo, en voiture, en bus*
- fliegen* *voler*

A2-B1
- den Bus verpassen *rater le bus*
- auf den Bus warten *attendre le bus*
- fährt alle zehn Minuten *circule toutes les dix minutes*
- fährt stündlich / 3-mal täglich *circule une fois par heure / 3 fois par jour*
- um/steigen* *avoir une correspondance*
- den Führerschein machen *passer le permis*

Comprendre les consignes

- Überlegen Sie … *Réfléchissez…*
- Erklären Sie … *Expliquez…*
- Was halten Sie davon? *Qu'en pensez-vous ?*
- Erarbeiten Sie … *Élaborez…*

ÜBUNGEN

1 Classez les moyens de transport selon les catégories suivantes : sur rail – sur la route – transports non terrestres.
die U-Bahn – das Auto – der Zug – das Flugzeug – der Bus – die S-Bahn – das Schiff – die Straßenbahn – das Fahrrad

2 Trouvez l'intrus.

a. Das Auto ist …	gemütlich / schnell / umweltfreundlich
b. Fahrrad fahren ist …	kostenlos / gemütlich / klimafreundlich
c. Das Flugzeug ist …	schnell / gemütlich / kostenlos
d. Der Zug ist …	gefährlich / schnell / umweltfreundlich

3 Trouvez les contraires.

kostenlos •	• umweltfreundlich
langsam •	• teuer
umweltschädlich •	• schnell
sicher •	• schlecht
gut •	• gefährlich

4 Lisez la définition et trouvez le mot qui lui correspond.
die Abgase – der Führerschein – der Hauptbahnhof – die Mitfahrgelegenheit – der Radweg

a. ein Dokument, das man braucht, um Auto zu fahren
b. eine kleine Straße, die für Fahrräder reserviert ist
c. Hier treffen sich alle Züge.
d. Sie stinken und werden von Autos ausgestoßen.
e. Man fährt nicht alleine mit dem Auto, sondern zusammen.

5 Complétez par le verbe qui convient.
anlegen – bauen – benutzen – schaffen

a. Es gibt keinen Radweg.
→ Man könnte einen Radweg …
b. Die alte Straße ist zu gefährlich.
→ Man könnte eine sichere Straße …
c. Es gibt keinen Direktbus zum Hauptbahnhof.
→ Man könnte eine neue Buslinie …
d. Das Auto ist nicht umweltfreundlich.
→ Man sollte die öffentlichen Verkehrsmittel …

6 Décrivez les dysfonctionnements que vous voyez et proposez des améliorations.

Extra

A2-B1
7 Beschreiben Sie Ihren Schulweg und erzählen Sie, wie Ihre Eltern zur Arbeit kommen.

SPRACHMELODIE

CD 2 39 MP3 52

Le « *h-* » à l'initiale

- En début de mot, le « ***h*** » **est toujours prononcé avec une forte expiration**, d'autant que les mêmes mots ne comportant pas de « h » existent parfois, par exemple :

Halt	et	*alt*
Haus	et	*aus*
Hund	et	*und*

1 Écoutez ces mots et répétez-les.
die Haltestelle – der Hauptbahnhof – hin – her – heute – Hamburg

2 Écoutez attentivement ces deux phrases.
Ich hole dich ab. Was hältst du davon?
Hoffentlich hat er heute eine Mitfahrgelegenheit nach Hamburg gefunden.

3 Lisez-les maintenant en veillant à bien prononcer les « *h-* » à l'initiale. Vous pouvez vous enregistrer.

4 Réécoutez l'enregistrement et vérifiez que vous avez bien réalisé les sons.

TRAINING

GRAMMATIK

LERNTEMPODUETT → p. 19

Les particules verbales séparables → p. 167

→ PRÉCIS p. 227, 234

- Certains verbes sont composés d'un verbe simple et d'une particule qui précise le sens du verbe.
- Quand le verbe est en dernière position (infinitif, participe II, subordonnée), la particule forme une unité avec le verbe.
  *Wir müssen um 8 Uhr **losfahren**.*
  *Wir sind um 20 Uhr **angekommen**.*
  *Wir können in Stuttgart essen, weil wir dort **umsteigen**.*
- Si le verbe conjugué est en 2e position, la particule reste en dernière position.
  *Wir **kommen** um 19 Uhr 30 in Berlin **an**.* *Wir steigen in Stuttgart **um**.*

1 **À partir des éléments donnés, complétez les amorces.**

→ um 7 Uhr 15 los/gehen. → Ich gehe um 7 Uhr 15 los.

a. um 7 Uhr 30 an der Bushaltestelle an/kommen → Ich …
b. am Bahnhof um/steigen → Ich …
c. mit der S-Bahn weiter/fahren → Ich …
d. mich um 13 Uhr ab/holen → Mein Vater …
e. viel CO_2 aus/stoßen → Ich weiß, dass das Auto …
f. schnell zu Hause an/kommen → Aber ich will …

2 **À partir de cet itinéraire en train, décrivez votre voyage en utilisant les verbes suivants :**

losfahren – umsteigen – weiterfahren – ankommen

→ Am Wochenende fahre ich mit dem Zug nach München. Ich fahre um 10 Uhr 55 in Paris …

La comparaison → p. 168

→ PRÉCIS p. 232

- Le comparatif d'égalité : ***(genau)so*** + adjectif + ***wie***
  *Der Zug ist oft **so** schnell **wie** das Auto.*
- Le superlatif de l'adverbe ou de l'adjectif attribut : ***am*** + adjectif + ***-sten***
  *Das Flugzeug ist **am** teuer**sten**.*
- Le comparatif de supériorité : adjectif + ***-er*** + ***als***
  *Das Fahrrad ist billig**er** **als** das Auto.*
- Les voyelles a, o et u de la plupart des adjectifs d'une seule syllabe sont infléchies.
  kurz → kürzer *lang → länger*
- Quelques exceptions :

au degré zéro	*gut*	*viel*	*gern*
comparatif de supériorité	*besser*	*mehr*	*lieber*
superlatif adverbial	*am besten*	*am meisten*	*am liebsten*

3 **Comparez l'utilisation du vélo à celle de la voiture à l'aide de ces adjectifs.**

schnell – sicher – umweltfreundlich – gemütlich – praktisch

→ Das Auto ist schneller als das Fahrrad. Das Fahrrad …

4 **Complétez l'amorce en utilisant le comparatif de supériorité.**

a. Dieser Weg ist nicht kurz. Ja, er könnte … sein.
b. Dieses Fahrrad ist nicht billig. Ja, es könnte … sein.
c. Deine Freundin ist nicht pünktlich. Ja, sie könnte … sein.
d. Dieses Auto ist nicht groß. Ja, es könnte … sein.

5 **Complétez le texte.**

Das Auto ist schnell… … der Bus. Aber ein Auto kann nur fünf Passagiere transportieren. Ein Bus transportiert … Passagiere … ein Auto. Deshalb ist der Bus umweltfreundlich… … das Auto. Ich persönlich mag das Auto … … den Bus. Es ist gemütlich… und praktisch… . Aber für die Umwelt ist das Fahrrad … … . Außerdem kann man beim Fahrrad fahren Sport machen. Deshalb fahre ich … … mit dem Fahrrad.

Die Verkehrsmittel in meiner Stadt

MÉDIATION GALERIEGANG → p. 24

A2-B1

- Verbessern Sie das Verkehrssystem in Ihrer Stadt oder in Ihrem Stadtviertel.
  – Welche Verkehrsmittel gibt es schon?
  – Sind sie praktisch und umweltfreundlich?
  – Was könnte man verbessern?
- Sammeln Sie Ideen, tauschen Sie Ihre Ideen in Ihrer Gruppe aus und erarbeiten Sie zusammen eine Präsentation, um Ihre Verbesserungsvorschläge den anderen Gruppen vorzustellen.

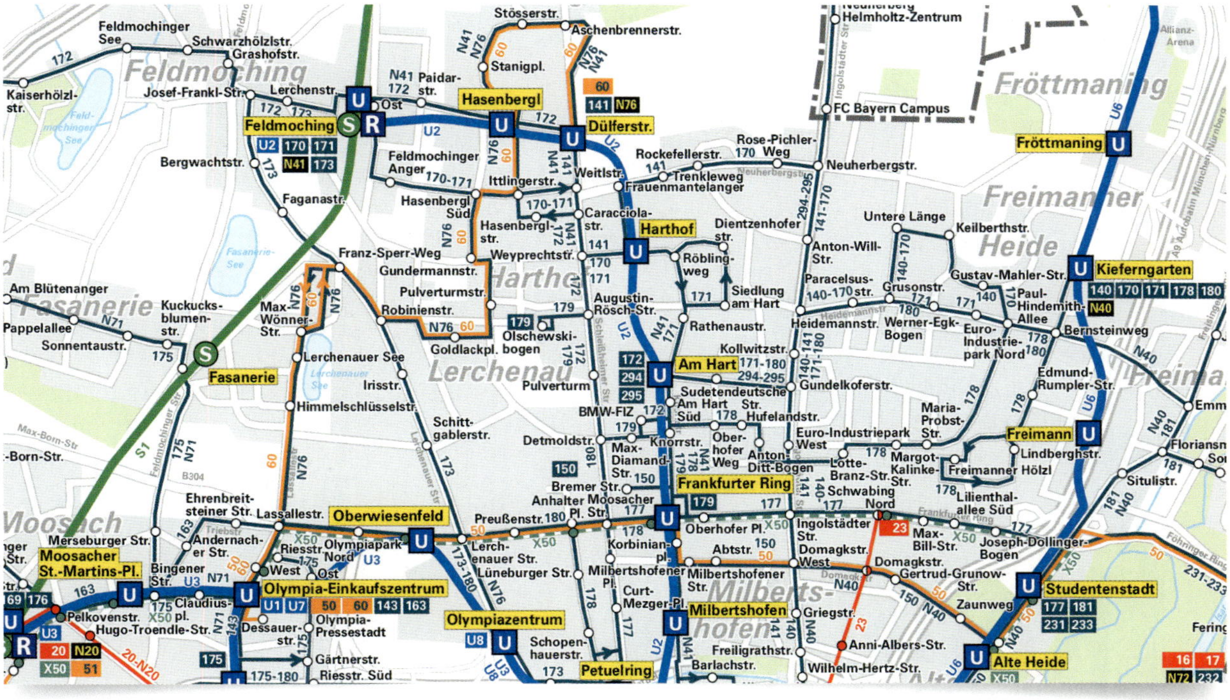

Stratégies

▷ Mise en œuvre pratique

1. Les groupes doivent être constitués en fonction du domicile afin de pouvoir travailler sur le même quartier ou micro-quartier.
2. Dans une phase de travail individuel, chacun notera un maximum d'idées par rapport aux moyens de transports existants et aux améliorations possibles.
3. Vous mettez en commun vos idées et vous élaborez un document de présentation (affiche ou power point) afin de convaincre vos concitoyens.
4. Les documents seront présentés selon le modèle du *Galeriegang* (→ p. 24).

▷ Contenu

- **Décrivez l'état actuel des transports dans votre quartier**
  N'oubliez pas de mentionner les conséquences que cela engendre, par exemple :
  → *Auf der Hauptstraße fahren viele Autos. **Deshalb** ist es gefährlich, mit dem Fahrrad zu fahren.*
  → *Es gibt eine App, die anzeigt, wann der nächste Bus fährt. **So** muss man nicht an der Bushaltestelle warten.*
- **Faites des propositions et des hypothèses**
  – Utilisez le subjonctif II (→ p. 228)
  → *Man müsste den Autoverkehr reduzieren. Dann wäre das Radfahren sicherer.*
  → *Man sollte ein Gymnasium in unserem Stadtviertel bauen. Dann würden wir zu Fuß in die Schule gehen.*
  → *Man könnte eine direkte Buslinie schaffen. Dann müsste man nicht mehr umsteigen.*
- **Précisez les points forts des aménagements à créer**
  Vous pouvez utiliser le pronom relatif sujet.
  → *Wir brauchen **eine S-Bahn, die** Fahrräder kostenlos mitnimmt.*
  → *Wir brauchen **einen Radweg, der** sicher ist.*
  → *Wir brauchen ein **Verkehrssystem, das** umweltfreundlich ist.*
  → *Wir brauchen **Busse, die** pünktlich sind.*

So konsumieren die Deutschen wirklich

- 320 000 Coffee-to-go-Becher werden jeden Tag in Deutschland gebraucht und weggeschmissen.
- 97 % der Deutschen trennen Papier und Pappe vom Hausmüll.
- Drei Milliarden Kaffeekapseln pro Jahr landen in Deutschland im Müll.
- Gläser und Glasflaschen (94 %) sowie Batterien (92 %) werden in die entsprechenden Container geworfen.
- Jeder Deutsche wirft jährlich zwei volle Einkaufswagen[1] mit frischen Lebensmitteln in den Müll.

1. der Einkaufswagen (-) *le caddie*

Kapitel 14

SAUVER LA PLANÈTE,
PENSER LES FUTURS POSSIBLES

Weniger ist mehr

SPRACHBOX

Konsumgesellschaft

- der Konsum *la consommation*
- etw. weg/werfen* = weg/schmeißen* *jeter qc*
- etw. in den Müll werfen* *jeter qc à la poubelle*
- über seinen Konsum nach/denken* *réfléchir à sa consommation*
- sich über etw. Gedanken machen *réfléchir à qc*
- auf die Verschwendung der Ressourcen achten *faire attention au gaspillage des ressources*
- nur kaufen, was man wirklich braucht *n'acheter que ce dont on a vraiment besoin*
- in einem Bioladen ein/kaufen *faire ses achats dans un magasin bio*
- den Müll trennen *trier les déchets*
- das Lebensmittel (-) *l'aliment*
- nachhaltig *durable*
- die Einkaufstüte (-n) *le sac de courses*
- aus Papier, aus Pappe, aus Plastik sein *être en papier, en carton, en plastique*

→ p. 180

Wie kann ich weniger konsumieren?

- Présenter la consommation quotidienne d'un camarade. (p. 176)
- Argumenter pour une vie minimaliste. (p. 178)

- L'impératif. (p. 177)
- Le génitif. (p. 178)

Projekt

Débattre des choix à faire pour vivre bien et de manière durable. (p. 183) MÉDIATION DEBATTE

Fit für die Zertifikation (p. 184)

In Zahlen

A2 1 Sehen Sie sich die Titelseite der Zeitung an und sagen Sie, welche Konsumgewohnheiten die beiden Tüten symbolisieren.

B1 2 Lesen Sie die Fakten über den Konsum der Deutschen. Welche entsprechen einem nachhaltigen Konsum?

3 Haben Sie sich schon über umweltbewussten Konsum Gedanken gemacht? Wie?

Den Alltagskonsum seines Mitschülers präsentieren

Besser konsumieren

A Nachhaltige Tipps

MÉDIATION

PARTNERBRIEFING → p. 18

VIDEO

B1

1. PARTNER A schaut sich das Video über nachhaltiges Leben an.
   PARTNER B liest den Text über Einkaufstipps.
2. Jeder präsentiert dem anderen seine Tipps, um seinen Konsum zu verändern.
3. Ein oder zwei Schüler präsentieren der Klasse ihr eigenes Dokument oder das des anderen.

www.clever-konsumieren.cf/infos-tipps/einkaufstipps/

CLEVER

CLEVER | SHOP | PROMI-DUELL | INFOS & TIPPS | KONTAKT

Einkaufstipps

1 Kaufe nur, was du brauchst

Rund ein Drittel der Nahrungsmittel gehen in der Schweiz verloren, eine Verschwendung von Energie und natürlichen Ressourcen.

2 Iss regelmäßig vegetarisch

Die Produktion von Fleisch verursacht beinahe 20 % der weltweiten Treibhausgase[1]. Diese entstehen beim Anbau und Import von Futter. Wer also nicht auf Fleisch verzichten will, sollte im Interesse der Nachhaltigkeit regionales Fleisch aus Weidehaltung[2] wählen.

3 Kaufe saisonal und regional ein

Gemüse oder Früchte, die außerhalb der Saison verkauft werden, müssen über weite Strecken[3] transportiert werden.

4 Wähle Produkte mit Nachhaltigkeits-Label

Produkte mit Label garantieren, dass Standards respektiert wurden. Es bedeutet zum Beispiel ein Plus für die Umwelt (z. B. Bio) oder fairere Bedingungen für die Produzenten (z. B. Fairtrade).

5 Meide Produkte mit Palmöl

Die Produktion von Palmöl ist sehr problematisch. Damit gehen wertvolle Ökosysteme verloren und die einmalige Diversität von Tieren und Pflanzen verschwindet[4]. Palmöl wird oft unbewusst in Margarine, Schokolade und Süßigkeiten konsumiert.

Nach www.clever-konsumieren.ch

1. die Treibhausgase *les gaz à effet de serre* 2. die Weidehaltung *l'élevage en plein air*
3. über weite Strecken *sur de longues distances* 4. verschwinden* *disparaître*

B) Konsum durch Kunst

CD 2 40

A2 **1** Lesen Sie den Artikel und sagen Sie, wie Stephanie Senge mit ihrer Initiative, die Konsumenten auf ihr Konsumverhalten aufmerksam machen will.

2 Hören Sie sich nun das Interview an. Wozu hat die Künstlerin beigetragen? Wie hat sie durch ihr Werk die Schüler der Golzheimer Realschule inspiriert?

B1 **3** Was halten Sie von diesem Projekt?

der Umweltpreiswettbewerb *le concours du prix de l'environnement*

Groß und Klein können in Düsseldorf in der partizipativen Performance von Stephanie Senge zusammen mit der Künstlerin ein Mandala[1] aus Lebensmitteln und anderen Konsumgütern machen. Mit ihrem Konsum-Mandala will die Künstlerin nicht das negative Bild obsessiven Kaufens aufzeigen, sondern zu einer differenzierten Wahrnehmung[2] unserer Konsumprodukte anregen[3]. Wir sollen über unser Konsumverhalten nachdenken. Und so lädt sie von 18 bis 20 Uhr ein, das Mandala auf sich wirken zu lassen. Das ist ein wichtiger Teil ihrer Performance. Aber das Mandala ist vergänglich[4]. Gemeinsam mit den Besucherinnen und Besuchern werden die Lebensmittel gekocht. Das gemeinsame Essen ist für alle Helfer dann der verdiente Lohn[5].

Nach www.quadriennale-duesseldorf.de

1. Mandalas sind geometrische Bilder, die ursprünglich eine spirituelle und rituelle Funktion hatten. 2. die Wahrnehmung *la perception* 3. zu etw. an/regen *inciter à faire qc* 4. vergänglich *périssable* 5. der verdiente Lohn *le salaire bien mérité*

SPRACHBOX

nachhaltig handeln

- etw. nicht verschwenden *ne pas gaspiller qc*
- auf etw. / sein Auto verzichten *renoncer à qc / à sa voiture*
- die Nachhaltigkeit *le développement durable*
- etw. bewusst konsumieren *consommer qc de manière consciente*
- an Heizenergie sparen *économiser du chauffage*
- ein Gerät (nach der Benutzung) aus/schalten *éteindre un appareil (après utilisation)*
- die Fahrgemeinschaft *le covoiturage*
- Plastikabfall meiden*, vermeiden* *éviter les déchets en plastique*

nicht nachhaltig leben

- viel Strom verbrauchen *consommer beaucoup de courant*
- Verschmutzung verursachen *causer, provoquer de la pollution*
- auf etw. aufmerksam machen *porter attention à qc*
- auf etw. (A) achten = auf etw. (A) auf/passen *faire attention à qc*
- vor etw. (D), vor einer Gefahr warnen *prévenir de qc, d'un danger*
- etw. verwenden, benutzen *utiliser qc*
- das Konsumgut (¨-er) *le bien de consommation*
- der Verbraucher = der Konsument *le consommateur*

→ p. 180

SPRACHBOX

L'impératif

- **Iss** nur regionale Produkte!
- **Kauft** nur Saisonobst!
- **Achten Sie** auf die Umwelt!

→ p. 182

Nun sind Sie dran!

Sie nehmen an einem Umweltpreiswettbewerb teil. Schlagen Sie nun einen Slogan und eine Idee vor, um nachhaltiger zu leben!

Weniger konsumieren

A Minimal leben

VIDEO

A2 1 Wie leben Marius und Silke?

B1 2 Worauf haben sie verzichtet? Wie fühlen sie sich jetzt?

3 Was verbindet Marius und Silke? Wodurch unterscheiden sie sich?

4 Sagen Sie nun, worauf Sie verzichten könnten.
Wollen Sie überhaupt Ihr Konsumverhalten verändern?

SPRACHBOX

Le génitif

Complément du nom

- Wir müssen auf die Ressourcen **der** Welt achten.
- Ein großer Teil **der** deutsch**en** Jugend trennt seinen Müll.
- Den Kauf eine**s** neu**en** Gerät**es** kann man vermeiden.

Après certaines prépositions

- **Trotz der** Preise isst sie nur Bio.
- Nicht nur **wegen** ihre**s** Preise**s** kauft sie nur gebrauchte Bücher.
- **Während der** Ferien mietet er ein Auto.

→ p. 182

SPRACHBOX

gemeinschaftlich konsumieren

- die Umwelt schonen *préserver l'environnement*
- umweltfreundlich *écologique*
- etw. ersetzen *remplacer qc*
- Geld sparen *économiser de l'argent*
- Autos, Fahrräder teilen *se partager des voitures, des vélos*
- Kleider, Bücher tauschen *échanger des vêtements, des livres*
- gemeinschaftlich *(en) commun*
- nur das Nötigste kaufen *n'acheter que l'essentiel*
- von etw. (D) genug haben *avoir suffisamment de qc*
- gebraucht *d'occasion*
- glücklich ≠ unglücklich machen *rendre heureux ≠ malheureux*
- sich (D) etw. leisten *se permettre qc financièrement*
- auf Luxus, Komfort, Überfluss verzichten *renoncer au luxe, au confort, au superflu*

→ p. 180

B Leihen und teilen

A2 1 Lesen Sie folgende Beiträge von jungen Deutschen zum Thema „Weniger konsumieren". Wie wollen sie ihren Konsum nachhaltiger machen?

B1 2 Welche Vorteile bringen diese nachhaltigen Gewohnheiten?

3 Welche Initiativen könnten Sie in Ihrem Alltag ergreifen?

4 Haben Sie noch andere Ideen, um weniger zu konsumieren? Wollen Sie überhaupt weniger konsumieren?

Mihriban

Mein Mann und ich wollten Kosten und Energie sparen. Wir sind in ein ökologisches Viertel umgezogen und wohnen jetzt in einem Häuserkomplex, wo Geräte wie Waschmaschinen, Trockner[1] oder Kühltruhen[2] gemeinsam genutzt werden. So verbrauchen wir weniger Strom und Wasser. Das war für uns eine echte Chance, unsere Gewohnheiten als Konsumenten zu verändern.

1. der Trockner *le sèche-linge*
2. die Kühltruhe *le congélateur*

Sasha

Ich suche immer neue Alternativen zur Wegwerfgesellschaft, weil ich vom klassischen Konsum genug habe. Ich möchte Geld sparen und die Umwelt schonen. Zum Beispiel habe ich seit ein paar Jahren aufgehört, neue Geräte zu kaufen, solange ich meine alten Geräte weiter benutzen kann. Ich repariere sie, anstatt sie zu ersetzen. Ich gehe in ein Repair-Café, wo ich nette Leute kennen gelernt habe. Mit ihnen kann ich gute Tipps austauschen.

Hans

Die umweltfreundliche Alternative des Carsharings ist heute besonders verbreitet. Man braucht kein eigenes Auto mehr. Entweder fahre ich mit dem Fahrrad oder mit öffentlichen Verkehrsmitteln. Wegen des Staus[1] und Parkplatzproblemen habe ich den Eindruck, dass es die ideale Lösung ist, wenn ich gelegentlich weit weg fahren muss. Was ich ansonsten schon seit ein paar Jahren mache, ist einen Platz auf Online-Fahrgemeinschaft-Webseiten zu finden.

1. der Stau *l'embouteillage*

Tina

Eine gute Freundin von mir hat mich zu einer privaten Kleidertauschparty eingeladen. Die Idee hat mir sehr gut gefallen. Wir haben uns bei einer Bekannten von ihr getroffen, wo wir gemütlich in ihrem Wohnzimmer gesessen haben und gebrauchte Klamotten oder Taschen getauscht haben. Ich will das jetzt auch mit Büchern machen.

Nun sind Sie dran!

Überzeugen Sie einen Mitschüler, minimal zu leben! Finden Sie gute Argumente.

TRAINING

WORTSCHATZ

Weniger ist mehr

konsumieren

A2
- der Konsum *la consommation*
- die Konsumgesellschaft *la société de consommation*
- der Verbraucher (-) = der Konsument (-en) *le consommateur*
- etw. kaufen *acheter qc*
- ein/kaufen gehen* *aller faire des courses*
- in einem Bioladen ein/kaufen *faire des achats dans un magasin bio*
- das Lebensmittel (-) *l'aliment*
- Geld sparen *économiser de l'argent*
- aus Plastik; aus Papier; aus Pappe *en plastique ; en papier ; en carton*

A2-B1
- über seinen Konsum nach/denken* *réfléchir à sa consommation*
- das Konsumverhalten *le comportement en tant que consommateur*
- das Konsumgut (¨-er) *le bien de consommation*
- die Ware (-n) *la marchandise*
- glücklich ≠ unglücklich machen *rendre heureux ≠ malheureux*
- auf etw. (A) verzichten *renoncer à qc*
- auf Luxus, Komfort, Überfluss verzichten *renoncer au luxe, au confort, au superflu*
- sich (D) etw. leisten (können) *(pouvoir) se permettre qc ; s'acheter qc*
- etw. weg/werfen* = etw. weg/schmeißen* *jeter qc*
- die Einkaufstüte (-n) *le sac de courses*
- minimal leben *vivre de manière minimaliste*
- die Konsumgewohnheit (-en) *l'habitude de consommation*

teilen statt kaufen

A2
- Autos, Fahrräder teilen *se partager des voitures, des vélos*
- Kleider, Bücher tauschen *échanger des vêtements, livres*
- von etw. genug haben *avoir suffisamment de qc*

A2-B1
- gebrauchte Kleidung, Bücher kaufen *acheter des vêtements, des livres d'occasion*
- gemeinschaftlich *(en) commun*
- die Fahrgemeinschaft *le covoiturage*

auf die Umwelt achten

A2
- die Umwelt *l'environnement*
- umweltfreundlich *écologique*
- auf etw. (A) auf/passen *faire attention à qc*
- etw. in den Müll werfen* *jeter qc dans la poubelle*
- den Müll trennen *trier ses déchets*

A2-B1
- auf etw. (A) achten *faire attention à qc*
- verantwortungsvoll handeln *agir de manière responsable*
- etw. vermeiden* = etw. meiden* *éviter qc*
- Plastikabfall vermeiden* *éviter les déchets en plastique*
- etw. verschwenden *gaspiller qc*
- die Verschwendung von Ressourcen *le gaspillage des ressources*
- etw. bewusst ≠ unbewusst konsumieren *consommer qc de manière consciente ≠ inconsciente*
- Verschmutzung verursachen *causer de la pollution*
- die Umwelt schonen *préserver l'environnement*
- nur das Nötigste kaufen *n'acheter que le nécessaire*
- ein Gerät nach der Benutzung aus/schalten *éteindre un appareil après utilisation*
- Konsum verweigern *renoncer à consommer*
- nachhaltig handeln *agir de manière durable*
- die Nachhaltigkeit, die nachhaltige Entwicklung *le développement durable*

Comprendre les consignes

- Lesen Sie folgende Beiträge über … *Lisez les contributions suivantes sur…*
- Sehen Sie sich die Titelseite der Zeitung an. *Observez la une du journal.*

ÜBUNGEN

1 Trouvez le genre des mots suivants.

a. d… Fahrgemeinschaft
b. d… Umwelt
c. d… Konsum
d. d… Konsumverhalten
e. d… Verschwendung

2 Formez des mots composés, ajoutez une lettre pour relier les deux parties si besoin et trouvez l'article.

Leben- · Einkauf- · Konsum-

-mittel · -gewohnheiten · -verhalten · -gut · -tüte

3 Formez des adjectifs en ajoutant le suffixe qui convient et traduisez-les en français.

-voll · *-lich*

a. die Verantwortung
b. die Gemeinschaft
c. der Umweltfreund
d. das Glück

4 Identifiez les comportements respectueux de l'environnement.

a. Wir konsumieren Waren mit Nachhaltigkeits-Label.
b. Er konsumiert viele Erdbeeren im Winter.
c. Er hat sich entschieden, weniger Fleisch zu essen.
d. Er isst auch Lebensmittel, in denen Palmöl ist.
e. Sie kaufen Obst im Bioladen.
f. Er handelt nachhaltig und verantwortungsvoll.
g. Sie kaufen Saisonobst.
h. Ich nehme jeden Abend ein Bad.

5 Associez les éléments de manière à former des groupes infinitifs cohérents.

über seinen Konsum •	• verzichten
den Müll •	• nachdenken
auf sein Konsumverhalten •	• wegwerfen
seine Abfälle •	• achten
auf Komfort •	• trennen

EXTRA

A2-B1

6 An vielen deutschen Schulen machen die Schüler nach der großen Pause den Hofdienst: Sie sammeln die Abfälle (Papier, Getränkedosen …) ein und werfen sie in den Müll. Was halten Sie davon? Wären Sie auch dazu bereit?

SPRACHMELODIE

CD2 41 MP3 53

La prononciation de *b*, *d* et *g* en fin de mot

En position finale dans un mot, les consonnes ***b***, ***d*** et ***g*** se prononcent différemment.

- Il faut prononcer le « ***b*** » comme un « **p** » : *ab, ob, der Staub.*
- Il faut prononcer le « ***d*** » comme un « **t** » : *das Kind, das Rad, wir sind.*
- Il faut prononcer le « ***g*** » comme un « **k** » : *der Tag, er mag.*

1 Écoutez ces mots et répétez-les.

das Fahrrad – sie mag – außerhalb – genug – das Geld – das Bild – der Tag – ab

2 Écoutez attentivement ces deux phrases.

Das Fahrrad ist ein Weg, um die Umwelt zu respektieren.
Ab heute wollen wir Geld sparen.

3 Lisez-les maintenant en veillant à la prononciation de « *b* », « *d* » et « *g* » en fin de mot. Vous pouvez vous enregistrer.

4 Réécoutez l'enregistrement et vérifiez que vous avez bien réalisé les sons.

TRAINING

GRAMMATIK

LERNTEMPODUETT
→ p. 19

L'impératif → p. 177

→ PRÉCIS p. 229

- Ce mode a quatre personnes, car en allemand, on distingue
  – **le vous pluriel de tutoiement** (je m'adresse à plusieurs personnes que je tutoie)
  – **le vous de politesse** (je m'adresse à une ou plusieurs personnes que je vouvoie).
- Les **verbes forts en *-e*** qui modifient leur radical au présent prennent aussi un *-i* ou *-ie* **à l'impératif**.

	machen	spielen	geben	sein
du (*tutoiement*)	MachØ!	SpielØ!	Gib!	SeiØ!
wir	Machen wir!	Spielen wir!	Geben wir!	Seien wir!
ihr (*pluriel de tutoiement*)	Macht!	Spielt!	Gebt!	Seid!
Sie (*vouvoiement*)	Machen Sie!	Spielen Sie!	Geben Sie!	Seien Sie!

***Iss** weniger Fleisch!*
***Denkt** an die Umwelt und **kauft** nicht so viele Plastiktüten!*
***Hören Sie auf**, nur mit dem Auto zu fahren!*

1 **Formulez des injonctions en mettant les verbes à l'impératif à la 2e personne du singulier puis à la 2e personne du pluriel.**

a. den Müll trennen
b. besser essen
c. auf die Umwelt aufpassen
d. weniger essen, wenn ihr keinen Hunger habt
e. nur Bioprodukte kaufen
f. auf unsere natürlichen Ressourcen achten
g. Pappe und Papier statt Plastik benutzen
h. Batterien sammeln

2 **Proposez une solution à l'impératif au problème présenté.**

mit dem Bus zur Arbeit fahren – gesünder essen und mehr Früchte und Fisch essen – nur Obst aus der Region kaufen und konsumieren – seine Sachen reparieren und wiederverwenden

a. Ich habe genug von den Staus in der Stadt, wenn ich zur Arbeit fahre. *(le destinataire est tutoyé)*
b. Wir essen Früchte, die nicht im Land produziert werden. *(les destinataires sont vouvoyés)*
c. Ich möchte bessere Essgewohnheiten haben, weil ich den Eindruck habe, dass ich nicht gesund genug esse. *(le destinataire est tutoyé)*
d. Ich lebe in einer Konsumgesellschaft, in der man alles kaufen kann. *(le destinataire est vouvoyé)*

Le génitif → p. 178

→ PRÉCIS p. 231, 233

- Il correspond au **complément du nom**.
  *Er benutzt das Fahrrad **seiner** Mutter.*
  *Der Kauf **eines Autos** ist heute vermeidbar.*
- Dans la langue orale, le génitif est parfois remplacé par ***von*** + **datif**.
  *Der Wagen **unserer** Nachbarn ist elektrisch und emissionsfrei.*
  *→ Der Wagen **von** unser**en** Nachbarn ist elektrisch und emissionsfrei.*
- Certaines prépositions sont suivies du génitif.
  ***Trotz** ihres umweltfreundlich**en** Konsumverhaltens will sie nun noch weniger verbrauchen.* (malgré)
  *Sie wird **wegen** ihr**er** gesund**en** Gewohnheiten besser leben können.* (à cause de)
  ***Während** **der** Ferien geben wir immer mehr Geld aus.* (pendant)

3 **Complétez en déclinant au génitif.**

a. Die Hälfte d... Deutschen denkt über ihre Verschwendung von Energie nach.
b. Die Tauschparty mein... Freund... fängt um 19 Uhr an.
c. Die Performance d... Künstlerin ist sehr interessant.
d. Sie benutzt Lebensmittel d... Alltag... .
e. Die Abgase d... Auto... verursachen viel Verschmutzung.

4 **Complétez avec la bonne préposition et déclinez au génitif.**

a. ... (meine Geldprobleme) gehe ich immer noch shoppen.
b. ... (sein Studium) hat er auf ein Auto verzichtet.
c. ... (die hohen Preise) kann ich mir fast nie Markenklamotten kaufen.

Das Leben genießen?

MÉDIATION DEBATTE → p. 22

A2-B1

- Organisieren Sie eine Debatte, indem Sie über Ihre Konsumgewohnheiten nachdenken.
  - – Kann man das Leben genießen und konsumieren, ohne an die künftige Generation zu denken?
  - – Soll man auf seinen Komfort verzichten, um die Umwelt zu schonen?
  - – Sind Sie dazu bereit, Kompromisse zu machen, um weniger / besser zu konsumieren?
  - – Darf man egoistisch sein, ohne an die anderen zu denken?

- Suchen Sie sich ein Thema aus. Bereiten Sie sich in Vierer- oder Fünfergruppen vor und sammeln Sie so viele Argumente wie möglich.
- Organisieren Sie dann Debatten in kleinen Gruppen von 6 Schülern (3-3). Hören Sie sich die Argumente der anderen Seite an und debattieren Sie, indem Sie die Ideen der anderen Seite widerlegen[1]. Sie werden 10 Minuten lang debattieren. Fassen Sie dann vor der Klasse Ihre Ideen zusammen.

1. eine Idee, ein Argument widerlegen *réfuter une idée, un argument*

Stratégies

▷ Moi ou les autres ?

– *auf seinen Komfort achten* faire attention à son confort
– *großen Wert auf seine eigenen Interessen legen* accorder une grande valeur à ses propres intérêts
– *an die nächste Generation / an unsere Kinder denken* penser à la génération suivante / à nos enfants
– *eine Welt voller Verschmutzung / ohne Ressourcen hinter/lassen** laisser un monde plein de pollution / sans ressources naturelles
– *egoistisch sein* être égoiste
– *kompromissbereit sein* être prêt à faire des compromis
– *Kompromisse ein/gehen** accepter des compromis

▷ Exprimer son intention

- **s'engager positivement**
  – *Ich habe vor, nicht mehr egoistisch zu sein.* J'ai l'intention de ne plus être égoiste.
  – *Ich habe die Absicht, weniger zu verschmutzen.* J'ai l'intention de moins polluer.
  – *Wir wollen zum Umweltschutz beitragen, weil wir großen Wert auf die nächste Generation legen.* Nous voulons contribuer à la protection de l'environnement parce que nous accordons une grande valeur à la prochaine génération.
- **refuser quelque chose**
  – *Auf keinen Fall möchte ich Kompromisse eingehen.* Je ne veux en aucun cas faire des compromis.
  – *Es kommt überhaupt nicht in Frage, dass ich eine Welt ohne Ressourcen hinterlasse.* Il n'est absolument pas question que je laisse un monde sans ressources.
  – *Ich finde es nicht normal, dass man nur auf seinen Komfort achtet.* Je ne trouve pas normal que l'on ne fasse attention qu'à son confort.

▷ Stratégies du débat → p. 51

› Fit für die Zertifikation

ENTRAÎNEMENT AUX ÉPREUVES COMMUNES EN COURS D'ANNÉE

Schriftliche Interaktion

In einem Internetforum tauschen sich Jugendliche zum Thema Mobilität in den Ferien aus.

Thomas

„Ich fahre in den Ferien immer zu meiner Oma. Sie wohnt auf dem Land, aber in der Nähe gibt es einen Bahnhof. Deshalb nehme ich den Zug und meine Oma holt mich dann mit dem Auto vom Bahnhof ab."

Leonie

„Seitdem ich 16 bin, fahre ich mit Freunden ohne Eltern in den Urlaub. Weil ich aber noch keinen Führerschein habe, fahren wir entweder mit dem Zug oder wir trampen."

Karin

„In den Sommerferien fahre ich mit meinen Eltern meistens nach Italien ans Meer. Wir fahren immer mit dem Auto. Das ist praktisch: Wir parken das Auto direkt vor dem Hotel und brauchen nicht die Koffer zu tragen."

Peter

„Es kommt darauf an. Wenn wir am Mittelmeer Urlaub machen, dann fliegen wir meistens. Das ist am schnellsten. Wenn wir aber zum Skifahren in die Alpen fahren, dann fahren wir mit dem Auto."

- **Lies die Beiträge und erzähle auch, welche Verkehrsmittel du und deine Familie in den Ferien benutzt und was du davon hältst.**

Il est important, d'une part, de parler de son vécu et, d'autre part, d'exprimer un point de vue personnel.
Wir fahren oft mit dem Auto in den Urlaub.
Wenn ich meine Großeltern besuche, …
Meiner Meinung nach …
Ich finde / Ich meine / Ich denke …

Leseverstehen

- **Lies und ergänze den Text mit den 5 Wörtern, die passen.**

Autos – besser – Fahrradstadt – Lärm – Luft – Radwege – umweltfreundlichste – umsteigen

Berlin will wie Amsterdam zur … werden. Was hat Amsterdam in seiner Verkehrspolitik richtig gemacht? Ganz einfach: Amsterdam hat geschützte … . Das heißt, man weiß als Radfahrer, dass dort keine … fahren und fühlt sich sicher. Deshalb wollen viele Berliner vom Auto aufs Fahrrad … . Die autofreie oder zumindest die autoarme Stadt würde viele Vorteile haben: Die Luft ist …, man gewinnt viel Platz und die Stadt wird lebenswerter.

Identifiez la nature du mot à compléter : verbe, adjectif, nom en analysant son environnement :
– le nom est généralement précédé d'un article,
– l'adjectif attribut n'est pas décliné,
– le verbe à l'infinitif est en dernière position.

- **Welcher Titel passt am besten?**

1	Die Vorteile des Fahrrads
2	Eine Stadt für Autos
3	Ferien in Amsterdam

Hörverstehen

CD2 42 MP3 54

Was hat Klaus erlebt?

- **Lies zuerst die Fragen 1 – 6. Du hast dafür eine Minute Zeit. Höre nun den Bericht. Löse die Aufgaben beim Hören. Wähle die richtige Antwort (a, b, c oder d).**

Danach hörst du den Bericht noch einmal.

1 Was macht Klaus in München?
a. Er trinkt ein Bier.
b. Er fährt mit dem Zug los.
c. Er fährt zum Flughafen.
d. Er isst eine Bratwurst.

2 Was will Klaus in Mannheim machen?
a. Er will umsteigen.
b. Er will auf die Toilette gehen.
c. Er will dort seine Enkelin besuchen.
d. Er will eine Mitfahrgelegenheit nehmen.

3 Was passiert in Mannheim?
a. Klaus verpasst den Zug nach Paris.
b. Klaus vergisst seinen Koffer im Bahnhof.
c. Der Zug nach Paris hat eine Panne.
d. Die Bahnhofstoiletten sind kaputt.

4 Wie lange ist Klaus in Mannheim?
a. drei Stunden
b. eine Stunde
c. einen Tag
d. ein Wochenende

5 Klaus verliert seinen Koffer …
a. im Zug.
b. im Bahnhof.
c. zu Hause.
d. in der S-Bahn.

6 Was passiert mit Klaus' Koffer?
a. Ein Dieb[1] hat den Koffer gestohlen[2].
b. Die Polizei hat den Koffer gefunden.
c. Klaus hat den Koffer wiedergefunden.
d. Ein anderer Passagier hat Klaus' Koffer mitgenommen.

Il est important de lire les questions et les réponses avant et de réfléchir aux réponses les plus plausibles. Au moment de l'écoute, on pourra confirmer ou invalider ces hypothèses.

1. der Dieb *le voleur*
2. stehlen* *voler*

Mündliche Kommunikation

- **Wähle ein Thema aus und bereite ein kurzes Referat vor. Du solltest auch einen Gegenstand mitbringen, der dein Thema illustriert.**

– Deine nachhaltigen Gewohnheiten.
– Die Nachhaltigkeit in deiner Schule oder in deiner Stadt.

Il est indispensable d'apporter un objet ou des documents visuels qui illustrent votre propos. L'intégration de ces documents constitue d'ailleurs une aide précieuse pour baliser votre discours : chaque objet est relié à une idée et structure ainsi votre exposé.
Auf diesem Foto / Auf dieser Karte sieht man …
Hier sehen Sie …
Das ist eine Papiertüte. Ich benutze sie, um …
Le recours pertinent à des supports communiquants est valorisé dans l'évaluation.

Mündliche Interaktion

- **Bei der mündlichen Prüfung sollst du auch Fragen des Prüfers beantworten. Übt in Zweiergruppen und antwortet abwechselnd auf diese Fragen:**

– Möchtest du nachhaltig leben? Warum (nicht)?
– Was hältst du von der Vergeudung der Ressourcen?
– Würdest du sagen, dass du umweltbewusst bist?
– Worauf achtest du, wenn du einkaufen gehst?

Il faut éviter de donner des réponses brèves. Cela incite l'examinateur à poser d'autres questions. Prenez votre temps et essayez de développer vos réponses.

MÜNCHNER
REINHEITSGEBOT
30. November Anno Domini 1487
Albrecht IV. Herzog von Bayern

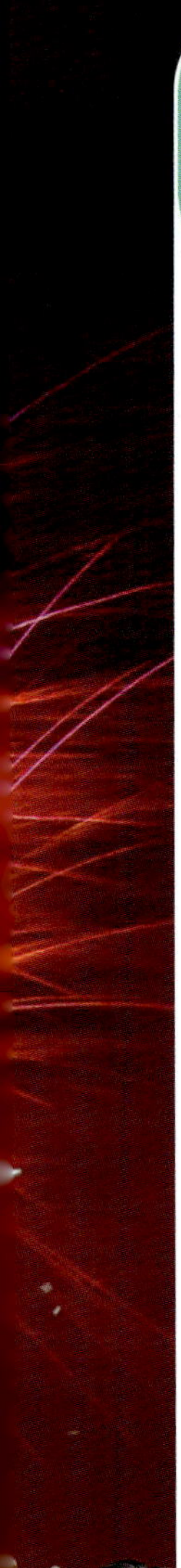

Kapitel 15

LE PASSÉ DANS LE PRÉSENT

Sind Traditionen noch „in"?

SPRACHBOX

Tradition erleben und beibehalten

- Traditionen pflegen, bei/behalten* *entretenir, garder des traditions*
- etw. basteln = etw. selbst machen *confectionner qc soi-même*
- das Brauchtum *la coutume*
- die Tracht *le costume folklorique*
- die Lederhose (-n) *la culotte de peau bavaroise*
- die Blasmusik *la musique de fanfare*
- die Fastenzeit *la période de jeûne*
- der Verein (-e) *l'association*
- der Abiball *le bal de fin d'année*
- die Schultüte (-n) *la pochette-surprise pour l'entrée à l'école*
- das Feuerwerk *le feu d'artifice*
- Silvester, Neujahr feiern *fêter la Saint-Sylvestre, le Nouvel An*

→ p. 192

Inwiefern sind Traditionen den Jugendlichen heute noch wichtig?

- Donner sa conception de la tradition. (p. 188)
- Planifier une soirée dansante. (p. 190)

- La subordonnée relative. (p. 189)
- Donner une indication temporelle – La négation. (p. 191)

Projekt

Présenter les traditions d'un camarade de classe. (p. 195)

MÉDIATION PARTNERINTERVIEW

Fit für die Zertifikation (p. 206)

Gibt es noch Tradition für die Jugend?

CD 2 43 MP3 55

A2

1. Schauen Sie sich die Fotos an und hören Sie sich die Kurzinterviews an. Welche Traditionen werden gepflegt? Wie?
2. Welche anderen deutschen Traditionen kennen Sie noch?

jn davon scheuchen *chasser qn* – die Kleinigkeit *le petit détail*

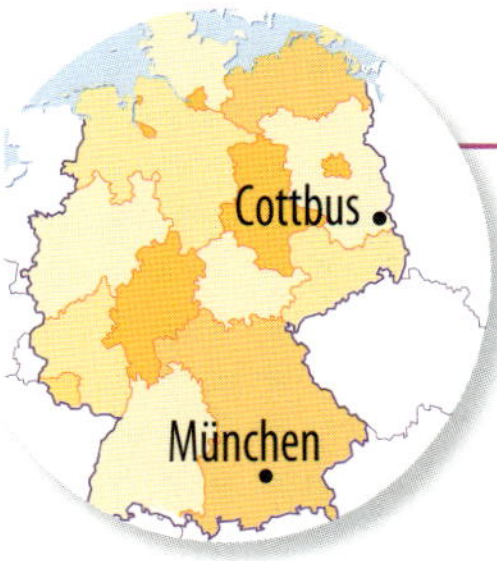

Warum Tradition?

A Was ist eigentlich Tradition?

A2

1. Schauen Sie sich die Wortwolke an. Suchen Sie sich fünf Begriffe[1] aus, die für Sie Tradition charakterisieren. Warum?
2. Vergleichen Sie Ihre Begriffe mit den Begriffen Ihrer Mitschüler.

1. der Begriff (-e) *la notion*

B Auf die Wiesn!

MÉDIATION PARTNERBRIEFING

→ p. 18

CD 2 44

VIDEO

A2

1. **PARTNER A** schaut sich das Video über das Oktoberfest an. Welche Traditionen werden dort lebendig gehalten (Kleidung, Jahrmarkt …)? Was ist das Wahrzeichnen des Oktoberfests?
2. **PARTNER B** hört sich den Kabarettisten, Helmut Schleich, an. Was sagt er über die Trachtenmode? Was ist heute anders als früher auf dem Oktoberfest?

B1

3. Beide Partner tauschen ihre Informationen aus und schreiben dann einen kurzen informativen Text über das Oktoberfest.

der Wiesnbesucher *le visiteur de l'Oktoberfest* – der Jahrmarkt *la foire* – hektisch, wild ≠ ruhig *fébrile, débridé ≠ calme* – das Fahrgeschäft *le manège, l'attraction foraine* – der Schausteller *le forain* – das Riesenrad *la grande roue* – die Theresienwiese *la grande pelouse où se situe l'Oktoberfest à Munich* – das Festzelt *la tente* – mutig *courageux*

vom Land kommen* *venir de la campagne*

C Lust an Tradition

B1-B2

Lesen Sie den Artikel und machen Sie sich Notizen, um diese Fragen zu beantworten:
- In welchen Vereinen sind die zwei Jugendlichen?
- Inwiefern sind diese Vereine traditionell? Was machen die Jugendlichen konkret?
- Was bringt es den Jugendlichen?

„Jugendliche leben in einer Welt, in der alles möglich ist, aber auch alles vage bleibt. Daher gehört für sie zur Vielfalt[1] der Moderne auch eine Suche nach Verlässlichkeit", erklärt Claus J. Tully, Soziologe am Deutschen Jugendinstitut (DJI). Der 21-jährige Toni mag die Disziplin, die ihm der Verein auferlegt. Seit sechs Jahren tanzt er im Karnevalverein der Stadt Cottbus beim „Männerballett". „Das ganze Jahr hindurch proben wir, schneidern Kostüme und planen unsere Auftritte[2]." Nie hätte er früher gedacht, dass er mal so mutig sein würde, vor Hunderten von Zuschauern als Frau verkleidet aufzutreten. Letztes Jahr war er sogar Karnevalsprinz. „Ich würde mir wünschen, ein Vorbild für Kinder zu sein, damit sie sehen, dass es sich lohnt, etwas durchzuhalten[3]." […]

Dem 17-jährigen Schüler Sebastian haben solche Feste geholfen, sich in einer neuen Umgebung einzuleben. Vor vier Jahren zog er in den Taunus. Hier kannte ihn erst mal niemand. Seit Sebastian jedoch zum Verein Jugend & Friends gehört, ist er im ganzen Dorf bekannt. Jugend & Friends hilft bei Reitturnieren, organisiert die Dorfdisko und die Kirmes[4]. „Was ich wirklich im Verein gelernt habe, ist, Verantwortung zu tragen."
Etwas zurückgeben will Sebastian seinem Ort: „Ich fühle mich hier wohl und geborgen. Die Menschen haben mich so toll aufgenommen[5], dass ich das Dorf ein bisschen schöner machen möchte."
„Hinter meinem Verein stecken Tradition und Geschichte, das gefällt mir. Was ich tue, ist nachhaltig[6]."

Nach www.focus.de

1. die Vielfalt *la diversité* 2. der Auftritt *la représentation* 3. etw. durch/halten* *persévérer, tenir le coup* 4. die Kirmes *la kermesse* 5. jn auf/nehmen* *accueillir qn* 6. nachhaltig *durable*

SPRACHBOX

lebendige Tradition
- die Wiesn = das Oktoberfest = eines der größten Volksfeste der Welt *la fête de la bière de Munich, une des plus grandes fêtes populaires du monde.*
- verkleidet sein *être déguisé, costumé*
- der Karneval = der Fasching *le carnaval*

die Wiesn
- attraktiv sein *être attrayant*
- das Wahrzeichen *l'emblème*
- etw. aus/nutzen *exploiter qc (péjoratif)*

Bedeutung von Traditionen
- die Verlässlichkeit *la fiabilité*
- die Zusammengehörigkeit *le sentiment d'appartenance*
- die Wurzel (-n) *la racine*
- die Überlieferung ; etw. überliefern *la transmission ; transmettre qc*
- die Gewohnheit (-en) *l'habitude*
- ein Vorbild für jn sein *être un exemple pour qn*
- sich in einer neuen Umgebung ein/leben *s'acclimater à un nouvel environnement*
- Verantwortung tragen* *assumer des responsabilités*
- sich geborgen fühlen *se sentir en sécurité*
- in einem Verein aufgenommen werden *être accueilli au sein d'une association*

→ p. 192

SPRACHBOX

Donner des précisions (la relative)
- Die Tradition, **die** mir gefällt, ist der Abiball.
- Ich habe meinen Vater, **dem** ich eine Lederhose geschenkt habe, auf die Wiesn begleitet.
- Meine Freunde, mit **denen** ich immer Spaß habe, kommen an Silvester zu uns.

→ p. 194

Nun sind Sie dran!

Erklären Sie kurz, wie Sie Tradition definieren und warum Traditionen für Sie wichtig sind oder nicht.

Durch die Geschichte tanzen

Swing, Walzer oder Rock 'n' Roll?

CD 2 45

MÉDIATION GRUPPENPUZZLE → p. 20

A2-B1 **1** Bilden Sie Dreiergruppen in der Klasse. In jeder Dreiergruppe liest ein Schüler den Text **a**, ein anderer den Text **b** und der dritte hört sich das Interview an.

B1 **2** Jeder Schüler der Dreiergruppe bildet anschließend eine Expertengruppe mit den Schülern, die am selben Material gearbeitet haben. In dieser Expertengruppe erarbeiten Sie Ihre Notizen und suchen weitere Informationen im Internet (Wiener Staatsoper, Clärchens Ballhaus, Münchner Nachtleben).

3 Jeder Schüler kehrt zum Schluss in seine Dreiergruppe zurück und präsentiert der Gruppe die Informationen.

etw. drehen *tourner qc*

INFOS ÜBER

Opernball:
https://bit.ly/2KSnWT7
→ Kandidatur, Vortanzen, Kosten, Proben und Bekleidungsvorschriften

Clärchens Ballhaus:
https://bit.ly/2cTODYy
→ Speisekarte, Kalender, Tanz, Unser Haus, Trailer des Films

Münchner Nachtleben:
https://bit.ly/2rmel8t

a Der Opernball

Schon Anfang des 19. Jahrhunderts fanden die ersten Ballfeste in Wien statt[1]. Doch erst 1877 gab Kaiser Franz Joseph I., Sissis Mann, seine Zustimmung[2] zu einer „Soirée" in seinem Opernhaus. Seitdem findet jedes Jahr – nur die Kriegsjahre fielen aus[3] – im Februar der berühmte Opernball in der Wiener Staatsoper statt. Höhepunkt der Ballnacht: die Eröffnung des Balls durch die Jungdamen und Jungherren, d. h. die Debütanten. 150 Paare von 17 bis 24 Jahre alt tanzen Walzer im Abendkleid und im Frack in einer der schönsten Opern Europas. Nur einmal im Leben darf man den Opernball als Debütant eröffnen. Es ist ein Erlebnis[4]!

1. statt/finden* *avoir lieu* 2. die Zustimmung *l'accord* 3. aus/fallen *ici, être supprimé* 4. das Erlebnis *l'expérience mémorable*

b

Clärchens Ballhaus

Am 13. September 1913 eröffnete Fritz Bühler das Tanzlokal „Bühlers Ballhaus" in Berlin. Fritz starb[1] im Ersten Weltkrieg und seine Frau, Clara, übernahm die Führung[2]. So wurde das Tanzlokal in „Clärchens Ballhaus" umbenannt, das zu einem der beliebtesten Tanzlokale Berlins wurde. Viele bekannte Stammgäste[3], wie Otto Dix – ein sehr guter Tänzer – George Grosz oder Heinrich Zille kamen und tanzten Tango, Chachacha oder Swing, bis Josef Goebbels das Tanzen im Dritten Reich verbot[4]. Nach dem Krieg öffnete das Clärchens erneut in den Ruinen. Selbst zur DDR-Zeit war das Tanzlokal sehr beliebt, wurde aber natürlich von der Stasi[5] überwacht[6]. Dennoch kamen alle Menschen von Ostberlin zum Clärchens und hatten Spaß. Jugendliche, ältere Paare, Stars und sogar Volkspolizisten. Heute ist das Tanzlokal immer noch total „in" und ein Ort der Berliner Geschichte und der neuen Swing-Mode. Regisseur Quentin Tarantino benutzte das Ballhaus sogar als Kulisse für seine *Inglorious Basterds*.

Es heißt: „Wer nicht bei Clärchen war, war nicht in Berlin."

1. sterben* *mourir*
2. die Führung übernehmen* *reprendre la direction*
3. der Stammgast (¨-e) *l'habitué*
4. etw. verbieten* *interdire qc*
5. die Stasi = die Staatssicherheit = die politische Polizei in der DDR
6. jn überwachen *surveiller qn*

SPRACHBOX

im Tanzlokal

- tanzen; der Tanz; das Tanzlokal *danser ; la danse ; le dancing*
- die Disko *la discothèque*
- der Walzer *la valse*
- das Nachtleben *la vie nocturne*
- der Auftritt = *ici*, das Konzert (-e)
- der Schlager (-) *la chanson de variété (en allemand)*

Abendkleidung

- das Abendkleid (-er) *la robe de soirée*
- der Frack (¨-e) *la queue de pie*

Das gefällt mir (nicht)

- … gefällt mir (nicht), weil …
  … (ne) me plaît (pas), parce que…
- Ich würde (nicht) gern in/ins … gehen*, weil …
  J' (Je n') aimerais (pas) aller à…, parce que…
- Ich interessiere mich (nicht) für (A) …
  Je (ne) m' intéresse (pas) à…
- Ich bin ein großer Fan von (D) … *Je suis un grand fan de…*
- (keinen) Spaß haben *(ne pas) s'amuser*
- berühmt *célèbre*
- beliebt *apprécié*
- bekannt *connu*

→ p. 192

SPRACHBOX

Donner une indication temporelle

- Ø 1877 fand der erste Opernball statt.
- **Im** September 1913 / **Am** 13. September 1913 wurde „Bühlers Ballhaus" eröffnet.
- **In den 60er Jahren** war München eine große Partystadt.
- **Im 19. Jahrhundert** fanden die ersten Opernbälle statt.

La négation globale

- Ich gehe heute Abend tanzen. ≠ Ich gehe heute Abend **nicht** tanzen.
- Er tanzt gern. ≠ Er tanzt **nicht** gern.
- Sie hatte Spaß. ≠ Sie hatte **keinen** Spaß.

→ p. 194

Nun sind Sie dran!

Verstehen Sie die Begeisterung der Jugendlichen fürs Tanzen und für Bälle? Suchen Sie sich einen der drei Orte aus und sagen Sie, ob Sie gerne dorthin gehen würden oder nicht, und erklären Sie, warum (Stadt, Musik, Geschichte …). Diskutieren Sie mit einem Mitschüler darüber.

TRAINING

WORTSCHATZ

Sind Traditionen noch „in"?

lebendige Traditionen

A2-B1

- das Brauchtum *la coutume*
- etw. pflegen, bei/behalten* *entretenir, garder qc*
- etw. basteln = etw. selbst machen *confectionner qc soi-même*
- Neujahr, Silvester feiern *fêter le Nouvel An*
- das Feuerwerk *le feu d'artifice*
- verkleidet sein *être déguisé, costumé*
- die Fastenzeit *la période de jeûne*
- die Schultüte (-n) *la pochette-surprise pour l'entrée à l'école*
- der Abiball *le bal de fin d'année*
- die Tracht *la tenue traditionnelle, le costume folklorique*
- die Lederhose (-n) *la culotte de peau bavaroise*
- die Blasmusik *la musique de fanfare*

die Wiesn

A2

- das Fest (-e) *la fête*
- feiern *fêter*

A2-B1

- die Wiesn = das Oktoberfest = eines der größten Volksfeste der Welt *la fête de la bière de Munich, une des plus grandes fêtes populaires du monde.*
- der Jahrmarkt (¨-e) *la foire*
- das Wahrzeichen *l'emblème*
- das Festzelt (-e) *la tente*
- attraktiv *attrayant*

Bedeutung von Traditionen

A2-B1

- die Zusammengehörigkeit *le sentiment d'appartenance*
- die Wurzel (-n) *la racine*
- die Pflicht *le devoir*
- etw. überliefern *transmettre qc*
- die Überlieferung *la transmission*
- die Gewohnheit (-en) *l'habitude*
- die Verlässlichkeit *la fiabilité*
- ein Vorbild für jn sein *être un exemple pour qn*
- sich in einer neuen Umgebung ein/leben *s'acclimater à un nouvel environnement*
- Verantwortung tragen* *prendre des responsablités*
- sich geborgen fühlen *se sentir en sécurité*
- in einem Verein aufgenommen werden *être accueilli au sein d'une association*

das gefällt mir (nicht)

A2-B1

- … gefällt mir (nicht), weil … *… (ne) me plaît (pas), parce que…*
- Ich interessiere mich (nicht) für (A) … *Je (ne) m'intéresse (pas) à…*
- Ich bin ein großer Fan von (D) … *Je suis un grand fan de…*
- (keinen) Spaß haben *(ne pas) s'amuser*
- beliebt *apprécié*

im Tanzlokal

A2

- tanzen; der Tanz; das Tanzlokal *danser ; la danse ; le dancing*
- in die Disko gehen* *aller en discothèque*
- der Walzer *la valse*

A2-B1

- der Opernball *le bal à l'opéra*
- die Abendkleidung *la tenue de soirée*
- das Abendkleid (-er) *la robe de soirée*
- der Frack (¨-e) *la queue-de-pie*
- das Nachtleben *la vie nocturne*
- der Auftritt (-e) *la représentation*
- der Schlager (-) *la chanson de variété (en allemand)*

Comprendre les consignes

- Erklären Sie kurz. *Expliquez brièvement.*
- Bilden Sie eine Expertengruppe. *Formez un groupe d'experts.*

ÜBUNGEN

1 Indiquez le genre des noms suivants avec l'article défini.

a. d… Tradition
b. d… Abendkleidung
c. d… Tanzlokal
d. d… Nachtleben
e. d… Brauchtum
f. d… Heimat
g. d… Fastenzeit
h. d… Schlager

2 Retrouvez les mots composés.

Nacht-
Volks-
Opern-
Wahr-
Abend-

-kleid
-ball
-fest
-leben
-zeichen

3 Lisez la définition et trouvez le mot qui lui correspond.

das Brauchtum – die Disko – der Jahrmarkt – die Lederhose – der Trachtenverein – das Wahrzeichen – der Walzer

a. die traditionelle Hose aus Bayern
b. ein Ort, an dem Freunde tanzen
c. ein Tanz, der aus Wien kommt
d. ein Synonym für das Wort „Tradition"
e. ein großes Volksfest
f. eine Organisation, in der man Traditionen pflegt
g. ein Synonym für das Wort „Symbol"

4 Retrouvez les noms communs dérivés des mots suivants.

etw. überliefern | verantwortlich | sich auf jn verlassen | etw. brauchen | auftreten | etw. gewohnt sein | zusammengehören | tanzen

5 Complétez le texte à partir des éléments suivants.

Brauchtum – Festes – geborgen – pflegt – Traditionen – Vereine – Zusammengehörigkeit

Mit … verbinden viele Folklore. Aber Bräuche können … in einer individualisierten Welt bedeuten. Wer Bräuche … , der lebt in der Regel in einer lokalen Welt, in der er sich … fühlt. Was wir heute Brauch nennen, ist in der Regel eine rituelle Form der Erinnerung, des … . Tausende lokaler … und Initiativen kümmern sich in Deutschland um die unterschiedlichsten … .

EXTRA

A2-B1

6 Beschreiben Sie kurz Ihre Lieblingstradition (was, wann, wo, mit wem, warum, wie?).

SPRACHMELODIE

CD 2 46 MP3 56

Les substantifs en « *-ion* »

- Les substantifs terminés par *-ion* sont souvent hérités du français et tous sont du genre féminin. Ils sont accentués sur la dernière syllabe : *die Reli°gion, die Konfronta°tion*

1 Écoutez ces mots et répétez-les.

Tradi°tion – Defini°tion – Informa°tion – Attrak°tion – Ak°tion – Na°tion – Illu°sion – Situa°tion

2 Écoutez attentivement ces deux phrases.

Die bayerische Tradition ist sehr beliebt.
Das ist die neueste Attraktion auf dem Oktoberfest.

3 Lisez-les maintenant en veillant à bien prononcer les substantifs en *-ion*. Vous pouvez vous enregistrer.

4 Réécoutez l'enregistrement et vérifiez que vous avez bien réalisé les sons.

GRAMMATIK

LERNTEMPODUETT → p. 19

Donner des précisions (la relative) → p. 189

→ PRÉCIS p. 232

- La proposition subordonnée relative est située après le nom qu'elle complète, appelé l'antécédent. Elle est introduite par un pronom relatif, qui reprend le genre et le nombre de l'antécédent.
- Le cas du pronom relatif dépend de la fonction qu'il a dans la proposition subordonnée ou de la préposition qui le précède.

	Masculin	Féminin	Neutre	Pluriel
Nominatif	der	die	das	die
Accusatif	den	die	das	die
Datif	dem	der	dem	denen

! Dans la proposition subordonnée relative, le verbe conjugué est en dernière position.

1 Reformulez les deux phrases en transformant l'une d'elles en relative.

a. Ich mag diese Traditionen. Diese Traditionen kommen aus meiner Heimat.
b. Er wollte mir das Abendkleid schenken. Das Abendkleid wurde in Italien geschneidert.
c. Ich spiele Klavier in dem Verein. Der Verein wurde in meiner Stadt gegründet.
d. Ich kaufe die Lederhose. Die Lederhose ist braun und bestickt.

2 Complétez les phrases avec le pronom relatif correct. Attention aux cas !

a. Die junge Frau, ... ich zur Faschingsparty eingeladen habe, heißt Veronika.
b. Sie kauft das Dirndl, in ... sie sich wohl fühlt.
c. Ich habe mich in das Mädchen, ... ich ein Lebkuchenherz geschenkt habe, verliebt.
d. Er tanzte die ganze Nacht auf dem Opernball, für ... er Tickets gekauft hatte.

La négation globale → p. 191

→ PRÉCIS p. 235

- La négation ***nicht***
  Elle se place devant ce que l'on souhaite nier.
  *Ich tanze **nicht** gern.*
  *Er kann **nicht** kommen.*
  *Wir gehen **nicht** zu der Party.*
- La négation ***kein***
  On utilise ***kein*** pour nier *ein* ou l'absence d'article :
  *Er mag eine Tradition. → Er mag **keine** Tradition.*
  *Ich habe Freunde. → Ich habe **keine** Freunde.*
  *Wir hatten Spaß. → Wir hatten **keinen** Spaß.*

3 Niez les phrases suivantes avec *kein*.

a. Sie hat einen Bruder.
b. Ich habe Lust, auf die Wiesn zu gehen.
c. Er hat Markenkleider.
d. Ich habe ein Dirndl, das dazu passt.
e. Für uns ist es ein Problem.
f. Sie haben Zeit.

4 Niez les phrases suivantes avec *nicht*.

a. Ich kann sehr gut tanzen.
b. Sie kommt auf die Party.
c. Die Freunde gehen aufs Oktoberfest.
d. Clara Bühler war die Gründerin des Ballhauses.

5 Répondez par la négative.

a. Möchtest du nach Bayern zum Oktoberfest fahren?
b. Kennst du die Stadt München?
c. Hast du Lust, mitzukommen?
d. Willst du mit dem Wagen hinfahren?
e. Hast du eine Idee, wo wir wohnen können?
f. Magst du überhaupt Volksfeste?
g. Findest du Blasmusik gut?
h. Verkleidest du dich gern?
i. Hast du eine Lederhose?

1 2 Projekt

Ihre Traditionen

MÉDIATION

PARTNERINTERVIEW → p. 18

A2-B1

Welche Bedeutung haben Traditionen für Sie? Welche Traditionen pflegen Sie zu Hause, mit Freunden, in Ihrer Schule, in Ihrem Verein?

- PARTNER A und B bereiten mindestens sechs Fragen vor, die sie sich während der zwei Interviews stellen werden, wie zum Beispiel:
  – Feierst du besondere Feste? Mit wem feierst du?
  – Bist du in einem Verein?
  – Welche Traditionen kennst du? Was hältst du von Traditionen?
- Nach den zwei Interviewphasen schreibt jeder Partner einen zusammenfassenden Artikel über die Traditionen seines Mitschülers.

Stratégies

▷ Pour questionner

- *Was machst du an Weihnachten?* (quoi)
- *Welche Tradition gibt es in deiner Stadt / deinem Land?* (quel-)
- *Wie feiert ihr Geburtstag?* (comment)
- *Wo feiert ihr Silvester?* (où)
- *Wann trägst du traditionelle Kleidung?* (quand)
- *Mit wem feierst du Namenstag?* (avec qui)
- *Warum gibt es diese Tradition?* (pourquoi)

▷ Pour indiquer l'importance

- *jm wichtig sein* avoir de l'importance pour qn
- *Es ist mir wichtig, dass …* Il est important pour moi de…
- *Es spielt für mich eine / keine Rolle, dass …* Cela a une importance / n'a pas d'importance pour moi que…
- *Ich lege Wert auf (A) …* J'attache de l'importance à…
- *… liegt mir am Herzen.* … me tient à cœur.

a

b

c

D

1. von Aufgehetzten verwüstet *dévasté par des fanatiques*

Kapitel 16

LE PASSÉ DANS LE PRÉSENT

Wozu Geschichte?

Wie können wir aus der Geschichte lernen?

- Connaître l'Histoire et permettre la réconciliation. (p. 198)
- Se souvenir de l'Histoire dans un but pédagogique. (p. 200)

- La comparaison. (p. 199)
- La modalité pour nuancer son propos. (p. 199)

Projekt

Présenter un événement historique. (p. 205)

MÉDIATION PARTNERPUZZLE

Fit für die Zertifikation (p. 206)

SPRACHBOX

- die Gedenktafel (-n) *la plaque commémorative*
- etw. (G) gedenken* *commémorer qc*
- sich an etw. / jn erinnern; die Erinnerung an etw. (A) / jn *se souvenir de qc / qn ; le souvenir de qc / qn*
- das Opfer (-) *la victime*
- der Krieg (-e) *la guerre*
- im Ersten, im Zweiten Weltkrieg *pendant la Première, la Seconde Guerre mondiale*
- vergessen* *oublier*
- jn vertreiben* *chasser qn*
- jn verfolgen *persécuter qn*
- die Judenverfolgung *la persécution des Juifs*
- gegen etw. (A) Widerstand leisten *résister à qc*
- im Krieg fallen* *tomber au combat*
- jn hin/richten *exécuter qn*
- jn zum Tod verurteilen *condamner qn à mort*
- der Mauerfall *la chute du mur*
- die Öffnung der Grenzen *l'ouverture des frontières*
- die Wiedervereinigung Deutschlands *la réunification de l'Allemagne*

→ p. 202

Sich erinnern

A2 **1** Sehen Sie sich die Gedenktafeln an. Woran und an wen erinnern sie?

B1 **2** Welche Gedenktafeln gibt es in Ihrer Umgebung (auf dem Schulweg, an Ihrer Schule, in Ihrer Stadt …) und woran erinnern sie?

Geschichte kennen

A Schlimme Zeiten

VIDEO

Die Jugendlichen besuchten historische Orte – und waren dabei, als Frankreichs Präsident Emmanuel Macron mit Bundeskanzlerin Angela Merkel am Samstag in Compiègne eine neue Gedenktafel für die gefallenen Soldaten enthüllte[1]. Am 11. November 1918 wurde dort in einem Waldstück der Waffenstillstand geschlossen, der den Ersten Weltkrieg beendete.

Die deutschen und französischen Jugendlichen stellten Merkel und Macron ihre Fragen. Die 18-jährige Berlinerin Josepha Bakalow sogar auf Französisch. Sie fragte Macron, welche Botschaft er mit diesem historischen Treffen an die Deutschen vermitteln will. Macron antwortete, man schulde es den Millionen jungen Soldaten, die im Ersten Weltkrieg gefallen sind, Frieden zu schaffen.

Der syrische Flüchtling Ali Jarjanazi lebt in Thüringen. Er konnte Angela Merkel bei der Gedenkfeier in Compiègne eine Frage stellen. Er fragte: „Frau Bundeskanzlerin, können Sie uns erklären, was man tun kann, damit es keinen Krieg mehr gibt?"

Und Angela Merkel antwortete ihm: „Ja, aufzufordern[2], miteinander zu sprechen. Wir haben leider heute in der Welt zu viel Sprachlosigkeit, man spricht übereinander[3] an vielen Stellen, aber nicht miteinander. Manchmal ist das natürlich auch sehr schwer. Man muss irgendwann den Punkt finden, auch einander zu vergeben. Denn wir Deutschen haben zum Beispiel nach 1918, 21 Jahre später, wieder einen Krieg begonnen, der noch schlimmer war als der vorherige. Daraus ziehen wir Lehren, selbst wenn wir manchmal unterschiedlicher Meinung sind, arbeiten wir so lange, bis wir eine gemeinsame Linie gefunden haben."

1. enthüllen *dévoiler*
2. auf/fordern *inciter*
3. übereinander sprechen* *parler à propos de qn*

A2

1. Schauen Sie sich das Video an. An welches Ereignis erinnern sich die Schüler gemeinsam?
2. Fassen Sie die Aussagen der Jugendlichen zusammen.
3. Lesen Sie den Text. Welche Fragen haben Josepha und Ali den Politikern gestellt? Welche Antworten haben sie bekommen?

SPRACHBOX

im Krieg

- der Schützengraben (¨) *la tranchée*
- in den Krieg ziehen* *aller à la guerre*
- jn erschießen* *tuer qn par balle*
- sterben* *mourir*
- kämpfen *lutter, se battre*
- der Verletzte *(adj. subst.) le blessé*
- an Hunger leiden* *souffrir de la faim*
- frieren* *avoir froid*
- der Grabenkrieg *la guerre des tranchées*
- der Feind (-e) *l'ennemi*
- der Tote *(adj. subst.) le mort*

nach dem Krieg

- der Waffenstillstand *l'armistice*
- der Frieden *la paix*
- aus etw. eine Lehre ziehen* *tirer une leçon de qc*
- jm vergeben* (D) *pardonner à qn*
- zum Denken an/regen *inciter à réfléchir*
- die Versöhnung *la réconciliation*

Kriegsidylle ≠ Brutalität des Krieges

- ein Stück Normalität *une part de normalité*
- lächeln *sourire*
- eine saubere ≠ schmutzige Uniform *un uniforme propre ≠ sale*
- unbesorgt, fröhlich, wohl genährt ≠ verzweifelt, hungrig *insouciant, joyeux, bien nourri ≠ désespéré, affamé*
- etw. beschönigen ≠ eine realistische Darstellung *embellir qc ≠ une représentation réaliste*

→ p. 202

B Feinde im Krieg

A2-B1
1. Was unterscheidet die beiden Fotos voneinander?
2. Wie lässt sich das erklären?

a Postkarte mit Kriegsidylle

b Realistische Darstellung

SPRACHBOX

La comparaison

Comparatif de supériorité

- Der Zweite Weltkrieg war noch schlimm**er als** der Erste.

Comparatif d'égalité

- Die Schlacht von Verdun war **so brutal wie** die Schlacht an der Somme.

Comparatif d'inégalité

- In Wirklichkeit waren die Soldaten **nicht so fröhlich wie** auf der Postkarte.

La modalité pour nuancer son propos

- Die Völker **müssen** einander vergeben. *(obligation)*
- Wir **können** aus der Geschichte lernen. *(possibilité)*
- Die Menschen **wollen** keinen Krieg mehr beginnen. *(volonté)*
- Die Schülerin **durfte** dem Präsidenten eine Frage stellen. *(autorisation ou interdiction avec* nicht *ou* kein*)*

→ p. 204

KulturBOX

Der Schützengraben wurde nach dem Ende des Bewegungskrieges[1] zu einem der wichtigsten Symbole im Ersten Weltkrieg. Offizielle Kriegsberichterstatter machten oft Propagandafotos. Diese zeigten Situationen im Schützengraben mit Soldaten, die ihr Gewehr[2] polierten, den Feind durchs Fernrohr[3] beobachteten, fröhlich ihre Post lasen, sich rasierten oder Kaffee tranken. Sie verfälschten die Brutalität des Krieges und präsentierten auf den Postkarten den Familienmitgliedern, die zu Hause geblieben waren, eine Kriegsidylle.

1. der Bewegungskrieg *la guerre de mouvement* 2. das Gewehr *le fusil* 3. das Fernrohr *la longue-vue*

Nun sind Sie dran!!

Welcher historische Ort, den Sie einmal (mit der Schule oder Ihrer Familie) besichtigt haben, hat Sie beeindruckt? Berichten Sie kurz vor der Klasse. Es kann sich dabei um eine Gedenkstätte[1], ein Haus, ein Schloss oder ein Museum handeln.

1. die Gedenkstätte *le mémorial*

Geschichte wachhalten

A Wer war Anne Frank?

MÉDIATION PARTNERBRIEFING → p. 18

VIDEO

A2 1 PARTNER A macht sich Notizen zu Anne Frank.

PARTNER B notiert die Daten und die geschichtlichen Ereignisse.

B1 2 Beide Partner tauschen sich aus. PARTNER A präsentiert, PARTNER B fasst zusammen. Dann wechseln sie die Rollen.

3 Machen Sie nun zu zweit eine doppelte Zeitleiste mit den geschichtlichen Ereignissen und den Informationen zu Anne Frank.

B Das Tagebuch der Anne Frank

B1 1 Welche Nachricht erschreckt Anne zuerst, welche später?

2 Was beschließt die Familie?

3 Welche Fragen stellt sich Anne?

Einen Monat bevor die Familie untertauchen musste, hatte Anne zu ihrem 13. Geburtstag ihr erstes Tagebuch geschenkt bekommen. In diesem Tagebuch, das sie liebevoll „Kitty" nannte, hielt Anne den Alltag im Versteck, ihre Gefühle und Gedanken fest. Das Tagebuch wurde zu ihrer besten und einzigen Freundin.

Mittwoch, 8. Juli 1942

Liebe Kitty!

Zwischen Sonntagmorgen und jetzt scheinen Jahre zu liegen. Es ist so viel geschehen, als hätte sich plötzlich die Welt umgedreht[1]. Aber, Kitty, du merkst, dass ich noch lebe, und das ist die Hauptsache, sagt Vater. Ja, in der Tat, ich lebe noch, aber frage nicht, wo und wie.

Ich denke, dass du mich heute überhaupt nicht verstehst, deshalb werde ich einfach anfangen, dir zu erzählen, was am Sonntag geschehen ist.

Um 3 Uhr [...] klingelte[2] jemand an der Tür.

Ich hatte es nicht gehört, da ich faul in einem Liegestuhl auf der Veranda in der Sonne lag und las. Kurz darauf erschien Margot[3] gang aufgeregt an der Küchentür. „Anne, für Vater ist ein Aufruf von der SS gekommen", flüsterte sie. „Mutter ist schon zu Herrn van Daan gegangen."

Ich erschrak furchtbar. Ein Aufruf[4]! Jeder weiß, was das bedeutet. Konzentrationslager und einsame Zellen[5] sah ich vor mir auftauchen, und dahin sollten wir Vater ziehen lassen müssen? „Er geht natürlich nicht", erklärte Margot, als wir im Zimmer saßen und auf Mutter warteten. „Mutter ist zu van Daan gegangen und fragt, ob wir schon morgen in unser Versteck umziehen können. Van Daans gehen mit. Wir sind dann zu siebt." [...]

Als Margot und ich in unserem Schlafzimmer saßen, erzählte sie, dass der Aufruf nicht Vater betraf, sondern sie. Ich erschrak erneut und begann zu weinen. Margot ist sechzehn. So junge Mädchen wollten sie wegschicken? Aber zum Glück würde sie nicht gehen, Mutter hatte es selbst gesagt. Und vermutlich hatte auch Vater das gemeint, als er mit mir über Verstecken gesprochen hatte. Verstecken! Wo sollten wir uns verstecken? In der Stadt? Auf dem Land? In einem Haus, in einer Hütte[6]? Wann? Wie? Wo? Das waren Fragen, die ich nicht stellen konnte und die mich doch nicht losließen.

Das Tagebuch der Anne Frank, 1950

1. Die Welt hat sich umgedreht. *Le monde est à l'envers.*
2. klingeln *sonner*
3. Margot ist Annes große Schwester.
4. der Aufruf *l'appel, la convocation*
5. einsame Zellen *des cellules isolées*
6. eine Hütte *une cabane*

C Anne Franks Erbe

MÉDIATION PARTNERBRIEFING → p. 18

CD 2 47

eine Aufgabe erfüllen *accomplir un devoir*

B1

1 **PARTNER A** hört sich den Bericht über Anne Franks Vater an und sammelt Informationen über das Schicksal der Familie und die Botschaft des Vaters an die Jugend. **PARTNER B** liest die Informationen über das Anne Frank Haus und erklärt, warum sich die Menschen heute dafür interessieren.

2 Beide Partner tauschen die Informationen aus, die sie gesammelt haben und präsentieren sie vor der Klasse.

www.annefrank.org

anne frank house — Museum | Anne Frank | Bildungsarbeit | Themen | Über uns | Shop

Die Geschichte des Anne Frank Hauses

Der Zweite Weltkrieg ist mehr und mehr Geschichte geworden. Die Geschichten, die junge Leute heute über den Krieg hören, sind nicht mehr die Geschichten ihrer Eltern und nur noch ganz selten ihrer Großeltern.
Schon deshalb erfüllt das Anne Frank Haus eine wichtige pädagogische Aufgabe. Es erzählt die Geschichte des Mordes an sechs Millionen Juden während des Zweiten Weltkriegs, indem es die Schicksale von einigen der Opfer in den Mittelpunkt rückt. Warum interessieren sich so viele Menschen für das Anne Frank Haus? Hat es mit der großen Bedeutung[1] von Annes Tagebuch zu tun? Mit den Wanderausstellungen[2] und den vielen Aktivitäten des Anne Frank Hauses im Ausland? Mit der Erinnerung an die Schrecken des Zweiten Weltkrieges?

1. die Bedeutung *ici, l'importance*
2. die Wanderausstellung (-en) *l'exposition itinérante*

SPRACHBOX

Krieg und Holocaust

- an die Macht kommen* *arriver au pouvoir*
- ein Land besetzen *occuper un pays*
- die Besatzung *l'occupation*
- jn verhaften; die Verhaftung *arrêter qn ; l'arrestation*
- jn ermorden *assassiner qn*
- erschossen werden* *être fusillé*
- weinen *pleurer*
- der Jude (-n); jüdisch *le Juif ; juif (adj.)*
- das Judengesetz (-e) *la loi anti-juif*
- der **Na**tionalso**zi**alist = der Nazi
- das Konzentrationslager (-) = das KZ *le camp de concentration*
- in ein Konzentrationslager gebracht werden* *être déporté*

überleben wollen

- überleben *survivre*
- sich verstecken; das Versteck (-e) *se cacher ; la cachette*
- unter/tauchen *ici, se cacher, vivre dans la clandestinité*
- jm helfen* *aider qn*
- Angst haben, entdeckt zu werden *avoir peur d'être découvert*

aus der Geschichte lernen

- ein Tagebuch führen *tenir un journal*
- etw. veröffentlichen *publier qc*
- sich gegen Vorurteile ein/setzen *se mobiliser contre des préjugés*
- die Ausstellung (-en) *l'exposition*
- jn über etw. informieren *informer qn de qc*
- jm etw. erklären *expliquer qc à qn*
- die Schrecken des Zweiten Weltkrieges *les horreurs de la Seconde Guerre mondiale*
- die Naziverbrechen *les crimes nazis*
- das Verständnis *la compréhension*
- eine Botschaft vermitteln *transmettre un message*

→ p. 202

Nun sind Sie dran!

Meinen Sie, dass es wichtig ist, solche Orte wie das Anne Frank Haus zu erhalten? Diskutieren Sie in der Klasse darüber.

TRAINING

WORTSCHATZ

Wozu Geschichte?

zwei schreckliche Weltkriege

A2-B1

- der Erste Weltkrieg *la Première Guerre mondiale*
- der Zweite Weltkrieg *la Seconde Guerre mondiale*
- in den Krieg ziehen* *aller à la guerre*
- einberufen werden* *être mobilisé*
- kämpfen *se battre, combattre*
- der Feind (-e) *l'ennemi*
- an der Front sterben* *mourir au front*
- verletzt werden* *être blessé*
- jn erschießen* *tuer qn par balle*
- auf jn schießen* *tirer sur qn*
- im Krieg an Hunger leiden* *souffrir de la faim pendant la guerre*
- frieren* *avoir froid*
- der Frieden; im Frieden leben *la paix ; vivre en paix*

Naziverbrechen

B1

- der **Na**tionalso**zi**alist = der Nazi
- das Verbrechen (-); die Naziverbrechen *le crime ; les crimes nazis*
- ein Land besetzen; die Besatzung *occuper un pays ; l'occupation*
- jn verhaften ; die Verhaftung *arrêter qn ; l'arrestation*
- jn verfolgen; die Verfolgung *persécuter qn ; la persécution*
- jn verraten* *ici, dénoncer qn*
- jn ermorden *assassiner qn*
- verbieten*; das Verbot (-e) *interdire ; l'interdiction*
- der Jude (-n); jüdisch *le Juif ; juif (adj.)*
- das Judengesetz (-e) *la loi anti-juif*
- das Konzentrationslager (-) = das KZ *le camp de concentration*
- in ein Konzentrationslager gebracht werden* *être déporté*
- unmenschlich *inhumain*
- schrecklich *effroyable, terrible*
- schlimm *grave*
- die Schrecken des Zweiten Weltkrieges *les horreurs de la Seconde Guerre mondiale*
- das Opfer (-) *la victime*
- überleben *survivre*
- sich verstecken; das Versteck (-e) *se cacher ; la cachette*
- unter/tauchen *se cacher, vivre dans la clandestinité*
- beklemmend *angoissant, oppressant*
- Widerstand leisten *résister*
- der Widerstandskämpfer (-) *le résistant*

sich erinnern

B1

- ein Tagebuch führen *tenir un journal*
- etw. veröffentlichen *publier qc*
- in viele Sprachen übersetzen *traduire dans beaucoup de langues*
- über etw. (A) nach/denken* *réfléchir à propos de qc*
- sich an etw (A) erinnern; an etw. (A) erinnern *se souvenir de qc ; rappeler qc*
- die Erinnerung (-en) an etw. (A) *le souvenir de qc*
- nicht vergessen* *ne pas oublier*
- etw. (G) gedenken* *commémorer qc*
- zum Denken an/regen *inciter à réfléchir*
- die Gedenktafel (-n) *la plaque commémorative*
- das Ereignis (-se) *l'événement*
- sich gegen Vorurteile ein/setzen *se mobiliser contre des préjugés*
- einander vergeben* *se pardonner mutuellement*
- sich versöhnen; die Versöhnung *se réconcilier ; la réconciliation*
- die Ausstellung (-en) *l'exposition*
- der Widerstand *la résistance*
- Widerstand leisten *résister*
- jn über etw. (A) informieren, auf/klären *informer qn sur qc*
- jm etw. erklären, jn auf/klären *expliquer qc à qn*
- eine Botschaft vermitteln *transmettre un message*
- verstehen*; das Verständnis *comprendre ; la compréhension*

Comprendre les consignes

- Jeder macht sich Notizen. *Chacun prend des notes.*
- Fassen Sie zusammen … *Résumez…*
- Machen Sie eine doppelte Zeitleiste. *Faites une double frise chronologique.*

ÜBUNGEN

1 **Retrouvez les mots composés, puis indiquez l'article défini.**

Welt	Buch
Konzentrations	Fall
Gedenk	Vereinigung
Juden	Verfolgung
Kriegs	Verbrechen
Wieder	Krieg
Tage	Tafel
Mauer	Lager

2 **Indiquez l'article défini pour chaque nom puis retrouvez les verbes correspondants.**

Besatzung – Erinnerung – Ermordung – Erzählung – Gedenken – Hilfe – Übersetzung – Verbot – Verfolgung – Verhaftung – Verrat – Versteck

3 **Complétez le texte avec les termes manquants.**

jüdischen – Konzentrationslager – Tagebuch – überlebte – verhaftet – Versteck – Zweiten Weltkrieges

Anne Frank stammte aus einer ... Familie. Sie musste während des ... untertauchen. Gemeinsam mit sieben anderen Verfolgten organisierte der Vater ein ... in seinem Bürogebäude in Amsterdam. In dieser Zeit schrieb Anne regelmäßig in ihr ... . Zwei Jahre später wurden alle verraten und ... . Die Familie und ihre Freunde wurden in ein ... gebracht. Allein Otto Frank, der Vater, ...

4 **Retrouvez la phrase synonyme.**

a. Sie hatte große Angst.
   1. Es war für sie eine beklemmende Situation.
   2. Sie musste frieren.

b. Sie mussten untertauchen.
   1. Sie mussten emigrieren.
   2. Sie mussten sich verstecken.

c. Es wurden ihnen verboten, ein normales Leben zu führen.
   1. Sie wollten kein normales Leben führen.
   2. Sie durften kein normales Leben führen.

d. Jeder soll sich daran erinnern.
   1. Man muss einander vergeben.
   2. Man darf es nicht vergessen.

e. Sie haben Widerstand geleistet.
   1. Sie haben sich daran erinnert.
   2. Sie haben dagegen gekämpft.

f. Wir wollen uns versöhnen.
   1. Wir wollen einander vergeben.
   2. Wir wollen nichts vergessen.

EXTRA

B1 **5** **Finden Sie es wichtig, sich an historische Ereignisse zu erinnern? Und in welcher Form? Diskutieren Sie in der Klasse oder schreiben Sie einen kurzen persönlichen Text zu diesem Thema.**

SPRACHMELODIE

CD 2 48 MP3 57

La prononciation du « *an* »

- Une des difficultés des francophones est l'absence de nasales en allemand.
- « *an* » se prononce comme le prénom Anne en français : *anfangen, miteinander.*

1 **Écoutez ces mots et répétez-les.**

einander – anders – voran – Anne – antworten– die Ankunft – Deutschland – manche – annehmen

2 **Écoutez attentivement ces deux phrases.**

Julian kam im Januar in den Niederlanden an.
Deutschlands Vergangenheit erinnert manchmal an traurige Ereignisse.

3 **Lisez-les maintenant en veillant à bien prononcer le son « *an* ». Vous pouvez vous enregistrer.**

4 **Réécoutez l'enregistrement et vérifiez que vous avez bien réalisé les sons.**

TRAINING

GRAMMATIK

LERNTEMPODUETT → p. 19

La comparaison → p. 199

→ PRÉCIS p. 232

- Le comparatif d'égalité
  *Der Krieg war für die Deutschen **so** schlimm **wie** für die Franzosen.*
- Le comparatif d'inégalité
  *Die deutschen Schüler wissen **nicht so** viel über Verdun **wie** die französischen Schüler.*
- Le comparatif de supériorité
  Il faut ajouter ***-er*** à l'adjectif ou à l'adverbe quelle que soit sa longueur* + ***als***.
  *Die echten Kriegsfotos sind realistisch**er als** die Propagandafotos.*

* à la différence de l'anglais

! La plupart des adjectifs qui ne comportent qu'une syllabe prennent une inflexion.
groß → größer *alt → älter*
jung → jünger

Quelques formes irrégulières.
gut → besser *viel → mehr*
gern → lieber *hoch → höher*

1 **Reformulez et faites une seule phrase en utilisant un comparatif d'égalité. Procédez aux modifications nécessaires.**
a. Geschichte ist interessant. Geografie ist interessant.
b. In Deutschland gibt es viele Gedenktafeln. In Frankreich gibt es viele Gedenktafeln.
c. Die Schüler aus Frankreich waren in Verdun traurig. Die Schüler aus Deutschland waren in Verdun auch traurig.
d. Debatten sind im Geschichtsunterricht spannend. Debatten sind im Philosophieunterricht spannend.

2 **Complétez les phrases avec un comparatif d'égalité ou d'inégalité selon le sens.**
a. Das Interesse für das Anne Frank Haus ist heute ... früher. (groß)
b. Die Zeugen *(témoins)* des Zweiten Weltkrieges sind heute ... vor 30 Jahren. (zahlreich)
c. Die Gedenkfeiern für den Krieg sind in Deutschland ... in Frankreich. (wichtig)
d. Das Tagebuch der Anne Frank lesen ... Erwachsene ... Jugendliche. (viele)

La modalité pour nuancer son propos → p. 199

→ PRÉCIS p. 226

La conjugaison des verbes de modalité est irrégulière aux 3 personnes du singulier présent.

- ***müssen*** → être obligé, devoir
  *Die Völker **müssen** aus der Geschichte lernen.*
- ***können*** → pouvoir, être capable de
  ***Kannst** du mir sagen, warum es immer noch Krieg gibt?*
- ***sollen*** → devoir (conseil, obligation imposée par qn)
  *Ihr **sollt** euch für die Geschichte eures Landes interessieren.*
- ***wollen*** → vouloir
  ***Wollt** ihr das Tagebuch der Anne Frank lesen?*
- ***mögen*** → aimer bien
  *Ich **mag** Geschichte.*
- ***dürfen*** → être autorisé
  *Wir **dürfen** im Unterricht debattieren.*

! Avec ***nicht*** ou ***kein***, ***dürfen*** exprime l'interdiction.
*Wir **dürfen** die Opfer der beiden Weltkriege nicht vergessen.*

3 **Complétez les phrases avec le verbe de modalité qui convient au présent.**
dürfen (x1) – mögen (x1) – sollen (x1) – wollen (x1) – können (x2) – müssen (x1)
Niemand ... Krieg. Trotzdem ... heute immer noch Menschen in Kriegsgebieten leben. Wer ... das verstehen? Warum ... wir nicht in Frieden miteinander leben? Die jungen Leute ... die Hoffnung nicht verlieren. Sie ... eine bessere Welt aufbauen, wenn sie es nur ... .

4 **Complétez avec le verbe de modalité qui convient au présent ou prétérit selon le sens de la phrase. Chaque verbe de modalité est utilisé une fois.**
a. Bei der Gedenkfeier in Verdun ... eine Schülerin aus Deutschland dem französischen Staatspräsidenten eine Frage stellen.
b. Während des Krieges ... viele junge Männer in den Krieg ziehen.
c. Wer ... mir das Tagebuch der Anne Frank leihen?
d. Meine Klasse ... eine Gedenkfeier für die Opfer der Nationalsozialisten organisieren.
e. Wir ... aus den Fehlern der Vergangenheit lernen.
f. Ich ... keine Kriegsfilme.

Ein historisches Ereignis

MÉDIATION

PARTNERPUZZLE → p. 20

A2-B1 **Wählen Sie eines dieser geschichtlichen Ereignisse und präsentieren Sie es zu zweit nach der Methode des Partnerpuzzles.**

- Beschreiben Sie kurz das Ereignis (Ort, Datum, was passiert ist).
- Erklären Sie, warum Sie dieses Ereignis gewählt haben und warum Sie es wichtig finden, sich daran zu erinnern.
- Erklären Sie zum Schluss, was man Ihrer Meinung nach machen könnte, damit so etwas nie wieder passiert.

Die Reichspogromnacht

Am 9. November 1938 vom NS-Regime unter Adolf Hitler organisierte Aktionen gegen jüdische Menschen. Dabei wurden 400 Personen ermordet, 30 000 wurden verhaftet und in Konzentrationslager deportiert – darunter auch viele Kinder. Tausende Geschäfte und Wohnungen jüdischer Menschen sowie über 1 400 Synagogen wurden zerstört.

Die Weiße Rose

Sophie und Hans Scholl traten während des Dritten Reichs der Widerstandsgruppe „Weiße Rose" bei. Die Mitglieder waren Studenten, die die Menschen in ihrem Land auf die Gräueltaten[1] der NS-Regierung aufmerksam machen wollten. Sie verteilten Flugblätter[2], die zum Widerstand gegen Hitler aufriefen. Für ihren Mut mussten die Geschwister mit ihrem Leben bezahlen. Sie wurden im Februar 1943 im Alter von 21 und 24 Jahren hingerichtet.

1. die Gräueltaten *les actes effroyables*
2. Flugblätter verteilen *distribuer des tracts*

Der Berliner Mauerbau

In der Nacht vom 12. auf den 13. August 1961 haben Grenzpolizisten der DDR damit begonnen, in Berliner Straßen Barrikaden aus Steinen zu errichten und quer durch die Stadt Stacheldraht zu ziehen. Sie bauten rund um West-Berlin eine drei Meter hohe Mauer. Dadurch wurde der westliche Teil Berlins von der DDR und Ostberlin abgetrennt.

Der Erste Weltkrieg

Im Jahr 1914 begann in Europa der Erste Weltkrieg. Deutschland hatte große Schuld am Ausbruch des Krieges. Die meisten europäischen Mächte waren am Krieg beteiligt. Es war ein grausamer Krieg, bei dem über zehn Millionen Menschen starben.

Stratégies

Utilisez les verbes de modalité pour nuancer votre propos

- *Wir wollten über dieses Ereignis berichten, weil in meiner Familie / in unserem Freundeskreis …* Nous voulions parler de cet événement car quelqu'un de ma famille / parmi nos amis…
- *Wir können nicht verstehen, wie so etwas passieren konnte.* Nous ne pouvons pas comprendre comment cela a pu arriver.
- *Man darf die Opfer nicht vergessen.* Il ne faut pas oublier les victimes.
- *Wir müssen eine Lehre daraus ziehen.* Nous devons tirer des leçons de cela.

Expliquez ce que l'on peut faire pour éviter les erreurs du passé

- **Organiser une cérémonie commémorative**
  - *Wir wollen am … eine Gedenkfeier für … organisieren.* Nous voulons organiser une cérémonie commémorative pour… le…
  - *Wir laden dazu die Schüler / Lehrer / den Direktor ein.* Nous invitons les élèves / professeurs / le proviseur.
  - *Wir möchten alle über dieses Ereignis informieren, weil …* Nous voulons informer tout le monde sur cet événement parce que…
- **Concevoir une plaque commémorative**
  - *Wir schreiben die Namen der Opfer / Gefallenen / Verfolgten auf eine Gedenktafel.* Nous inscrivons les noms des victimes / des morts de la guerre / des persécutés sur une plaque commémorative.
  - *Wir werden die Gedenktafel in der Aula aufhängen.* Nous allons accrocher la plaque commémorative dans la grande salle.

Fit für die Zertifikation

ENTRAÎNEMENT AUX ÉPREUVES COMMUNES EN COURS D'ANNÉE

Schriftliche Interaktion

In einem Internetforum geht es um das Thema Bedeutung der Geschichte.
Hier kannst du lesen, was dort vier Schüler über dieses Thema denken.

- **Schreibe nun deine eigene Meinung zu diesem Thema für die Schülerzeitung. Was bedeutet Geschichte für dich? Begründe deine Meinung ausführlich.**

Irina

„Ich finde es wichtig, zu wissen, was früher passiert ist. Geschichte ist die Epoche unserer Großeltern und unserer Urgroßeltern. Da erfahren wir, wie das Leben zu einer anderen Zeit war, und das ist doch faszinierend."

Boris

„Ich kann gar nicht verstehen, wie man sich nicht für Geschichte interessieren kann. Geschichte ist doch überall. In jedem Haus in unserer Stadt, in jedem Schloss, an dem wir vorbeigehen. Wenn wir nicht wissen, was früher passiert ist, wie können wir dann die Welt von heute verstehen?"

Julian

„Geschichte ist das langweiligste Schulfach von allen. Da gibt es nur Jahreszahlen, Kriege und Schlachten. Und dann muss man für die Tests alles auswendig lernen, ohne nachzudenken."

Stefanie

„Ich mag besonders die prähistorische Geschichte. Es ist total interessant, zu erfahren, wie die Geschichte der Menschheit begonnen hat. Ich träume davon, die Grotte von Lascaux in Frankreich zu besichtigen."

Faites attention à la ponctuation. Elle suit des règles précises. Il faut séparer par une virgule la proposition principale de la proposition subordonnée (devant *dass, weil …)*
Im Geschichtsunterricht lernen wir, wie das Leben früher war.

Lorsque vous utilisez les deux points, le premier mot de la phrase suivante commence par une majuscule.
Sich erinnern, einander vergeben:
Auf diese Weise tragen wir zum Frieden bei.

Lors de l'évaluation de la production écrite, la ponctuation et l'orthographe font l'objet de 3 points score sur 24.

Hörverstehen

CD 2 49 MP3 58

Interview mit Fabian

Du hörst gleich ein Interview mit Fabian. Fabian erklärt, warum Geschichte sein Lieblingsfach ist.
Lies zuerst die Sätze 1 – 5. Du hast dafür eine Minute Zeit.

- **Höre nun das Interview. Löse die Aufgaben beim Hören. Sag, ob die Aussage richtig oder falsch ist.**
  Danach hörst du das Interview noch einmal.

1	Fabian lernt gern über das Leben von früher.
2	Er interessiert sich nicht für alle Themen.
3	Fabian findet nur die Geschichte seines Landes interessant.
4	Er interessiert sich für die französische Revolution.
5	Er debattiert gern im Geschichtsunterricht.

Pour bien comprendre les phrases complexes, il est important d'identifier les propositions subordonnées. Elles sont introduites par un mot subordonnant (*dass, weil, was, wie …*). Repérer ce mot subordonnant vous aide à accéder au sens.

Leseverstehen

Für diesen Teil solltest du dir 15 Minuten Zeit nehmen.
Lies den Text und die Aufgaben (1 – 5).
Sag bei jeder Aufgabe (1 – 5), ob sie richtig oder falsch ist.

Bikini Berlin

1957 wurde in Westberlin neben dem Zoo ein Gebäudekomplex, Bikini Berlin, mit der finanziellen Hilfe des Marshallplans gebaut. Bis Ende der 60er Jahre gab es mehr als 60 Modefirmen dort, die insbesondere Frauenmode und Bademode produzierten und verkauften. Nach dem Bau der Berliner Mauer ging die Aktivität zurück[1]. Erst 2014 renovierte eine bayerische Firma den Gebäudekomplex. Heute steht Bikini Berlin unter Denkmalschutz[2] und ist das erste Concept Shopping Center Berlins mit einer Kombination aus Shopping, Kulinarik, Arbeiten, Kino, Freizeit und Hotel. Dazu gibt es im Einkaufszentrum Pop-up-Stores, in denen junge Designer und Designerinnen ihre Kreationen vorstellen können. Aber nicht nur Freizeit, Lifestyle und trendisches Arbeiten sind hier repräsentiert: Die 7.000 m² große, begrünte Dachterrasse schenkt der deutschen Hauptstadt ein neues grünes Herz.

1. zurück/gehen* *baisser, diminuer* 2. unter Denkmalschutz stehen* *être classé monument historique*

Lorsque vous êtes confronté à un texte informatif, soyez attentif aux dates et aux indications temporelles qui retracent l'histoire d'un lieu.

Aufgaben 1 – 5

1	Der Gebäudekomplex, Bikini Berlin, wurde vor dem Zweiten Weltkrieg gebaut.
2	Bis Anfang der 70er Jahre wurden dort Autos produziert.
3	Das Gebäude steht leider nicht unter Denkmalschutz.
4	Heute kann man im Bikini Berlin essen, schlafen, arbeiten und einkaufen.
5	Auf der Dachterrasse ist der Bau eines Restaurants geplant.

Mündliche Kommunikation

Wähle ein Thema aus und bereite ein kurzes Referat vor.
Du solltest auch einen Gegenstand oder Fotos mitbringen, die dein Thema illustrieren.

– Welche Traditionen feierst du mit deiner Familie / deinen Freunden / in deiner Schule / in deiner Stadt?
– Welche Traditionen findest du besonders schön?

N'hésitez pas à parler également de traditions que vous avez découvertes lors de voyages ou d'échanges. Si par exemple, vous avez eu la chance de participer à une fête particulière lors d'un voyage scolaire, présentez celle-ci en vous appuyant si possible sur des photos prises lors de cet événement !

Mündliche Interaktion

Bei der mündlichen Prüfung sollst du auch Fragen des Prüfers beantworten. Übt in Zweiergruppen und antwortet abwechselnd auf diese Fragen:

– Interessierst du dich für Geschichte?
– Diskutierst du manchmal mit älteren Leuten über die Vergangenheit?
– Gehst du gern ins Museum?
– Welche Feste feierst du in deiner Familie?

Quel que soit votre point de vue, vous devez justifier votre réponse. N'hésitez pas à donner des exemples précis pour convaincre votre interlocuteur et personnaliser votre exposé.

Um das Comic besser zu verstehen!

Bevor sie mit dem Lesen anfangen, sammeln Sie Informationen über den historischen Kontext in Vierergruppen anhand der folgenden Übungen:

- **Assoziieren Sie die Daten mit den richtigen Ereignissen der deutschen Geschichte**

1945 1949 1961
1989 1990

– Bau der Berliner Mauer
– Gründung der BRD (Westdeutschland) und der DDR (Ostdeutschland)
– Fall der Berliner Mauer
– Ende des Zweiten Weltkriegs und Kapitulation Deutschlands
– Wiedervereinigung

- **Assoziieren Sie nun die folgenden Begriffe mit der BRD oder der DDR.**

Überwachung – mehrere politische Parteien – Reisefreiheit – Diktatur – Zensur – offene Grenzen – Reiseverbot – Demokratie – geschlossene Grenzen – Meinungs- und Pressefreiheit – keine politische Pluralität – Respekt des Privatlebens

Denken Sie an Ihren Geschichtsunterricht, an Filme, Serien oder Bücher!

DETLEF MATTHES: Die andere Seite

- die Berliner Mauer
  le mur de Berlin
- der Bau ≠ der Fall der Mauer
  la construction ≠ la chute du mur
- die Wende = die Wiedervereinigung
  la réunification allemande
- die Grenze; der Grenzübergang
  la frontière ; le passage frontalier

1. die Vertretung
ici, la représentation diplomatique

1. beschäftigen *ici, trotter dans la tête, tracasser*
2. die Neugier an/stacheln *piquer la curiosité*
3. die Konfirmation *célébration religieuse protestante qui marque le passage à l'âge adulte (vers 15 ans)*

1. Wir sind 1976. Wie war damals die geopolitische Situation Berlins?

Damit kann ich mir nun ein eigenes Bild machen.
Klick!
Die Fernsehbilder von der West-Berliner Seite der Mauer zeigen, dass es dort ganz anders aussieht als im Osten. Hier darf man nicht mal in die Nähe der Grenze kommen.
HIER GIBT'S NICHTS ZU SEHEN! WEITERGEHEN!

1. die maroden Hausfassaden
les façades de maisons délabrées
2. die Grenzsicherungsanlage
le dispositif de sécurité frontalier

- der Flüchtling; die Flucht; aus / vor etw. fliehen*
  le réfugié ; la fuite ; s'enfuir de / fuir qc
- erlaubt ≠ verboten sein
  être autorisé ≠ interdit
- das Wahrzeichen = das Symbol
- sich ein eigenes Bild machen
  se faire sa propre idée

2. Warum war Ihrer Meinung nach das Fotografieren in der DDR überwacht, bzw. an manchen Orten verboten?

PFINGSTEN 1987:

In West-Berlin gibt es ein mehrtägiges Rockkonzert zur 750-Jahr-Feier der Stadt direkt an der Mauer vor dem Reichstag. 70.000 Fans hören die Musik von New Model Army, David Bowie, Bruce Hornsby & The Range, Eurythmics, Genesis und Paul Young.

1. der Lautsprecher (-) *l'enceinte, le haut-parleur*
2. nach etw. ausgerichtet sein *être dirigé vers qc*

- die Staatsmacht *le pouvoir de l'État*
- die Volkspolizei = die Vopos *la police est-allemande*
- jn zurück/drängen *repousser qn*

1. der Bulle *(lang. fam) le flic*
2. die Wut *la rage*

- etw. ab/fangen; etw. beschlagnahmen *intercepter ; saisir qc*
- jn fest/nehmen* *arrêter qn*
- das Ereignis (-se) *l'événement*

1. das Vorgehen *l'intervention, la manière d'agir*

- die Hausdurchsuchung *la perquisition du domicile*
- das Gefängnis; die Haft *la prison ; l'emprisonnement*
- einen Ausreiseantrag stellen; bewilligen *demander ; accorder une autorisation de sortie du territoire*

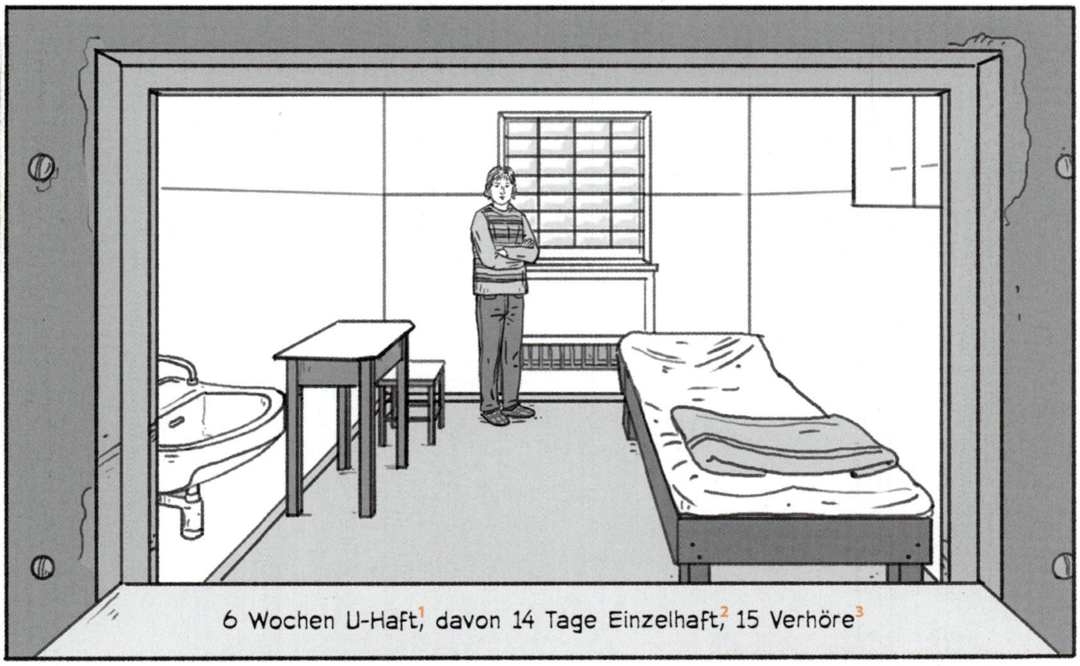

1. die U-Haft *la détention provisoire*
2. die Einzelhaft *l'isolement*
3. das Verhör *l'interrogatoire*

* Grund war der Besuch von DDR-Staats- und Parteichef Erich Honecker in der Bundesrepublik im September 1987.

3. Wer hat Detlef nach der Demonstration festgenommen? Warum wohl?

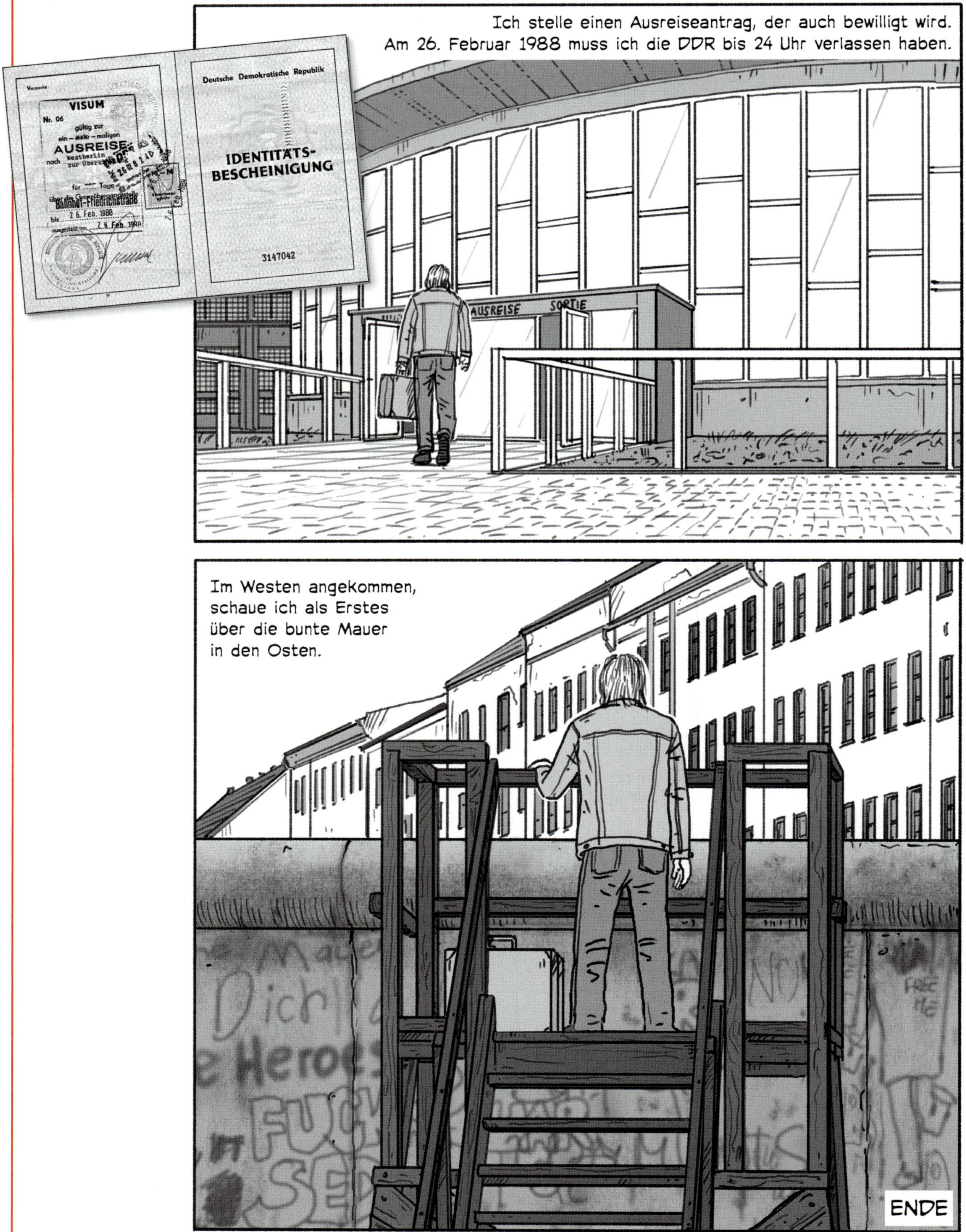

4. Welchen Entschluss hat Detlef nach der Haft gefasst? Warum wohl?

Kreative Ateliers

Meinungsfreiheit!

B1

- Detlef hat während des Konzerts und der Demonstration Fotos gemacht und seine Geschichte kurz aufgeschrieben. Er hat das Material an ein westdeutsches Magazin geschickt, damit die Presse der freien Welt erfährt, was in der DDR wirklich passiert. Leider hat die Stasi den Brief abgefangen.
- Bilden Sie Zweiergruppen und machen Sie Recherchen über die Nacht des 7.-8. Juni 1987 und schreiben Sie den Zeitungsartikel, der damals in der Presse erschienen ist!

Geschichte in Musik

MÉDIATION GALERIEGANG

B1

- Während des Kalten Kriegs gab es mehrere Sänger und Sängerinnen, die sich für die Freiheit mit ihren Liedern engagiert haben. Bilden Sie drei Gruppen in der Klasse und bearbeiten Sie folgende Lieder :
  - Gruppe A: *Heroes* von David Bowie
  - Gruppe B: *Wind of Change* von der deutschen Gruppe Skorpions
  - Gruppe C: *99 Luftballons* von Nena.
- Jede Gruppe bearbeitet die Liedtexte, die Entstehungsgeschichte, die Aussage, die Biografie der Sänger / Sängerin.
- Bilden Sie dann Dreiergruppen aus einem Partner A, B und C. Spielen Sie Ihren Mitschülern das Lied vor und präsentieren Sie es ihnen.

Wir sind ein Volk!

B1

- Wir sind am 10. November 1989. Detlef lebt in Westberlin. Die Mauer ist gerade gefallen. Recherchieren Sie nach Fotos dieser Nacht. Zeichnen Sie die Ereignisse und erfinden Sie die Fortsetzung zum Comic mit Sprechblasen oder schreiben Sie den entsprechenden Beitrag in sein Tagebuch.

Berlin damals – Berlin heute

B1-B2

- Detlef und seine Familie machen für den Besuch aus Westdeutschland eine Berliner Stadttour. Notieren Sie zuerst in der Klasse die fünf aufgezeichneten Orte und Sehenswürdigkeiten (→ p. 208-209).
- Bilden Sie dann fünf Gruppen und recherchieren Sie nach Fotos dieser Orte 1976 und heute. Vergleichen Sie die Fotos:
  - Um welchen Ort handelt es sich?
  - Welche Funktion hatte er zu DDR-Zeiten?
  - Und heute? Was ist anders?
- Präsentieren Sie dann der Klasse die Geschichte der Berliner Gebäude anhand der Fotos und der gefundenen Informationen!

Nur eine Mauer ...?

B2

- Für Detlef ist Westberlin eine „weiße Fläche". Viele Jahre lang hat die Mauer Berlin geteilt. Bilden Sie Zweiergruppen und machen Sie Recherchen über die Geschichte der Mauer:
  - Zeichnen Sie den Verlauf der Mauer auf eine Karte von Berlin.
  - Informieren Sie sich über die Mauer: Warum wurde die Mauer gebaut? Gab es wirklich nur eine Mauer oder mehrere?
- Präsentieren Sie dann Ihre Recherchen anhand der Karte, Fotos oder Zeichnungen einer anderen Zweiergruppe.
- Überlegen Sie zuletzt zu viert, warum Detlef als Kind eine „weiße Mauer" hinter dem Brandenburger Tor sah und als Erwachsener über die „bunte Mauer" in den Osten schaute.

LERNSTRATEGIEN

1 Travailler les activités langagières en cours

En cours, vous allez vous entraîner à la compréhension de l'oral, de l'écrit, à l'expression orale et à l'expression écrite. De nombreuses activités collaboratives vous permettront de développer la médiation, c'est-à-dire la capacité à expliquer ce que vous avez découvert et compris. Vous trouvez ci-après quelques aides méthodologiques.

1.1 Écouter un document et prendre des notes

Comment comprendre ce que l'on entend ?

- Gardez à l'esprit **le contexte** (thème du chapitre) et lisez attentivement **la consigne** car elle vous fournit des éléments d'anticipation.
- **Repérez ce thème dans la *Sprachbox* lexicale** (encadré orange) et prenez connaissance de ce nouveau lexique. Pour les documents sonores et audiovisuels, quelques aides lexicales sont données à côté des consignes et des supports pour vous faciliter la compréhension.
- Vous pouvez prendre appui sur les **éléments non verbaux** (débit et ton des locuteurs, différentes voix des personnes interviewées, bruit, sonneries…).
- L'apprentissage régulier du lexique, de la prononciation et de l'accentuation *(Sprachmelodie)* vous aideront à reconnaître les mots que vous avez appris.

Comment prendre des notes lors de l'écoute ?

- À la première écoute, essayez de comprendre le document audio ou vidéo dans sa globalité sans prendre de notes.
- Lors d'une deuxième écoute, vous essaierez de compléter ou de corriger ce qui semble mal compris. Vous prendrez alors en note les éléments vous permettant de répondre à la (aux) consigne(s).
- Une troisième écoute peut permettre la vérification de certains détails.

Exemple de notes

Mein Kiez in Leipzig - Teil 1 p. 78 CD 1 24

[Extrait du script]
Hallo, ich bin der Benjamin. Ich komme aus Dresden und studiere seit 3 Jahren in Leipzig. Ich wohne im Stadtteil Südvorstadt und muss zugeben, dass es bestimmt das coolste Viertel von Leipzig ist.

Benjamin: aus Dresden – seit 3 Jahren in L studieren –
in Südvorstadt wohnen
das coolste Viertel

1.2 Lire un texte et prendre des notes

- Il ne s'agit pas de tout comprendre à la première lecture, mais là encore le **contexte** du chapitre, le **titre** du document et les **consignes** sont des éléments qui peuvent orienter votre compréhension.
- Ne cherchez pas immédiatement les mots qui vous sont inconnus, mais reposez-vous en premier lieu sur ceux que vous connaissez et comprenez. N'oubliez pas qu'en allemand les mots complexes sont souvent composés ou dérivés de mots plus simples *(Erlebnisse > erleben > leben).*
- Le contexte et les mots que vous connaissez vous aideront à **déduire le sens des mots inconnus.**
- N'oubliez pas de **prendre connaissance des notes lexicales** en bas du texte.
- Pour comprendre un texte, il est important de repérer sa **structure.** Vous pouvez essayer de résumer par exemple chaque paragraphe par un titre ou une phrase.

Exemple de notes

Sur la structure du texte p. 44
(Deutschlands berühmteste Freundschaft)

1er et 2e § = G. und S. waren sehr verschieden aber sehr gute Freunde

3e § = Der Autor erzählt von dieser Freundschaft (Briefwechsel)

4e § = Schillers Tod und Goethes Reaktion

1.3 Présenter un document à l'oral

MÉDIATION

- Vous devez parler de façon **fluide** et garder au maximum le **contact** avec votre interlocuteur ou votre auditoire. C'est pourquoi vous ne devez **ni apprendre par cœur ni lire un texte rédigé**.
- Vous ne devez pas parler trop vite mais être clair. Veillez à bien prononcer et n'hésitez pas à expliciter, apporter des précisions ou donner des exemples.
- Lors du travail en binôme, votre partenaire devra souvent résumer votre présentation, ce qui vous permettra de repérer ce qui n'a pas été correctement expliqué.
- En plénière, vous pouvez intégrer des supports visuels ou écrire les idées importantes au tableau.

1.4 Rédiger un texte

- Surtout, ne commencez pas à rédiger tout de suite ! Notez vos idées au **brouillon**.
- Vous n'avez évidemment pas autant de vocabulaire en allemand qu'en français. **Surtout, n'écrivez pas votre texte en français pour le traduire ensuite !** Vous devez partir du vocabulaire dont vous disposez et que vous avez appris au fil des cours.
- Élaborez un plan. Vos idées directrices constituent des « tiroirs » dans lesquels vous devez « ranger » les éléments de votre brouillon : arguments, exemples, etc. Si certains ne trouvent pas leur place, c'est sans doute qu'ils ne sont pas pertinents et que vous devez les supprimer.
- Apportez un soin particulier aux **articulations du discours.** Utilisez des marqueurs pour justifier votre propos (p. 116), structurer (p. 62), ordonner (Stratégie 2 p. 85), exprimer une contradiction (p. 138)…
- Si vous ne trouvez pas le mot juste, cherchez **une autre formulation**, voire modifiez toute la phrase. Bannissez les « blancs » et autres mots français entre parenthèses !
- Si vous avez encore du mal à construire des énoncés complexes, **privilégiez les phrases simples, courtes, mais correctes.**

LERNSTRATEGIEN

2 Travailler à la maison

L'acquisition des compétences en langue nécessite un travail personnel à la maison. La relecture du cours ou la réécoute des documents prend peu de temps si elle est effectuée régulièrement.

2.1 Apprendre une leçon

Comment retenir sa leçon ?

- Avant d'être relue et apprise, la leçon doit avoir été notée en classe de manière claire et structurée (surlignez, encadrez, utilisez des couleurs).
- **Refaites l'activité d'après la consigne au moins oralement** après avoir réécouté ou relu le document. Vérifiez d'après les notes prises.
- **Apprenez le lexique et la grammaire** liés à cette leçon.
- Une fois la séquence terminée, vous pouvez refaire les tâches intermédiaires *Nun sind Sie dran!* Celles-ci permettent en effet de faire la synthèse de ce qui a été abordé dans la double-page.

Comment mémoriser le vocabulaire ?

- Relisez plusieurs fois les mots et recopiez-les avec ce qui les accompagne (article, pluriel, préposition obligatoire, cas ; indiquez les formes irrégulières des verbes par un astérisque. Ils sont répertoriés par ordre alphabétique pp. 237-238).
- Réécrivez les mots au brouillon (par exemple d'après leur traduction française) et vérifiez que vous ne vous êtes pas trompé(e).
- **Profitez des activités orales et écrites en cours pour réutiliser ces mots**, car on ne mémorise que les mots que l'on utilise.
- Dans la double-page *Wortschatz*, les mots sont classés par champ sémantique et par niveau. Vous pouvez commencer par apprendre tous les mots de niveau A2 puis ceux du niveau A2-B1.

Sur le site *Quizlet*, vous pouvez créer une liste de vocabulaire, le site générera automatiquement des exercices d'entraînement et d'évaluation à partir de cette liste. Vous pouvez partager avec vos camarades la conception des listes.

Comment retenir un point de grammaire ?

- Observez la règle de grammaire dans les exemples de phrases vues en cours.
- Pour mieux visualiser, **surlignez**, **encadrez**, **utilisez des couleurs** pour les faits de langue.
- **Faites (ou refaites) les exercices *Grammatik***, au moins oralement.
- Apprenez par cœur quelques exemples, cela vous aidera à retrouver la règle.

2.2 Préparer une évaluation

- **Étalez vos révisions** sur plusieurs jours. Cela vous laissera le temps de poser des questions à votre professeur si nécessaire.
- Retravaillez les documents étudiés dans le chapitre : **relisez les textes, réécoutez les MP3 en répondant au moins oralement aux questions du manuel**. Vérifiez avec vos notes prises en cours. Revoyez enfin les points de grammaire et le lexique appris en refaisant les exercices des pages *Wortschatz* et *Grammatik*.
- Vous pouvez représenter vos cours sous la forme d'une **carte mentale (p. 25)** dont le centre serait le nom du chapitre, les premières branches les différents aspects traités puis les dernières branches relieraient ces aspects aux phrases importantes notées dans le cahier.

2.3 Utiliser le dictionnaire

- Avant de vous précipiter sur un dictionnaire, vérifiez que le mot recherché n'est pas dans la **partie *Wortschatz* du chapitre** ou que vous ne connaissez pas un **terme équivalent**.
- Vous devez définir auparavant le **contexte** dans lequel vous avez besoin de ce mot. Seul le contexte vous permettra de choisir la bonne traduction parmi toutes celles indiquées.
- Veillez à **bien orthographier le terme recherché** et à différencier les adjectifs, des noms ou des verbes (marcher ≠ marché ; marié *adj.* ≠ (le) marié *n.m.* ; *schon* ≠ *schön* ; *Morgen* ≠ *morgen*)
- Dans le dictionnaire papier, il y a souvent plusieurs sens. Le contexte est indiqué par des exemples ou des groupes infinitifs. Les dictionnaires en ligne (Pons : https://fr.pons.com/traduction, Leo : https://www.leo.org) indiquent également le contexte par des exemples de phrases ou des groupes infinitifs, vous devez absolument **rechercher l'exemple qui correspond à votre besoin**. Pour cela, il faut **parcourir l'article en entier**.
- N'utilisez pas le traducteur en ligne pour traduire des phrases entières, cela est contre-productif (vous devez être capable de faire des phrases) et réserve souvent de mauvaises surprises.

Exemple

Mot recherché « garder » contexte → « garder un secret »

- **Dictionnaire *Larousse***

  garder – 1. [surveiller] …
  – 2. [conserver] …
  – 3. [ne pas quitter] …
  – 4. [retenir] …
  – 5. FIG. [conserver] …

  Le paragraphe 5 semble le plus approprié car il correspond au sens figuré. En lisant les différents exemples, on trouve « garder un secret = *ein Geheimnis bewahren, für sich behalten* »

- **Dictionnaire en ligne *Leo*** : https://www.leo.org

  garder : après une longue liste de verbes seuls, on trouve plus bas l'expression « garder un secret » : « *ein Geheimnis bewahren, für sich behalten* »

GRAMMATIK

BANQUE D'EXERCICES INTERACTIFS AUTOCORRECTIFS

accessible via le Manuel numérique

I. Le verbe

II. Le groupe nominal

III. La structure de la phrase

IV. Les nombres

Annexes

I. Le verbe

A Les différents types de verbes

Il existe quatre grandes catégories de verbes :

- les auxiliaires de temps ;
- les verbes de modalité ;
- les verbes faibles et les verbes mixtes ;
- les verbes forts.

B Les marques de personne

Il n'y a que deux séries de marques de personne en allemand.

Au présent uniquement			
que le verbe soit		**faible** ou	**fort**
-e	ich	spiel **e**	komm **e**
-st	du	spiel **st**	komm **st**
-t	er/es/sie	spiel **t**	komm **t**
-en	wir	spiel **en**	komm **en**
-t	ihr	spiel **t**	komm **t**
-en	sie/Sie	spiel **en**	komm **en**

Au prétérit, au subjonctif I et au subjonctif II			
que le verbe soit		**faible** ou	**fort**
-□	ich	spiel te □	kam □
-st	du	spiel te **st**	kam **st**
-□	er/es/sie	spiel te □	kam □
-(e)n	wir	spiel te **n**	kam **en**
-t	ihr	spiel te **t**	kam **t**
-(e)n	sie/Sie	spiel te **n**	kam **en**

REMARQUES

- **perte d'un -e** : les marques **-en** (1re et 3e personnes du pluriel) perdent le **-e** si le radical se termine déjà en **-e.**
  → wir spielte -(e)n
- **perte du -s** : la marque **-st** perd le **-s** si le radical se termine par **s, ß** ou **z.**
  → du lie**st**, du mu**sst**, du hei**ßt**, du sit**zt**
- **ajout d'un -e- (intercalaire)** : pour certains verbes, en particulier ceux dont le radical se termine en **-d**, **-t** ou **-n** précédé d'une consonne (ba**d**-en, arbei**t**-en, reg**n**-en), on rajoute un **-e-** intercalaire pour faciliter la prononciation.
  → ich bade / du bad**e**st / er bad**e**t / wir baden / ihr bad**e**t / sie baden
  → ich bad**e**te□ / du bad**e**test / er bad**e**te□ / wir bad**e**ten / ihr bad**e**tet / sie bad**e**ten
  → ich arbeite / du arbeit**e**st / er arbeit**e**t / wir arbeiten / ihr arbeit**e**t / sie arbeiten
  → ich arbeit**e**te□ / du arbeit**e**test / er arbeit**e**te□ / wir arbeit**e**ten / ihr arbeit**e**tet / sie arbeiteten

C Conjugaison

› 1. Les auxiliaires de temps

sein			
	Présent	**Parfait**	
ich	bin	bin	gewesen
du	bist	bist	gewesen
er/es/sie	ist	ist	gewesen
wir	sind	sind	gewesen
ihr	seid	seid	gewesen
sie	sind	sind	gewesen
Sie	sind	sind	gewesen
	Prétérit	**Impératif**	
ich	war□		
du	war**st**	sei□!	
er/es/sie	war□		
wir	war**en**	sei**en** wir!	
ihr	war**t**	sei**d**!	
sie	war**en**		
Sie	war**en**	sei**en** Sie!	

haben			
	Présent	**Parfait**	
ich	hab**e**	hab**e**	gehabt
du	ha**st**	ha**st**	gehabt
er/es/sie	ha**t**	ha**t**	gehabt
wir	hab**en**	hab**en**	gehabt
ihr	hab**t**	hab**t**	gehabt
sie	hab**en**	hab**en**	gehabt
Sie	hab**en**	hab**en**	gehabt
	Prétérit	**Impératif**	
ich	hatte□		
du	hatte**st**	hab□!	
er/es/sie	hatte□		
wir	hatte**n**	hab**en** wir!	
ihr	hatte**t**	hab**t**!	
sie	hatte**n**		
Sie	hatte**n**	hab**en** Sie!	

werden			
	Présent	**Parfait**	
ich	werd**e**	bin	geworden
du	wir**st**	bist	geworden
er/es/sie	wir**d**□	ist	geworden
wir	werd**en**	sind	geworden
ihr	werd**et**	seid	geworden
sie	werd**en**	sind	geworden
Sie	werd**en**	sind	geworden
	Prétérit	**Impératif**	
ich	wurde□		
du	wurde**st**	werd**e**!	
er/es/sie	wurde□		
wir	wurde**n**	werd**en** wir!	
ihr	wurde**t**	werd**et**!	
sie	wurde**n**		
Sie	wurde**n**	werd**en** Sie!	

› 2. Les verbes de modalité et de modalisation

Ils sont aussi appelés **prétérito-présents**, car ils ont entre autres au présent des marques de prétérit (**-□**, **-st**, **-□**).

→ ich kann□, du kannst, er kann□
→ ich kam□, du kamst, er kam□

Infinitif	können	dürfen	wollen
	Présent		
ich	kann□	darf□	will□
du	kann**st**	darf**st**	will**st**
er/es/sie	kann□	darf□	will□
wir	könn**en**	dürf**en**	woll**en**
ihr	könn**t**	dürf**t**	woll**t**
sie/Sie	könn**en**	dürf**en**	woll**en**
Infinitif	**mögen**	**müssen**	**sollen**
	Présent		
ich	mag□	muss□	soll□
du	mag**st**	muss**t**	soll**st**
er/es/sie	mag□	muss□	soll□
wir	mög**en**	müss**en**	soll**en**
ihr	mög**t**	müss**t**	soll**t**
sie/Sie	mög**en**	müss**en**	soll**en**
Infinitif	**können**	**dürfen**	**wollen**
	Prétérit		
ich	konnte□	durfte□	wollte□
du	konnte**st**	durfte**st**	wollte**st**
er/es/sie	konnte□	durfte□	wollte□
wir	konnte**n**	durfte**n**	wollte**n**
ihr	konnte**t**	durfte**t**	wollte**t**
sie/Sie	konnte**n**	durfte**n**	wollte**n**
Infinitif	**mögen**	**müssen**	**sollen**
	Prétérit		
ich	mochte□	musste□	sollte□
du	mochte**st**	musste**st**	sollte**st**
er/es/sie	mochte□	musste□	sollte□
wir	mochte**n**	musste**n**	sollte**n**
ihr	mochte**t**	musste**t**	sollte**t**
sie/Sie	mochte**n**	musste**n**	sollte**n**
	Parfait		
ich habe es gekonnt ich habe es gemocht		ich habe es gewollt	

Le verbe ***wissen*** se comporte de la même manière.

→ ich weiß□, du weißt, er weiß□, wir wissen, ihr wisst, sie/Sie wissen

2.1. Les verbes de modalité

Ils réfèrent directement au sujet et expriment, comme leurs équivalents français et anglais, un certain nombre de nuances :

- **dürfen** : pouvoir (être autorisé à), avoir le droit de
  → Sie **dürfen** heute nicht ausgehen.
- **können** : pouvoir, être capable de, savoir
  → Sie **können** schon schwimmen.
- **mögen** : aimer, apprécier
  → Ich **mag** ihn nicht besonders.

Ce verbe de modalité est très souvent utilisé au subjonctif II pour exprimer le souhait.
→ Er **möchte** etwas länger bleiben.

- **müssen** : devoir, il faut que

Il s'agit d'une nécessité imposée à soi-même ou par les circonstances.
→ Ich **muss** ihm unbedingt davon erzählen.

- **sollen** : devoir, il faut que (conseil)

Contrairement à *müssen*, *sollen* suppose l'intervention de quelqu'un d'autre.
→ Er hat gesagt, du s**ollst** ihn sofort anrufen.

- **wollen** : vouloir
  → Sie **wollen** es mir nicht sagen.

Au parfait, ces verbes, accompagnés d'un infinitif, forment un double infinitif.
→ Sie haben auch **kommen wollen**.
→ Das hätte ich nicht **sagen sollen**.

2.2. Les verbes de modalisation

Ils permettent au locuteur de porter un jugement sur la probabilité de l'énoncé :

- **müssen** très forte probabilité +++++
  → Er **muss** es wissen. (sicher, bestimmt = *certainement, sûrement*)
- **dürfen (SII)** forte probabilité ++++
  → Er **dürfte** es wissen. (wahrscheinlich = *probablement*)
- **können** au présent, forte possibilité +++
  → Er **kann** es wissen. (möglicherweise = *il se peut que*)
  au subjonctif II, possibilité ++
  → Er **könnte** es wissen. (vielleicht = *peut-être*)
- **mögen** probabilité moindre +
  → Sie **mag** Recht haben. (vielleicht = *peut-être*)
- **sollen** absence de prise de position =
  → Sie **sollen** sich treffen. (anscheinend = *apparemment*)
- **wollen** mise en doute de l'énoncé. ---
  → Er **will** es nicht wissen. (angeblich = *soit-disant*) *(En réalité, il le sait.)*

› 3. Les verbes faibles

Ce sont les verbes dont le radical ne change pas, qui forment leur prétérit en **-te** et leur participe II en **[ge]-…t**.

leben			
	Présent	**Parfait**	
ich	leb**e**	habe	**ge**leb**t**
du	leb**st**	hast	**ge**leb**t**
er/es/sie	leb**t**	hat	**ge**leb**t**
wir	leb**en**	haben	**ge**leb**t**
ihr	leb**t**	habt	**ge**leb**t**
sie	leb**en**	haben	**ge**leb**t**
Sie	leb**en**	haben	**ge**leb**t**
	Prétérit	**Impératif**	
ich	lebte□		
du	lebte**st**	leb(**e**)!	
er/es/sie	lebte□		
wir	lebte**n**	leb**en** wir!	
ihr	lebte**t**	leb**t**!	
sie	lebte**n**		
Sie	lebte**n**	leb**en** Sie!	

› 4. Les verbes mixtes

Comme le mot « mixte » l'indique, ils combinent des caractéristiques de verbes faibles (*-te* au prétérit, *-t* au participe II) et des caractéristiques de verbes forts (modification du radical).
Il y en a huit : ***brennen, bringen, denken, kennen, nennen, rennen, senden, wenden***.

bringen		
	Présent	**Parfait**
ich	bring**e**	habe **ge**bra**cht**
du	bring**st**	hast **ge**bra**cht**
er/es/sie	bring**t**	hat **ge**bra**cht**
wir	bring**en**	haben **ge**bra**cht**
ihr	bring**t**	habt **ge**bra**cht**
sie	bring**en**	haben **ge**bra**cht**
Sie	bring**en**	haben **ge**bra**cht**
	Prétérit	**Impératif**
ich	brachte□	
du	brachte**st**	bring□!
er/es/sie	brachte□	
wir	brachte**n**	bring**en** wir!
ihr	brachte**t**	bring**t**!
sie	brachte**n**	
Sie	brachte**n**	bring**en** Sie!

› 5. Les verbes forts

Ce sont les verbes dont le radical change au prétérit et/ou au participe II (par rapport à l'infinitif).
Il faut les apprendre par cœur (cf. liste des verbes forts pp. 237-238). Ils forment leur participe II en ***[ge]…en***.

ATTENTION De nombreux verbes forts en **-a-** et en **-e-** changent de voyelle au présent des 2e et 3e personnes du singulier.
→ fahren / ich fahre / du f**ä**hrst / er f**ä**hrt mais : ihr f**a**hrt
→ geben / ich gebe / du g**i**bst / er g**i**bt mais : ihr g**e**bt
→ lesen / ich lese / du l**ie**st / er l**ie**st mais : ihr l**e**st
→ sehen / ich sehe / du s**ie**hst / er s**ie**ht mais : ihr s**e**ht

geben		
	Présent	**Parfait**
ich	geb**e**	habe **ge**geb**en**
du	gib**st**	hast **ge**geb**en**
er/es/sie	gib**t**	hat **ge**geb**en**
wir	geb**en**	haben **ge**geb**en**
ihr	geb**t**	habt **ge**geb**en**
sie	geb**en**	haben **ge**geb**en**
Sie	geb**en**	haben **ge**geb**en**
	Prétérit	**Impératif**
ich	gab□	
du	gab**st**	gib□!
er/es/sie	gab□	
wir	gab**en**	geb**en** wir!
ihr	gab**t**	geb**t**!
sie	gab**en**	
Sie	gab**en**	geb**en** Sie!

D Les différents temps de l'indicatif

› 1. Les temps simples : présent et prétérit

Les temps simples sont ceux qui sont constitués d'une seule forme verbale.

1.1. Le présent

■ Il est formé à partir du radical de l'infinitif (**spiel**-, **komm**-) auquel s'ajoutent les marques de personne.
→ **-e**, **-st**, **-t**, **-en**, **-t**, **-en**

■ Il est aussi très fréquemment utilisé pour exprimer un **futur**.
→ Morgen komme ich bei dir vorbei.
→ Je passe / Je passerai chez toi demain.

1.2. Le prétérit

■ Le prétérit indique qu'un événement passé est non accompli. Dans la langue parlée, il est très souvent utilisé pour les auxiliaires (*sein*, *haben* et les modaux) indépendamment de l'aspect de l'action, qu'elle soit accomplie ou non accomplie.

■ Il est formé à partir du radical du prétérit auquel s'ajoutent les marques de personne.
→ -□, **-st**, -□, **-(e)n**, **-t**, **-(e)n**

■ Le radical du prétérit est à apprendre par cœur pour les verbes forts (***kam-***) et est régulier pour les verbes faibles [radical du prétérit du verbe faible = radical du présent]
(***spiel***) + ***-te*** = ***spielte***.

› 2. Les temps composés : le parfait, le plus-que-parfait et le futur

Les temps composés sont ceux qui sont constitués de deux formes dont un auxiliaire.

2.1. Le parfait et le plus-que-parfait

■ Le parfait est utilisé pour relater un événement passé accompli. Il est formé à partir de l'auxiliaire ***haben*** ou ***sein*** au présent + participe II.

■ Le plus-que-parfait exprime une antériorité par rapport au prétérit et au parfait. Il est formé à partir de l'auxiliaire ***haben*** ou ***sein*** au prétérit + participe II.

a. La formation du participe II

■ Les verbes qui ne sont pas accentués sur la première syllabe ne prennent pas ***ge-*** au participe II. Il s'agit des :

– **verbes à préverbe inséparable** non accentué (***be-, emp-, ent-, er-, ge-, miss-, ver-, zer-, wider-***) ;
→ be'stellen – be'stellt, er'kennen – er'kannt, ver'stehen – ver'standen

– verbes en ***-'ieren***.
→ stu'dieren – stu'diert, telefo'nieren – telefo'niert

■ **ge-** s'intercale **entre le préverbe séparable et le radical du verbe**.
→ '**an**kommen – 'an**ge**kommen
→ '**hin**fahren – 'hin**ge**fahren
→ '**fest**stellen – 'fest**ge**stellt

b. Le choix de l'auxiliaire

■ Ne se construisent avec ***sein*** que :
– les verbes ***sein***, ***bleiben***, ***werden*** ;
→ Ich bin zu Hause gewesen, geblieben.
→ Ich bin gerade 18 geworden.

– les verbes intransitifs exprimant un changement d'état ;
→ Sie **ist** verschwunden. → Elle **a** disparu.
→ Ihr Vater ist gestorben.

– les verbes intransitifs exprimant un déplacement.
→ Wir sind nach München gefahren.
→ Wir **sind** umgezogen. → Nous **avons** déménagé.
→ Ich bin Auto, Rad, Ski gefahren.

■ Se construisent avec ***haben*** tous les autres verbes, c'est-à-dire :

– les verbes transitifs*
→ Er hat die Zeitung gelesen.
→ Er hat gelesen.
→ Er hat einen Traum gehabt.

– les verbes de modalité
→ Ich habe keinen Streit gewollt.

– les verbes réfléchis (contrairement au français)
→ Ich **habe** mich gewaschen. → Je me **suis** lavé(e).
→ Ich **habe** mich gelangweilt. → Je me **suis** ennuyé(e).
→ Wir **haben** uns oft gestritten. → Nous nous **sommes** souvent disputés.

– les verbes intransitifs exprimant un état ou une activité
→ Ich habe geschlafen, gearbeitet, getanzt, gewohnt, gelebt ...
→ Es hat geregnet, geschneit.

2.2. Le futur

■ Futur : auxiliaire ***werden*** au présent + **infinitif.**
→ Er wird in den Ferien nach Amerika reisen.

On emploie souvent le présent pour exprimer le futur, d'autant plus s'il y a une indication de temps (*morgen*, *später* ...).
→ Morgen fahren wir nach Hause.

E Le subjonctif II : conjugaisons

› 1. Le subjonctif II présent

1.1 Formes simples pour les auxiliaires et *wissen*

	sein	haben
ich	wäre□	hätte□
du	wäre**st**	hätte**st**
er/es/sie	wäre□	hätte□
wir	wäre**n**	hätte**n**
ihr	wäre**t**	hätte**t**
sie/Sie	wäre**n**	hätte**n**
	werden	**wissen**
ich	würde□	wüsste□
du	würde**st**	wüsste**st**
er/es/sie	würde□	wüsste□
wir	würde**n**	wüsste**n**
ihr	würde**t**	wüsste**t**
sie/Sie	würde**n**	wüsste**n**

	können	dürfen	wollen
ich	könnte□	dürfte□	wollte□
du	könnte**st**	dürfte**st**	wollte**st**
er/es/sie	könnte□	dürfte□	wollte□
wir	könnte**n**	dürfte**n**	wollte**n**
ihr	könnte**t**	dürfte**t**	wollte**t**
sie/Sie	könnte**n**	dürfte**n**	wollte**n**

	mögen	müssen	sollen
ich	möchte□	müsste□	sollte□
du	möchte**st**	müsste**st**	sollte**st**
er/es/sie	möchte□	müsste□	sollte□
wir	möchte**n**	müsste**n**	sollte**n**
ihr	möchte**t**	müsste**t**	sollte**t**
sie/Sie	möchte**n**	müsste**n**	sollte**n**

1.2 Formes composées pour les autres verbes

Auxiliaire ***werden*** au subjonctif II + verbe à l'infinitif.

	leben	geben
ich	würde□ leben	würde□ geben
du	würde**st** leben	würde**st** geben
er/es/sie	würde□ leben	würde□ geben
wir	würde**n** leben	würde**n** geben
ihr	würde**t** leben	würde**t** geben
sie/Sie	würde**n** leben	würde**n** geben

REMARQUES

■ Pour les verbes forts, dans la langue écrite et orale soutenue, on trouve une autre forme de subjonctif II :
radical du prétérit + inflexion si possible
+ **e** du subjonctif
+ marques de type prétérit (-□, ***-st***, -□, ***-n***, ***-t***, ***-n***).
→ ich gäbe□ / du gäbe**st** / er gäbe□ / wir gäbe**n** / ihr gäbe**t** / sie gäbe**n**.

■ Pour les verbes faibles, à l'écrit, dans des textes littéraires notamment, on trouve des subjonctifs II identiques au prétérit, formés de la manière suivante :
radical du prétérit (***lebte***)
+ marques de type prétérit (-□, ***-st***, -□, ***-en***, ***-t***, ***-en***).
→ ich lebte□ / du lebte**st** / er lebte□ / wir lebte**n** / ihr lebte**t** / sie lebte**n**.

› 2. Le subjonctif II passé (accompli)

Auxiliaires ***haben*** ou ***sein*** au subjonctif II + participe II.
→ Ich hätte geschrieben.
→ Ich wäre gekommen.

F Le subjonctif II : emplois

REMARQUE

■ L'emploi du subjonctif II allemand ne recoupe pas toujours les emplois du subjonctif et du conditionnel français.
→ Elle a besoin d'une fille au-pair qui **sache** cuisiner.
→ Sie braucht ein Au-Pair-Mädchen, das kochen **kann**.
→ Bien qu'il **soit** vieux... → Obwohl er alt **ist** ...
→ Wenn ich mehr Zeit **hätte**, würde ich dich besuchen.
→ Si j'**avais** plus de temps, je viendrais te voir.

› Les phrases hypothétiques

■ ***wenn*** **+ subjonctif II (simple ou « présent ») : l'action est encore réalisable (souhait)**
→ Wenn ich Geld **hätte**, **würde** ich mir einen Computer kaufen.
→ Si j'avais de l'argent, je m'achèterais un ordinateur.

■ ***wenn*** **+ subjonctif II passé (accompli) : l'action n'est plus réalisable (regret)**
→ Wenn ich aufgepasst **hätte**, **wäre** dieser Unfall nicht passiert.
→ Si j'avais fait attention, cet accident ne serait pas arrivé.

- ***als, als ob*** **: comme si**
  → Er hat stundenlang am Computer gearbeitet, **als** würde ihn nichts anderes interessieren.
  → Er hat stundenlang am Computer gearbeitet, **als ob** ihn nichts anderes interessieren würde.
  → Il a travaillé pendant des heures à l'ordinateur comme si rien d'autre ne l'intéressait.
  → Er tat (so), **als** hätte er mich nicht gesehen.
  → Er tat (so), **als ob** er mich nicht gesehen hätte.
  → Il a fait semblant de ne pas m'avoir vu.

G Le passif

Le passif est très fréquent en allemand, bien plus qu'en français.

› 1. Conjugaisons (*werden* + participe II)

Il est formé de l'auxiliaire ***werden*** + participe II du verbe.
ATTENTION Le participe II de l'auxiliaire du passif est ***worden*** (sans ***ge-***).

auxiliaire werden au temps voulu + participe II du verbe au passif		
	Présent	**Prétérit**
ich	**werde** abgeholt	**wurde** abgeholt
du	**wirst** abgeholt	**wurdest** abgeholt
er/es/sie	**wird** abgeholt	**wurde** abgeholt
wir	**werden** abgeholt	**wurden** abgeholt
ihr	**werdet** abgeholt	**wurdet** abgeholt
sie/Sie	**werden** abgeholt	**wurden** abgeholt
	Parfait	
ich	**bin** abgeholt	**worden**
du	**bist** abgeholt	**worden**
er/es/sie	**ist** abgeholt	**worden**
wir	**sind** abgeholt	**worden**
ihr	**seid** abgeholt	**worden**
sie/Sie	**sind** abgeholt	**worden**

- Plus-que-parfait
  → ich **war** abgeholt **worden**, du **warst** abgeholt **worden**, …
- Futur
  → ich **werde** abgeholt **werden**, du **wirst** abgeholt **werden**, …

› 2. Le *es* « explétif »

- On le trouve au passif quand la phrase n'a pas de sujet.
Il se traduit souvent par « on » en français.
  → Es wird demonstriert. → On manifeste.
  → Es wird oft behauptet, dass … → On prétend souvent que…
- Ce ***es*** disparaît lorsqu'il n'occupe plus la première place.
  → Heute wird demonstriert. → Aujourd'hui, on manifeste.

› 3. Le complément d'agent introduit par *von* ou *durch*

- Le complément d'agent est généralement introduit par la préposition ***von***.
  → Der Schüler wird **von** dem Lehrer gefragt.
  → L'élève est interrogé par le professeur.
- Quand le complément d'agent est plutôt un moyen ou un intermédiaire, il est introduit par ***durch***.
  → Sie wurden **durch** die Presse informiert.
  → Ils ont été informés par la presse.

› 4. Le passif « bilan » avec *sein*

Quand l'action est terminée, on n'utilise plus l'auxiliaire ***werden*** (qui signale qu'elle est en train de se faire), mais ***sein***:
  → Die Wohnung **wird** renoviert.
  → L'appartement est en train d'être rénové (les travaux ne sont pas terminés).
  → Die Wohnung **ist** renoviert.
  → L'appartement est rénové (les travaux sont terminés).

H L'infinitif

L'emploi de ***zu*** est fonction du verbe dont dépend l'infinitif.
Les verbes qui se construisent avec un infinitif sans ***zu*** sont :

- les six verbes de modalité : ***können, mögen, müssen, wollen, dürfen*** et ***sollen***
  → Ich muss sofort gehen, sonst verpasse ich den Bus!
  → Je dois partir tout de suite, sinon je vais rater le bus !
- les verbes ***lassen*** et ***bleiben***
- les verbes de perception : ***sehen***, ***hören*** …
- les verbes de déplacement : ***gehen***, ***fahren*** …
- les verbes ***helfen*** et ***lernen***, quand l'infinitif est seul ou complété par un seul élément :
  → Sie lernte fahren.

Dans les autres cas, l'infinitif est précédé de ***zu*** :
  → Sie lernte, allein mit ihren Problemen fertig **zu** werden.
  → Elle a appris à résoudre seule ses problèmes.

REMARQUE L'infinitif substantivé est identique à l'infinitif, son genre est toujours neutre. Son utilisation est beaucoup plus fréquente qu'en français (***das Essen, das Lernen***…).
Combiné avec la préposition ***bei***, il exprime la simultanéité.
  → Beim Tennisspielen lernte er sie kennen.
  → Il a fait sa connaissance en jouant au tennis.

I L'impératif

C'est le mode de l'injonction.

Personne	**Verbes faibles et forts**	**sein**
(du) tutoiement	Spiel!	Sei!
(wir)	Spielen wir!	Seien wir!
(ihr) tutoiement pl.	Spielt!	Seid!
(Sie) vouvoiement	Spielen Sie!	Seien Sie!

REMARQUE

- Les verbes forts qui modifient le ***e*** de leur radical à la 2e personne du singulier du présent prennent aussi ***-i*** ou ***-ie*** à la 2e personne de l'impératif :
  → Sieh! → Seht! → Sehen Sie!

II. Le groupe nominal

A Le nom

■ Il commence toujours par une majuscule. Il peut être
– simple ('Mond),
– dérivé ('Fahrer: fahr- + suffixe ***-er***)
– ou composé ('Nachtzug: Nacht + Zug).

■ Le genre du nom composé est toujours celui du nom le plus à droite (der 'Spieler – der 'Schauspieler – der 'Theaterschauspieler).

› 1. Les trois genres

Il y a trois genres en allemand.
■ masculin → der Mond, der Traum
■ neutre → das Fieber, das Mädchen
■ féminin → die Sonne, die Reise

Le genre des noms peut paraître arbitraire :
→ der Mond → la lune

Il y a quelques règles qui permettent de savoir le genre du nom, selon son sens ou selon la façon dont il est formé.

1.1. Le genre naturel (lié au sexe)

Les membres de la famille	
der Mann: l'homme ou le mari	**die** Frau: la femme ou l'épouse
der Vater: le père	**die** Mutter: la mère
der Sohn: le fils	**die** Tochter: la fille
der Bruder: le frère	**die** Schwester: la sœur
der Onkel: l'oncle	**die** Tante: la tante
Les autres paires masculin-féminin	
der Held: le héros	**die** Heldin: l'héroïne
der Autor: l'auteur	**die** Autorin: l'auteur(e)
der Friseur: le coiffeur	**die** Friseuse: la coiffeuse
Les animaux	
der Bulle / Stier: le taureau	**die** Kuh: la vache
der Hund: le chien	**die** Hündin: la chienne

ATTENTION
→ **das** Mädchen → la (jeune) fille
(le genre étant conditionné par le suffixe ***-chen***, toujours neutre)
Les petits des hommes et des animaux sont neutres :
→ das Kind → l'enfant
→ das Baby → le bébé
→ das Küken → le poussin

1.2. Le genre lié au sens

Noms de pays et noms de villes

■ La plupart des noms de pays s'emploient sans article. C'est également vrai pour les noms de villes et les continents.
→ Ich fahre nach Deutschland. Ich lebe in Frankreich.
→ Ich fliege nach Afrika, Europa, Australien.
→ Ich wohne in Berlin, Paris, Madrid.
→ das schöne Deutschland, das Nachkriegsdeutschland … das tropische Afrika, das vereinte Europa, das schöne Berlin, das Berlin der Nachkriegsjahre

■ Certains noms de pays toutefois exigent un article.
masculin → der Iran, der Irak …
féminin → die Schweiz, die Türkei, die Ukraine …
pluriel → die Vereinigten Staaten (die USA), die Niederlande

1.3. Le genre lié à la formation du nom

Quelques « mécanismes » à repérer (pour ne pas apprendre tous les genres par cœur) :

a. Les féminins

■ **Les noms** en ***-ei, -heit, -keit, -schaft, -ung, -ion***
→ **die** Bäckerei → **die** Krankheit → **die** Schwierigkeit
→ **die** Gesellschaft → **die** Wohnung → **die** Diskussion

b. Les neutres

■ **Les infinitifs substantivés** (devenus noms)
→ **das** Leben → la vie → **das** Essen → le repas
→ **das** Fernsehen → la télévision
→ **das** Verhalten → le comportement
→ **das** Surfen im Internet → le fait de surfer sur Internet

■ **Les noms avec le diminutif *-lein* ou *-chen***
→ **das** Mäd**chen**, **das** Häus**chen** → **das** Fräulein …

■ **Les mots d'emprunt** en ***-o***
→ **das** Auto, **das** Foto, **das** Tempo, **das** Büro …
sauf → **der** Zoo, **der** Euro

› 2. Les masculins faibles

■ On appelle masculins faibles*, les noms masculins ayant la marque ***-n*** ou ***-en*** à toutes les formes sauf au nominatif singulier.

	Masculin	Pluriel
Nominatif	der Junge□	die Junge**n**
Accusatif	den Junge**n**	die Junge**n**
Datif	dem Junge**n**	den Junge**n**
Génitif	des Junge**n**	der Junge**n**
	Masculin	**Pluriel**
Nominatif	der Mensch□	die Mensch**en**
Accusatif	den Mensch**en**	die Mensch**en**
Datif	dem Mensch**en**	den Mensch**en**
Génitif	des Mensch**en**	der Mensch**en**

*On parle de masculins faibles par opposition aux masculins forts qui prennent **-(e)s** au génitif singulier.

■ Les masculins faibles sont :
– des noms d'origine germanique désignant des êtres vivants :
→ **der** Herr → **der** Held → le héros
→ **der** Mensch → **der** Bär → l'ours

– de nombreux masculins terminés par ***-e*** dont les noms de nationalité :
→ **der** Junge → le jeune garçon → **der** Kunde → le client
→ **der** Affe → le singe → **der** Löwe → le lion → **der** Kollege
→ **der** Franzose → **der** Russe → **der** Chinese → **der** Finne
→ **der** Pole → **der** Türke

– des noms d'origine étrangère terminés par :

-ist	**der** Polizist, **der** Komponist, **der** Journalist
-ent	**der** Student, **der** Dirigent, **der** Konsument
-ant	**der** Elefant, **der** Demonstrant, **der** Praktikant
-at	**der** Soldat, **der** Automat, **der** Demokrat
-ot	**der** Pilot
-et	**der** Planet, **der** Komet
-oge	**der** Geologe, **der** Pädagoge, **der** Psychologe
-oph	**der** Philosoph
-af	**der** Fotograf, **der** Geograf

B Les cas

Le groupe nominal est caractérisé par trois paramètres.

- le **genre** du nom
- le **nombre** du nom (singulier ou pluriel)
- le **cas** qui est déterminé :

– par la fonction du groupe nominal dans la phrase ;
– par la préposition qui précède ;
– ou par la construction du verbe (rection).

Il existe quatre cas.

- Le **nominatif** pour :

– le **sujet**
→ Der Junge schläft.

– **l'attribut du sujet**
→ Dieser Spieler ist der Beste in der Mannschaft.

- **L'accusatif** pour :

– le **complément d'objet à l'accusatif** (complément d'objet « direct ») (voir aussi rection casuelle des verbes, p. 239)
→ Ich trinke eine große Cola. Ich frage dich.

– l'**attribut de l'objet**
→ Ich betrachte dich als **meinen besten Freund**.

– **des groupes prépositionnels** (prépositions + accusatif dont prépositions mixtes pour le directionnel)
→ Ich gehe in **die Stadt**. Ich tue das für **dich**.

– **l'expression du temps** (GN non prépositionnel)
→ den ganzen Tag, letzte Woche, nächsten Monat

- **Le datif** pour :

– **le complément d'objet second ou le complément d'objet indirect introduit par « à » en français.**
→ Ich gebe **dir** das Buch.

– **le complément d'objet au datif** (voir rection casuelle des verbes, p. 239)
→ Ich helfe **dir**.

– **l'objet prépositionnel au datif** (voir rection prépositionnelle des verbes, p. 239)
→ Sie nehmen **an dem Fest** teil.

– **certains groupes prépositionnels** (prépositions + datif dont prépositions mixtes pour le locatif)
→ Ich lebe **in einer schönen Stadt**. Er bleibt **am PC**.

- **Le génitif** pour :

– **le complément de nom**
→ das Haus mein**es** Onkel**s**

– **le génitif des noms propres**
→ Paul**s** Schwester

> Les noms propres forment un **génitif dit « saxon »**. Le nom propre prend la marque **-s**, il est placé devant le nom déterminé et entraîne la disparition de l'article.
> → der Vater von Lena = Lena**s** Vater
> → die Hauptstadt von Deutschland = Deutschland**s** Hauptstadt

– **certains groupes prépositionnels** (prépositions + génitif)
→ trotz d**es** Regen**s**

- Au génitif masculin et neutre, le nom porte la marque **-s** ou **-es** et au datif pluriel la marque **-n**.

→ Der Vater meines Freund**es** kommt mit seinen Kinder**n**.

C Les déterminants dans le groupe nominal

› 1. L'article défini

Les marques du pluriel sont communes aux trois genres.

	Masc. sing.	Neutre sing.	Fém. sing.	Pluriel
Nominatif	de**r**	da**s**	di**e**	di**e**
Accusatif	de**n**	da**s**	di**e**	di**e**
Datif	de**m**	de**m**	de**r**	de**n**
Génitif	de**s**	de**s**	de**r**	de**r**

› 2. L'article indéfini

- Il se décline comme l'article défini, sauf qu'il n'a pas de marque au nominatif singulier masculin et au nominatif et à l'accusatif singulier neutre.
- L'indéfini pluriel, comme en anglais, et le partitif s'expriment sans article.

→ Haben Sie Kinder? → Avez-vous des enfants ?
→ Ich esse Käse. → Je mange du fromage.

- ***Kein***, article indéfini négatif, se décline comme ***ein***.

	Masc. sing.	Neutre sing.
Nominatif	ein□ / kein□	ein□ / kein□
Accusatif	ein**en** / kein**en**	ein□ / kein□
Datif	ein**em** / kein**em**	ein**em** / kein**em**
Génitif	ein**es** / kein**es**	ein**es** / kein**es**
	Féminin sing.	**Pluriel**
Nominatif	ein**e** / kein**e**	kein**e**
Accusatif	ein**e** / kein**e**	kein**e**
Datif	ein**er** / kein**er**	kein**en**
Génitif	ein**er** / kein**er**	kein**er**

› 3. Les possessifs

- Ils se déclinent exactement comme ***ein/kein.***

ATTENTION Comme en anglais, le choix des possessifs de la troisième personne du singulier dépend du genre du possesseur.
→ Mein Bruder telefoniert mit **seiner** Freundin.
→ Meine Schwester hat **ihre** Schlüssel verloren.

Possesseur	Possessif	Possesseur	Possessif
ich	mein☐ meine…	**wir**	unser☐ unsere…
du	dein☐ deine…	**ihr**	euer☐ eure…
er/es	sein☐ seine…	**sie**	ihr☐ ihre…
sie	ihr☐ ihre…	**Sie**	Ihr☐ Ihre…

› 4. Les démonstratifs

■ ***Dieser*** et ***jener*** suivent le modèle de déclinaison de l'article défini.

› 5. Les interrogatifs

■ ***Welcher*** et ***wer*** suivent le modèle de déclinaison de l'article défini.

■ ***Was für ein*** se rattache à la déclinaison de l'article indéfini.

D Les expansions du groupe nominal

› 1. À gauche du nom : l'adjectif épithète

Il est placé **avant le nom** auquel il se rapporte. Il est obligatoirement décliné, c'est-à-dire qu'il porte une marque : il peut s'agir d'une marque forte ou faible.

■ **Marque forte sur l'adjectif :** si aucun autre élément du groupe nominal ne permet d'identifier le cas.

N. B. Ce sont les mêmes marques que celles de l'article défini.
→ Ich esse dies**en** Käse nicht, ich esse nur französisch**en** Käse.

Si l'article ne porte pas la marque
der Fluss → ein schön**er** Fluss
das Dorf → ein klein**es** Dorf

S'il n'y a pas d'article
das Obst → biologisch**es** Obst
die Ferien → lang**e** Ferien

■ **Marque faible sur l'adjectif** : si la marque de cas est portée par un autre élément du groupe nominal, l'adjectif porte la marque **-e** ou **-en**.

	Masculin sing.	Neutre sing.
Nominatif	de**r** toll**e** Vater	da**s** nett**e** Mädchen
Accusatif	de**n** toll**en** Vater	da**s** nett**e** Mädchen
Datif	de**m** toll**en** Vater	de**m** nett**en** Mädchen
Génitif	de**s** toll**en** Vater**s**	de**s** nett**en** Mädchen**s**
	Féminin sing.	**Pluriel**
Nominatif	di**e** jung**e** Frau	di**e** gut**en** Freunde
Accusatif	di**e** jung**e** Frau	di**e** gut**en** Freunde
Datif	de**r** jung**en** Frau	de**n** gut**en** Freunde**n**
Génitif	de**r** jung**en** Frau	de**r** gut**en** Freunde

REMARQUES

■ L'adjectif épithète peut lui-même être complété par un adverbe ou par un complément.
→ der weltweit bekannte Sänger
→ le chanteur connu dans le monde entier

■ Peuvent fonctionner comme adjectifs épithètes des participes I ou II.
→ das schlafende Kind → l'enfant qui dort, dormant
→ die gestellte Frage → la question posée

› 2. À droite du nom : diverses expansions

2.1. Le complément de nom au génitif

■ Il se trouve obligatoirement à droite
→ das Haus des Musikers

■ sauf avec des noms propres
→ Peters Frau; Hundertwassers ideale Stadt

2.2. Le groupe prépositionnel et l'adverbe

→ die Kinder aus dem Dorf → les enfants du village
→ die Schublade links → le tiroir de gauche

2.3. Le groupe infinitif

→ sein Versprechen, mir beim Umziehen zu helfen
→ sa promesse de m'aider à déménager

2.4. La proposition subordonnée relative

■ La proposition subordonnée relative est située après le nom qu'elle complète, appelé l'antécédent. Elle est introduite par un pronom relatif ; le pronom relatif a le genre et le nombre de l'antécédent.

■ Le cas du pronom relatif dépend de la fonction qu'il a dans la proposition subordonnée (qui = nominatif, que = accusatif, à qui/auquel = datif, dont = génitif) ou de la préposition qui le précède.
→ Ich habe die Frage, **die** du gestellt hast, nicht gehört.
→ Je n'ai pas entendu la question que tu as posée.
→ Der Film, **den** wir gesehen haben, war langweilig.
→ Le film que nous avons vu était ennuyeux.
→ Das ist der Tag, an **dem** ich sie kennengelernt habe.
→ C'est le jour où j'ai fait sa connaissance.

	Masc. sing.	Neutre sing.	Fém. sing.	Pluriel
Nominatif	de**r**	da**s**	di**e**	di**e**
Accusatif	de**n**	da**s**	di**e**	di**e**
Datif	de**m**	de**m**	de**r**	de**nen**
Génitif	de**ssen**	de**ssen**	de**ren**	de**ren**

REMARQUE

Le relatif génitif n'est jamais suivi d'un article.
→ Ausländische Mitbürger, **deren** Deutschkenntnisse nicht gut sind, haben größere Integrationsschwierigkeiten.

2.5. Les autres propositions subordonnées

→ die Angst, dass etwas Schlimmes passiert
→ la peur qu'il se produise quelque chose de grave

› 3. Les degrés de l'adjectif

On peut moduler son appréciation en employant un comparatif ou un superlatif.

3.1. Comparatif de supériorité et superlatif

Degré zéro	
GN (épithète)	ein bequemes Haus
GV (attribut)	Mein Haus ist bequem.
GV (adverbe)	Ich wohne bequem.

1. Comparatif de supériorité	
GN (épithète)	ein bequem**er**es Haus
GV (attribut)	Mein Haus ist bequem**er**.
GV (adverbe)	Ich wohne bequem**er**.
2. Superlatif	
GN (épithète)	das bequem**ste** Haus
GV (attribut)	Mein Haus ist **am** bequem**sten**.
GV (adverbe)	Ich wohne **am** bequem**sten**.

- Adjectifs courts en ***a***, ***o***, ***u*** – la plupart prennent une inflexion.
  → lang, länger, der längste
  → kurz, kürzer, der kürzeste
- Irrégularités
  → gut, besser, der/die beste, am besten
  → hoch, höher, der/die höchste, am höchsten
  → nah, näher, der/die nächste, am nächsten
  → viel, mehr, am meisten
  → gern, lieber, am liebsten

3.2. Le complément du comparatif de supériorité

→ Die Fahrt mit dem ICE ist bequem**er als** mit dem Auto.

3.3. Comparatif d'égalité et sa négation

→ Seine Meinung ist **so** wichtig **wie** ihre Meinung.
→ Seine Meinung ist **nicht so** wichtig **wie** ihre Meinung.

REMARQUE
Le complément du comparatif est au même cas que le terme de référence.
→ **Er** war schneller als **du**.

E Les pronoms personnels et les pronoms réfléchis

- **Les pronoms personnels** / - **Les pronoms réfléchis**

Nominatif	Accusatif	Datif	Accusatif	Datif
ich	mich	mir	mich	mir
du	dich	dir	dich	dir
er	ihn	ihm	sich	sich
es	es	ihm	sich	sich
sie	sie	ihr	sich	sich
wir	uns	uns	uns	uns
ihr	euch	euch	euch	euch
sie/Sie	sie/Sie	ihnen/Ihnen	sich	sich

L'allemand fait une distinction entre :
→ Sie denkt nur an **sich.** (pronom réfléchi renvoyant au sujet)
→ Elle ne pense qu'à elle-même.
et :
→ Sie denkt nur an **sie**. (pronom personnel renvoyant à une autre personne) → Elle ne pense qu'à elle.

F Les groupes prépositionnels

Il existe quatre séries de prépositions.

› 1. Les prépositions toujours suivies du datif

aus – bei – mit – nach – seit – von – zu

› 2. Les prépositions toujours suivies de l'accusatif

durch – für – gegen – ohne – um – wider

› 3. Les prépositions mixtes

an – auf – hinter – in – neben – über – vor – unter – zwischen

- Quand elles ont un sens spatial, elles sont suivies :

– du datif quand elles expriment un lieu où l'on est (locatif).
→ Ich bin in der Stadt. → Je suis en ville.
Elles répondent alors à la question ***Wo?***

– de l'accusatif quand elles expriment le lieu où l'on va (directionnel).
→ Ich fahre in die Stadt. → Je vais en ville.
Elles répondent alors à la question ***Wohin?***

- Quand elles ont un sens abstrait, il faut apprendre par cœur le cas qu'elles exigent (*cf.* p. 223). Avec un sens temporel, elles sont le plus souvent suivies du datif.

› 4. Les prépositions suivies du génitif

anstatt *(au lieu de)* – **trotz** *(malgré)* – **während** *(pendant, durant)* – **wegen** *(à cause de)*
→ Trotz der langen Fahrt war sie ziemlich frisch.
→ Während des ganzen Monats …
Dans la langue parlée actuelle, elles sont souvent suivies du datif.

› 5. Pronominalisation du groupe prépositionnel

- Il s'agit d'une personne : préposition + pronom personnel correspondant.
  → Er denkt oft an seinen Vater. = Er denkt oft an ihn.
  → Il pense souvent à lui.
- Il s'agit d'une chose, d'un inanimé : ***da*** + ***(r)****** + préposition.
  → Er denkt oft an die Worte seines Vaters.
  = Er denkt oft **daran**.
  → Il y pense souvent.

- Le pronom de type ***daran***, ***darauf*** peut aussi annoncer un groupe infinitif ou une subordonnée.
  → Ich denke oft **daran**, wie schön es wäre, mehr Zeit für meine Familie zu haben.

* On intercale un « r » si la préposition commence par une voyelle.

III. La structure de la phrase

A La proposition énonciative indépendante ou principale

Le verbe conjugué occupe la 2e position, quelles que soient la forme, la fonction, la longueur du premier élément.
Il n'y a pas de virgule avant le verbe en 2e position, sauf si la 1re position est occupée par une proposition subordonnée.

→ Wenn es morgen regnet, **bleiben** wir zu Hause.
→ Deshalb **konnte** er nicht kommen.
→ Diesen Roman **habe** ich schon gelesen.

REMARQUE

■ Dans la langue parlée, on fait parfois l'ellipse d'un complément en tête de phrase, quand il est facilement déductible du contexte.

→ Wie sagt man Käse auf Französisch?
→ **Weiß** ich nicht. (= Das weiß ich nicht.)

B La proposition injonctive

Dans une phrase à l'impératif, le verbe occupe la première position.

→ Hilf mir bitte! Helft uns bitte! Helfen Sie mir bitte!

C La proposition interrogative

1. L'interrogation globale

Dans une interrogative globale directe, le verbe conjugué est en première position. On peut répondre par ***ja, nein*** ou ***doch***.

→ Siehst du ihn nicht? **Doch**, ich sehe ihn.

2. L'interrogation partielle

■ Une interrogative partielle directe commence par un mot interrogatif, accompagné ou non d'une préposition.
Le verbe conjugué est en deuxième position. Les mots interrogatifs commencent toujours par ***w-***.

→ **w**ann? **w**arum? **w**as? **w**er? **w**ie? **w**o? **w**ohin? **w**oher? **w**oran? **w**orauf? **w**orüber? …

■ On y répond par une unité de sens correspondant au mot interrogatif.

→ Woran denkst du? – An die Ferien.
→ Wem schreibst du? – Meiner Schwester.

D La phrase complexe

Elle comprend plusieurs verbes. Il peut s'agir :

- de propositions indépendantes coordonnées
- d'une proposition principale + proposition(s) subordonnée(s)
- de proposition(s) subordonnée(s) + proposition principale

Dans une proposition subordonnée, le verbe conjugué est en dernière position.

REMARQUE

● En allemand, proposition principale et proposition subordonnée sont séparées par une virgule.

1. Propositions subordonnées interrogatives indirectes

■ **Interrogation globale**

→ Er fragt dich, **ob** du wirklich sicher bist.

■ **Interrogation partielle**

→ Ich weiß, **wen** du angerufen hast.
→ Ich möchte wissen, mit **wem** du telefoniert hast.

2. Propositions subordonnées conjonctives

Elles sont introduites par une conjonction de subordination.

■ **adversatives**	
tandis que, alors que	**während**
■ **causales**	
parce que	**weil**
comme, puisque	**da**
■ **comparatives**	
comparatif de supériorité	**als**
comparatif d'égalité	**so … wie**
comme si	**als ob, als (verbe conjugué en 2e position)**
■ **concessives**	
bien que	**obwohl**
même si	**selbst wenn, auch wenn**
■ **conditionnelles**	
si	**wenn**
au cas où	**falls, im Falle dass**
■ **consécutives**	
si + adj./adv. … que	**so … dass**
si bien que	**so dass**
■ **finales**	
afin que	**damit**
■ **instrumentales**	
en + participe présent	**indem**
■ **modales**	
comme, à quel point + adj./adv	**wie + adj.**
■ **temporelles**	
quand (fait unique passé)	**als**
quand (dans les autres cas)	**wenn**
dès que	**sobald**
tant que	**solange**
jusqu'à ce que	**bis**
avant que (deux conjonctions)	**bevor, ehe (verbe obligatoirement conjugué)**
après que	**nachdem (verbe obligatoirement conjugué)**
tandis que, pendant que	**während**
depuis que	**seit, seitdem**

→ Ich hatte einen Stadtplan bei mir, **so dass** wir seine Straße problemlos gefunden haben.
→ Eine Frau muss mindestens zwei Kinder haben, **damit** sich eine Generation erneuern kann.
→ **Wenn** du nicht kommen könntest, wäre ich enttäuscht.

› 3. Propositions subordonnées infinitives

Le verbe est à l'infinitif et n'a pas de sujet propre.

- **zu** → Ich habe vor, eine Stadtrundfahrt **zu** machen.
- **um … zu** → Sie stillte ihr Kind nur drei Monate lang, **um** dann wieder arbeiten gehen **zu** können.
- **anstatt … zu** → **Anstatt** zu Hause **zu** sitzen, könntest du auch ein bisschen an die frische Luft gehen.
- **ohne … zu** → Du kannst alles organisieren, **ohne** mich **zu** fragen.

› 4. Propositions coordonnées

Elles sont reliées par une conjonction de coordination qui n'influe pas sur la place du verbe.

- **und** → Er kam zu spät **und** sie waren schon weg.
- **oder** → Wir gehen ins Theater **oder** wir essen im Restaurant.
- **aber** → Ich wollte kommen, **aber** ich konnte diesmal nicht.
- **denn** → Er lernte viel, **denn** sie war streng.

E La négation

Il existe de nombreux négateurs : ***nicht*** – ***kein*** – ***nie*** – ***nichts*** – ***niemand*** – ***nirgends*** …

Les deux négateurs de base sont ***nicht*** et ***kein***.

› 1. La négation globale avec *nicht*

- ***Nicht*** **porte sur l'ensemble de la phrase**.
- Le négateur global ***nicht*** se place **avant le groupe verbal** qui comprend au minimum le verbe et un ou plusieurs éléments qui constituent l'information essentielle de la phrase.

→ Er hat seit Tagen **nicht** geschlafen (GV : geschlafen haben). Deshalb ist er heute **nicht** aufgestanden (GV : aufgestanden sein).

→ Er kommt nicht mit (GV : mitkommen), weil er leider **nicht** sportlich ist (GV : sportlich sein).

→ Er spielt sonst **nicht schlecht** (GV : schlecht spielen). Trotzdem ist er **nicht** nach Bonn gefahren (GV : nach Bonn gefahren sein).

ATTENTION **Le groupe nominal à l'accusatif et au datif, introduit par un article défini, ne fait généralement pas partie du groupe verbal. *Nicht* se place alors après.**

→ Ich kenne deine Adresse **nicht**.

→ Ich helfe meiner Mutter **nicht**.

› 2. La négation partielle avec *nicht*

- Contrairement à la négation globale qui porte sur l'ensemble de la phrase, la négation partielle ne porte que sur un élément de la phrase. Elle est placée juste devant l'élément nié qui est accentué. Le négateur partiel ***nicht*** n'est pas accentué.

→ Diese Schuhe habe ich **nicht** in °Köln gekauft.

→ Ce n'est pas à Cologne que j'ai acheté ces chaussures.

→ **Nicht** °er, **sondern** sein °Bruder hat es getan.

→ Ce n'est pas lui qui l'a fait, mais son frère.

› 3. La négation avec *kein*

- ***Kein*** est un déterminatif / article négatif. Il correspond globalement à la négation de ***ein*** et de l'absence d'article. Il se décline comme ***ein*** (ou ***mein***).

→ Ich habe leider °**keine** neuen Freunde kennen gelernt.

→ Tut mir Leid, ich habe heute °**keine** Zeit.

F Modalisateurs, appréciatifs et particules illocutoires

› 1. Modalisateurs et appréciatifs : le jugement du locuteur

1.1. Modalisateurs

- Le locuteur peut nuancer la certitude de l'information qu'il fait passer en jouant sur différents degrés de vérité au moyen de modalisateurs selon une échelle allant du possible au certain en passant par le probable.

→ **vielleicht, möglicherweise** → peut-être

→ **eventuell** → éventuellement

→ **wahrscheinlich** → vraisemblablement

→ **wohl** → probablement

→ **zweifellos, ohne Zweifel** → sans aucun doute

→ **sicher, sicherlich, mit Sicherheit, gewiss, bestimmt** → certainement

→ Paul hat sich bei seiner Oma **vielleicht / bestimmt** gelangweilt. → Paul s'est peut-être / certainement ennuyé chez sa grand-mère.

- D'autres modalisateurs sont employés fréquemment :

– pour confirmer une information antérieure

→ **wirklich** → vraiment → **in der Tat** → en effet

→ **in Wirklichkeit** → en réalité,

→ **eigentlich** → en fait, à vrai dire

– ou pour rectifier une information antérieure

→ Pia ist diesmal **wirklich** krank, obwohl sie **eigentlich** nie krank ist. → Cette fois-ci Pia est vraiment malade, elle qui ne l'est (en fait) jamais.

1.2. Appréciatifs

- Le locuteur peut accompagner l'information qu'il donne d'un jugement de valeur (« c'est bon, mauvais, regrettable, (a)normal ») au moyen d'appréciatifs.

→ **leider** → malheureusement → **hoffentlich** → espérons que

→ **zum Glück** → heureusement

→ **komischerweise, merkwürdigerweise** → curieusement

→ **seltsamerweise** → bizarrement

→ **logischerweise** → logiquement, selon toute attente

→ **normalerweise, selbstverständlich, natürlich** → normalement, naturellement

→ Pia ist **leider** krank. → Pia est malheureusement malade.

→ Pia ist **hoffentlich** nicht krank. → J'espère que Pia n'est pas malade.

→ Anna ist **natürlich** zu spät angekommen. → Anna est évidemment arrivée en retard.

› 2. Les particules illocutoires : l'interaction locuteur-interlocuteur

- Les particules illocutoires sont des petits mots qui signalent une attitude (réaction, intention) par rapport à ce qui se passe dans la situation.

→ Ich fahre **ja** seit Jahren Auto!

→ Mais enfin, ça fait des années que je conduis !

- Le locuteur rappelle à son interlocuteur quelque chose de connu, d'évident.

→ Ich bin **halt/eben** zu spät angekommen!

→ Eh bien oui, je suis arrivée en retard !

- Le locuteur souligne que c'est comme ça, qu'on le veuille ou non.
  - → Hilf mir **doch**, anstatt zu meckern!
  - → Mais aide-moi au lieu de râler !
  - → Ich bin **doch** nicht dein Diener!
  - → Je ne suis tout de même pas ton domestique !
- Le locuteur exprime que quelque chose est inattendu.
  - → Du hast **aber** Glück gehabt! → Tu en as eu de la chance !
- Le locuteur exprime sa surprise.
  - → Wo hast du **denn** das ganze Geld her?
  - → D'où sors-tu tout cet argent ?
- Le locuteur exprime son impatience.
  - → Wo steckt er **denn**? → Mais enfin qu'est ce qu'il fabrique ? Mais où est-il passé ?
- Le locuteur exprime sa curiosité.
  - → Der Hund ist süß. Wie heißt er **denn**?
  - → Il est mignon ce chien. Comment s'appelle-t-il ?

REMARQUE

- ***denn*** ne s'emploie que dans des questions.

3. Leur place dans la phrase

- Les modalisateurs, appréciatifs et particules illocutoires se placent au même endroit que le ***nicht*** global (*cf.* page 235).
  - → Wir sind dieses Jahr **nicht** nach Spanien gefahren.
  - → Wir werden nächstes Jahr **vielleicht** nach Spanien fahren.
  - → Wir wollen nächstes Jahr **natürlich** nach Spanien fahren.
- Quand il y a ***nicht*** et un modalisateur ou un appréciatif ou une particule illocutoire, le ***nicht*** se place en dernier.
  - → Wir werden nächstes Jahr **hoffentlich nicht** nach Spanien fahren!
  - → Warst du **denn nicht** in der Schule?
  - → Das war **aber nicht** nett von dir!

IV. Les nombres

A Les nombres cardinaux

1. De 1 à 12, il s'agit de chiffres simples

→ 0 null → 1 eins → 2 zwei → 3 drei
→ 4 vier → 5 fünf → 6 sechs → 7 sieben
→ 8 acht → 9 neun → 10 zehn → 11 elf
→ 12 zwölf

2. À partir de 13, les chiffres sont composés

- de 13 à 19 : l'unité + ***-zehn*** : → 14 vierzehn
  - → 16 sechzehn (attention, sechs perd son *-s*)
  - → 17 siebzehn (attention, sieben perd son *-en*)

3. Les dizaines

Elles sont formées à partir de l'unité à laquelle est ajouté le suffixe ***-zig***.
→ neunzig
Il y a néanmoins quelques irrégularités :
→ 20 zwanzig → 30 dreißig → 60 sechzig → 70 siebzig

4. L'unité doit être reliée à la dizaine par *und*:

→ 24 vierundzwanzig → 62 zweiundsechzig

5. Les centaines (*hundert*) et les milliers (*tausend*)

- Ils sont reliés aux autres chiffres **sans** *und* et précèdent les dizaines et les unités.
- Quelle que soit leur longueur, les chiffres sont toujours liés dans la graphie. Seuls les chiffres supérieurs au million sont détachés :
  - → 15 568 fünfzehntausendfünfhundertachtundsechzig
  - → 17 462 000 siebzehn Millionen vierhundertzweiundsechzigtausend
- Pour le chiffre d'une année, il faut indiquer le chiffre des centaines :
  1990 neunzehnhundertneunzig 1870 achtzehnhundertsiebzig
  2019 zweitausendneunzehn
- Les chiffres supérieurs à 1 000 sont :
  - → die Million → le million
  - → die Milliarde → le milliard
  - → die Billion → 1 000 milliards
- Tous les chiffres sont du **genre féminin** :
  - → eine Sechs → un six → eine Null → un zéro
- ***Eins***, un est utilisé quand il n'est pas suivi d'un autre chiffre :
  - → 1 001 : eintausendeins → 2,1 : zwei Komma eins

B Les nombres ordinaux

L'adjectif ordinal se termine toujours par ***-t*** ou ***-st***. Ce suffixe est matérialisé par un point.

1. De 1 à 3

→ 1. erst... → 2. zweit... → 3. dritt...

2. De 4 à 19, le suffixe est *-t*.

Attention, ***sieben*** perd son ***en***, ***acht*** son ***t***.
→ 5. fünft... → 7. siebt... → 8. acht... (am achten Dezember)

3. À partir de 20, le suffixe est *-st* :

→ 20. zwanzigst... → 45. vierundvierzigst...

REMARQUES

- Ces adjectifs ordinaux doivent obligatoirement être utilisés pour la date, le siècle et les souverains :
  - → Heute haben wir den 20. (zwangzigsten) Mai.
  - → im XVIII. (achtzehnten) Jahrhundert
  - → Wilhelm II. (der Zweite)
- Les fractions sont formées à partir de ces adjectifs numéraux ordinaux :
  - → das Drittel → das Viertel → das Sechstel
- Les adverbes « premièrement », « deuxièmement »... sont aussi dérivés des adjectifs numéraux ordinaux :
  - → erstens → zweitens → drittens

Liste des principaux verbes forts et mixtes

Les verbes suivis de deux astérisques (**) se conjuguent avec l'auxiliaire ***sein.***

Infinitif	Prétérit	Participe passé	Présent	Sens
backen	backte (buk)	gebacken	bäckt	*cuire au four*
beginnen	begann	begonnen	beginnt	*commencer*
bieten	bot	geboten	bietet	*offrir, proposer*
binden	band	gebunden	bindet	*lier, attacher*
bitten	bat	gebeten	bittet	*prier, demander*
bleiben**	blieb	geblieben	bleibt	*rester*
brechen	brach	gebrochen	bricht	*briser*
dringen**	drang	gedrungen	dringt	*pénétrer*
essen	aß	gegessen	isst	*manger*
fahren**	fuhr	gefahren	fährt	*aller (en véhicule)*
fallen**	fiel	gefallen	fällt	*tomber*
fangen	fing	gefangen	fängt	*attraper, capturer*
finden	fand	gefunden	findet	*trouver*
fliegen**	flog	geflogen	fliegt	*voler*
fliehen**	floh	geflohen	flieht	*fuir*
fließen**	floss	geflossen	fließt	*couler*
fressen	fraß	gefressen	frisst	*manger (pour les animaux)*
geben	gab	gegeben	gibt	*donner*
gehen**	ging	gegangen	geht	*aller (à pied)*
gelingen**	gelang	gelungen	gelingt	*réussir*
gelten	galt	gegolten	gilt	*valoir*
genießen	genoss	genossen	genießt	*profiter, jouir de*
geschehen**	geschah	geschehen	geschieht	*se produire*
gewinnen	gewann	gewonnen	gewinnt	*gagner*
gießen	goss	gegossen	gießt	*verser, arroser*
gleichen	glich	geglichen	gleicht	*ressembler*
graben	grub	gegraben	gräbt	*creuser*
greifen	griff	gegriffen	greift	*saisir*
halten	hielt	gehalten	hält	*tenir, s'arrêter*
hängen	hing	gehangen	hängt	*être accroché*
heben	hob	gehoben	hebt	*soulever*
heißen	hieß	geheißen	heißt	*s'appeler*
helfen	half	geholfen	hilft	*aider*
klingen	klang	geklungen	klingt	*tinter, résonner*
kommen**	kam	gekommen	kommt	*venir*
laden	lud	geladen	lädt	*charger*
lassen	ließ	gelassen	lässt	*laisser*
laufen**	lief	gelaufen	läuft	*courir, marcher*
leihen	lieh	geliehen	leiht	*prêter*
lesen	las	gelesen	liest	*lire*
liegen	lag	gelegen	liegt	*être couché*
lügen	log	gelogen	lügt	*mentir*
meiden	mied	gemieden	meidet	*éviter*
messen	maß	gemessen	misst	*mesurer*
nehmen	nahm	genommen	nimmt	*prendre*
pfeifen	pfiff	gepfiffen	pfeift	*siffler*
raten	riet	geraten	rät	*conseiller, deviner*
reißen	riss	gerissen	reißt	*arracher*
reiten**	ritt	geritten	reitet	*faire du cheval*
rufen	rief	gerufen	ruft	*appeler*
schaffen	schuf	geschaffen	schafft	*créer*

Infinitif	Prétérit	Participe passé	Présent	Sens
scheinen	schien	geschienen	scheint	*briller, paraître*
schießen	schoss	geschossen	schießt	*tirer (arme)*
schlafen	schlief	geschlafen	schläft	*dormir*
schlagen	schlug	geschlagen	schlägt	*frapper*
schließen	schloss	geschlossen	schließt	*fermer*
schmeißen	schmiss	geschmissen	schmeißt	*jeter (familier)*
schreiben	schrieb	geschrieben	schreibt	*écrire*
schreien	schrie	geschrien	schreit	*crier*
schreiten**	schritt	geschritten	schreitet	*marcher*
schweigen	schwieg	geschwiegen	schweigt	*se taire*
schwimmen**	schwamm	geschwommen	schwimmt	*nager*
schwören	schwor	geschworen	schwört	*jurer*
sehen	sah	gesehen	sieht	*voir*
sein**	war	gewesen	ist	*être*
singen	sang	gesungen	singt	*chanter*
sitzen	saß	gesessen	sitzt	*être assis*
sprechen	sprach	gesprochen	spricht	*parler*
springen**	sprang	gesprungen	springt	*sauter*
stehen	stand	gestanden	steht	*être debout*
steigen **	stieg	gestiegen	steigt	*monter*
sterben**	starb	gestorben	stirbt	*mourir*
stoßen	stieß	gestoßen	stößt	*heurter, pousser*
streiten	stritt	gestritten	streitet	*(se) disputer*
tragen	trug	getragen	trägt	*porter*
treffen	traf	getroffen	trifft	*atteindre, rencontrer*
treiben	trieb	getrieben	treibt	*faire avancer*
treten **	trat	getreten	tritt	*entrer, faire un pas*
trinken	trank	getrunken	trinkt	*boire*
tun	tat	getan	tut	*faire*
vergessen	vergaß	vergessen	vergisst	*oublier*
verlieren	verlor	verloren	verliert	*perdre*
verschlingen	verschlang	verschlungen	verschlingt	*avaler, engloutir*
verschwinden **	verschwand	verschwunden	verschwindet	*disparaître*
wachsen**	wuchs	gewachsen	wächst	*grandir*
waschen	wusch	gewaschen	wäscht	*laver*
weichen**	wich	gewichen	weicht	*céder*
weisen	wies	gewiesen	weist	*indiquer*
werben	warb	geworben	wirbt	*faire de la publicité*
werden**	wurde	geworden	wird	*devenir*
werfen	warf	geworfen	wirft	*lancer, jeter*
wissen	wusste	gewusst	weiß	*savoir*
ziehen	zog	gezogen	zieht	*tirer, infuser*
ziehen**	zog	gezogen	zieht	*aller s'installer qq part*
zwingen	zwang	gezwungen	zwingt	*obliger*
brennen	brannte	gebrannt	brennt	*brûler*
bringen	brachte	gebracht	bringt	*apporter*
denken	dachte	gedacht	denkt	*penser*
kennen	kannte	gekannt	kennt	*connaître*
nennen	nannte	genannt	nennt	*nommer*
rennen**	rannte	gerannt	rennt	*courir*
senden	sandte (sendete)	gesandt (gesendet)	sendet	*émettre / envoyer*
wenden	wandte (wendete)	gewandt (gewendet)	wendet	*tourner / retourner*

Les verbes à réaction casuelle ou prépositionnelle

Certains verbes en allemand exigent l'emploi d'un cas particulier ou d'une préposition.

Verbes + accusatif

jn an/rufen: *téléphoner à qn*
jn bitten: *demander à, prier qn*
etwas / jn brauchen: *avoir besoin de qc/qq*
es gibt: *il y a*
jn etwas fragen: *demander qc à qn*
(deux objets à l'accusatif)
La plupart des verbes comportant la particule inséparable **be-** *sont transitifs et exigent l'emploi de l'accusatif.*
eine Frage beantworten: *répondre à une question*
etwas benutzen: *utiliser qc*
jn besuchen: *rendre visite à qn*

Verbes + datif

jm begegnen: *rencontrer qn*
jm für etwas danken: *remercier qn de qc*
jm (mit etwas) drohen: *menacer qn (de qc)*
jm folgen: *suivre qn*
es gelingt jm: *qn réussit à faire qc*
jm glauben: *croire qn*
(ich glaube dir: *je te crois, mais* glauben an + A: *croire en)*

jm helfen: *aider qn*
jm widersprechen: *contredire qn*
Certains verbes comportant les particules séparables **zu** *et* **nach** *exigent l'emploi du datif.*
jm zu/hören: *écouter qn*
jm zu/sehen: *regarder qn faire qc*
jm nach/sehen: *suivre qn du regard*

Verbes + prépositions obligatoires

an + accusatif
denken: *penser à*
(sich) erinnern: *(se) rappeler, se souvenir de qn/qc*
sich gewöhnen: *s'habituer à*
glauben: *croire en*
(Er glaubt an Gott, an Märchen ...)

an + datif
fehlen, mangeln: *manquer de*
(es fehlt mir an ...)
leiden: *souffrir de (maladie)*
liegen (es liegt an ...): *être dû à*
Spaß haben: *avoir plaisir à*
teil/nehmen: *participer à*

auf + accusatif
achten: *respecter, faire attention à*
an/kommen: *dépendre de*
(Es kommt darauf an!)
auf/passen: *faire attention à*
sich freuen: *se réjouir à l'idée de*
reagieren: *réagir à*
sich verlassen: *compter sur*
verzichten: *renoncer à*
sich vor/bereiten: *se préparer à*
warten: *attendre*

auf + datif
bestehen: *insister sur*

aus + datif
bestehen: *se composer de*
stammen: *être originaire de*
schließen: *conclure de*

durch + accusatif
ersetzen: *remplacer par*

für + accusatif
danken: *remercier de*
halten: *tenir pour, considérer comme*
sich engagieren: *s'engager*
sich entscheiden: *se décider*
sich entschuldigen: *s'excuser de*
sich interessieren: *s'intéresser à*

gegen + accusatif
protestieren: *protester contre*

in + accusatif
sich verlieben: *tomber amoureux de*
übersetzen: *traduire*
(aus dem Französischen ins Deutsche)

in + datif
bestehen: *consister en / à*

mit + datif
an/fangen, beginnen: *commencer à, par*
auf/hören, fertig sein: *cesser de, avoir fini de*
sich befassen: *traiter de*
sich beschäftigen: *s'occuper de*
enden: *se terminer par*
geschehen, passieren: *arriver, passer*
(Was ist mit ihm geschehen, passiert?)
sich mit jm treffen: *retrouver qn*
sich mit jm unterhalten, sprechen, reden: *parler à qn*
mit jm telefonieren: *être au téléphone avec qn*
verbinden: *relier, mettre en relation avec (au téléphone)*
vergleichen: *comparer à*

nach + datif
fragen: *demander*
sich sehnen: *aspirer à*

über + accusatif
über *(préposition abstraite) est toujours suivie de l'accusatif.*
sich ärgern: *être mécontent de, se fâcher*
sich auf/regen: *s'énerver à cause de*
diskutieren: *discuter de*
debattieren: *débattre de*
sich freuen: *se réjouir de (événement présent)*
sich informieren: *s'informer de*
lachen: *rire de, se moquer de*
sich lustig machen: *se moquer de*
spotten: *se moquer de*
nach/denken: *réfléchir à*
reden, sprechen: *parler de*
sich unterhalten: *s'entretenir de, discuter*
staunen, sich wundern: *s'étonner de*

um + accusatif
bitten: *demander qc, prier qn*
es geht, es handelt sich: *il s'agit de*
sich kümmern: *s'occuper de*
sich Sorgen machen: *se faire du souci pour*

unter + datif
leiden: *souffrir de*

von + datif
ab/hängen: *dépendre de*
halten: *penser de*
handeln: *traiter, parler de*
erzählen: *raconter*
sprechen: *parler de*
träumen: *rêver de*
überzeugen: *convaincre de*
zeugen: *témoigner de*

vor + datif
Angst haben, sich fürchten: *avoir peur de*
warnen: *mettre en garde contre*

zu + datif
dienen: *servir à*
ein/laden: *inviter à*
sich entschließen: *se décider à*
führen: *mener, aboutir à*
gehören: *faire partie de*
meinen: *penser de*
passen: *convenir à, aller avec*
zählen: *compter parmi*

Crédits photographiques

p. 14 et 15 © onisep.fr
p. 32 et 33 © Rainer Berg/Agefotostock
p. 34 hd © Ulrike Schmitt-Hartmann/Getty Images
p. 34 mg © Fresh Meat Media/Getty Images
p. 34 bd © Nullplus/Agefotostock
p. 35 © *Dein Spiegel*, 12/2017 (couverture)
p. 36 hg © stockfour/Shutterstock
p. 36 hd © Halfpoint/Shutterstock
p. 36 bd © khorkins/Shutterstock
p. 38 © Renate Alf
p. 41 hg © Getty Images
p. 41 hd © Martens/Shutterstock
p. 41 b © Daniel M Ernst/Shutterstock
p. 42 h © Konzept und Bild/Cathrin Bach/VISUM
p. 42 b © Graham Oliver/Juices Images/Photononstop
p. 44 © Shutterstock/Cora Mueller
p. 45 © Martin Lengemann/Laif-Rea
p. 46 © Gregor Hohenberg/Laif-Rea
p. 47 © GiDesign/Shutterstock
p. 51 © travelview/Shutterstock
p. 54 h © Alamy/Photo12
p. 54 m © HASPhotos/Shutterstock
p. 54 b © Alamy/Photo12
p. 55 h © Alamy/Photo12
p. 55 b © Ludwig-Bölkow-Berufsschule Donauwörth
p. 56 © wdr/mediathek
p. 58 © avian/Shutterstock et ausbildung.de
p. 59 © REWE
p. 60 © Renate Alf
p. 63 © Larry Washburn/fStop/Getty Images
p. 64 hg © Getty Image/iStockphoto
p. 64 mg © Alpa prod/Shutterstock
p. 64 b © Gagliardilmages/Shutterstock
p. 65 h © Javier Larrea/age fotostock RM/Getty Images
p. 65 m © Goran Bogicev/Shutterstock
p. 65 b © oliveromg/Shutterstock
p. 66 © NASA/ESA
p. 68 © kurhan/Shutterstock (doc1)
p. 68 © wavebreakmedia/Shutterstock (doc2)
p. 68 © leungchopan/Shutterstock (doc3)
p. 68 © Getty Images/iStockphoto (doc4)
p. 68 © wavebreakmedia/Shutterstock (doc5)
p. 69 © Getty Images/iStockphoto
p. 71 © by Michael Hüter, Bochum and the source „Stiftung Jugend und Bildung".
p. 73 © Getty Images/iStockphoto
p. 76 hg © Armin Kühne – Universitätsarchiv; Dittrichring – Barfußgässchen, 1990
p. 76 hd © Armin Kühne – Universitätsarchiv; Dittrichring – Barfußgässchen, 2004
p. 76 bg © Armin Kühne, Leipzig
p. 76 bd © Armin Kühne, Leipzig
p. 78 hg © Amt für Statistik und Wahlen Leipzig
p. 78 mg © Juergen Stumpe/LooK-foto/Getty Images (a)
p. 78 md © Peter Hirth/Laif-Rea (b)
p. 78 bg © Getty Images/iStockphoto (c)
p. 78 bd © Murat Taner/Getty Images (d)
p. 79 d © Andreas Vitting/imageBroker/Photo12
p. 79 g ©/Michael Nitzschke/imageBroker/Photo12
p. 80 m © collection particulière
p. 80 bas © Panther Media GmbH/Alamy Stock Photo/Photo12
p. 81 ADAGP, Paris 2019 ©Joerg Glaescher/Laif-Rea
p. 82 © Terre Mère murale du duo d'artistes Doppeldenk, Karl-Liebknecht-Strasse, Karli, Südvorstadt, Leipzig, imageBroker/ Karl F. Schofmann/Photo12
p. 85 h © Picture Alliance/Photo12
p. 85 mh © Peter Hirth/Laif-Rea
p. 85 mb © Alamy/Photo 12
p. 85 b © EdNurg – stock.adobe.com
p. 86 hg © Picture Alliance/Photo12
p. 86 hd © Shutterstock/canadastock
p. 86 md © Picture Alliance/Photo12
p. 86 bas © Christian Spahrbier
p. 89 © Picture Alliance/Photo12
p. 90 h © Picture Alliance/Photo12
p. 90 bas © strandpauli.de
p. 91 © Shutterstock/petrmalinak
p. 92 © Erl/tooonpool.com
p. 95 hg © Dirk Eisermann/Laif-Rea
p. 95 hd © Shutterstock / JohanMorin
p. 95 bg © Picture Alliance/Photo12
p. 95 bd © Jacques Loic/Photononstop
p. 98 hg © Katrin Biller
p. 98 hd © Getty Images/iStockphoto
p. 98 m © PlayFront.de
p. 98 bg © Getty Images/iStockphoto
p. 99 h © Garry0305 – stock.adobe.com
p. 99 b © ImageBroker/Photo12
p. 100 h © strasseninterviews.de
p. 100 mg © eisbachwelle.de (a)
p. 100 md © Jose Luis Carrascosa/Shutterstock (b)
p. 100 bg © angeljoe.de (c)
p. 100 bd © Body-Life GmbH (d)
p. 101 hd © US Coast Guard/SPL/akg-images
p. 101 mg © ullstein bild/akg-images
p. 101 b © Carsten Koall/Getty Images
p. 102 g © Gisela Schober/Getty Images
p. 102 m DR
p. 102 d © vaberian – stock.adobe.com
p. 103 h @marlacatherine/DR
p. 103 b © Adidas
p. 104 © Michaël Huter
p. 106 © JackF – stock.adobe.com
p. 107 haut de gauche à droite © Getty Images/iStockphoto – © elainenadiv – stock.adobe.com – © Bohdan Melnyk – stock.adobe.com – © Alena Ozerova – stock.adobe.com – © gstockstudio – stock.adobe.com – © soup studio – stock.adobe.com
p. 107 bg © Alamy/Photo12
p. 107 bd © nikodash – stock.adobe.com
p. 108 © Picture Alliance/Photo12
p. 110 © Alamy/Photo12
p. 111 © Theodor Barth/Laif-Rea
p. 112 Que Du Luu, *Im Jahr des Affen* © Carlsen Verlag GmbH, Hamburg 2016
p. 114 © hvostik16 – stock.adobe.com
p. 117 g © BlueDesign/Shutterstock
p. 117 d © FotolEdhar – stock.adobe.com
p. 120 © Alamy/Photo12
p. 122 h © Alamy/Photo12
p. 112 m © Volkswagen
p. 122 b © Getty Images/iStock
p. 123 hg © Getty Images/iStock
p. 123 hd © Alamy/Photo12
p. 123 hmg © Romy Arroyo Fernandez/NurPhoto/AFP
p. 123 md © Alamy/Photo12
p. 123 bg © Whitevector/Shutterstock
p. 123 bd © Subodh Agnihotri/Shutterstock
p. 124 g © Alexander Hassenstein/Bongarts/Getty Images
p. 124 d © Alex Grimm/Bundesliga/Getty Images
p. 125 © Alamy/Photo12
p. 126 © luftzone/tooonpool.com
p. 129 © Peter Kneffel/ZDF
p. 130 hg © Picture Alliance/Photo12
p. 130 hd © Picture Alliance/Photo12
p. 130 bas © Picture Alliance/Photo12
p. 132 hg © Wayhome studio/Shutterstock
p. 132 hm © Ozgur Coskun/Shutterstock
p. 132 hd © Shestakoff/Shutterstock
p. 132 bas © Handout/Getty Images
p. 133 g © Picture Alliance/Photo12
p. 133 d © Picture Alliance/Photo12 (vignette)
p. 134 hg © Deutsches Historisches Museum / S. Ahlers
p. 134 hd © Deutsches Historisches Museum / S. Ahlers
p. 134 bas © collection particulière
p. 135 © Picture Alliance/Photo12
p. 136 © Simon Graf
p. 139 © Picture Alliance/Photo12
p. 142 hg *Fack Ju Göthe*, 2013, réalisateur Bora Dagtekin ; collection Christophel © Constantin Film
p. 142 hd *Tschik*, 2016, réalisation Fatih Akin ; collection Christophel L © Lago Film
p. 142 m *Im Labyrinth des Schweigens*,2015, réalisation Giulio Ricciarelli ; collection Christophel © Claussen + Wöbke + Putz Filmproduktion, Naked Eye Filmproduction
p. 142 bd *Das Schweigende Klassenzimmer*, 2018, réalisation Lars Kraume ; collection Christophel © Akzente film und fernsehproduktion / StudioCanal film / Zero one film
p. 142 bg *Almanya, willkommen in Deutschland*, 2012, réalisation Yasemin Samdereli, collection Christophel © Roxy Film / Infa Film
p. 143 bas *Frantz*, 2016, réalisation Francois Ozon ; collection Christophel © Mandarin Production / Mars films
p. 144 © Erik Dreyer/Getty Images
p. 145 © Münchner Stadtmedien GmbH
p. 146 m *Aus dem nichts*, 2018, réalisation Fatih Akin ; collection Christophel I © Warner Bros / Bombero International
p. 146 bg *Willkomenn bei den Hartsmanns*, 2015, réalisation Simon Verhoeven ; collection Christophel © Sentana Filmproduktion.
p. 146 *Die Welle*, 2009, réalisation Dennis Gansel ; collection Christophel © Constantin Film Verleih GmbH
p. 147 *Willkomenn bei den Hartsmanns*, 2015, réalisation Simon Verhoeven ; collection Christophel © Sentana Filmproduktion.
p. 148 © Catprint Media GmbH
p. 149 *Good Bye Lenin!* 2003, réalisation Wolfgang Becker ; collection Christophel © X Filme Creative Pool
p. 151 © Internationale Filmfestspiele Berlin
p. 152 h © Matthias Bulang
p. 152 m © Lois Lammerhuber – Photoagentur Lammerhuber/ La Collection
p. 152 bas © Picture Alliance/Photo12
p. 153 © Picture Alliance/Photo12
p. 154 hg © Jo McRyan/Getty Images
p. 154 hd © Maskot/Getty Images
p. 154 m © asife – stock.adobe.com
p. 154 bg © mdurson – stock.adobe.com
p. 156 © 2019 SchoolJam.de.
p. 157 © Dita Vollmond
p. 158 © Ulli Stein
p. 161 © graaphicum
p. 164 © Daniel Vorndran
p. 166 © Val Thoermer/Westend61/Photononstop
p. 167 © Christian Beghin/Getty Images
p. 168 © Rainer Waals
p. 169 © imageBroker/Photo12
p. 170 © Kostas Koufogiorgos/Toonpool.com
p. 174 © DIE ZEIT
p. 176 © artisticco – stock.adobe.com
p. 176 © redkoala-stock.adobe.com
p. 176 © romvo-stock.adobe.com
p. 176 © guensy- stock.adobe.com
p. 177 Stephanie Senge/DR – stephaniesenge.de/
p. 178 © Photographee.eu -stock.adobe.com
p. 179 © wldworx-stock.adobe.com
p. 179 (pictos) © Palau/Shutterstock – © Rashad Ashur/ Shutterstock – © rudoH/Shutterstock – © Jovanovic Dejan/ Shutterstock – © A.R.T./Shutterstock
p. 180 h © Pfohlmann/tooonpool.com
p. 180 bas © Renate Alf
p. 183 © artcollectorsclub.org
p. 186 h © Tetra Images/Photo12
p. 186 m © Picture Alliance/Photo12
p. 186 hd © Alamy/Photo12
p. 186 bg © Alamy/Photo12
p. 186 bm © Marén Wischnewski -stock.adobe.com
p. 186 bd © Jonas Kakó & Sebastian Wolligandt GbR/ supertrampmedia.com
p. 188 © Getty Images/iStock
p. 189 © Alamy/Photo12
p. 190 bg © Herbert Pfarrhofer/APA/Photo12
p. 190 et 191 bas © Interfoto/La Collection
p. 191 h © ullstein bild – Xamax/Roger-Viollet
p. 192 © Michael Hüter
p. 195 © Picture Alliance/Photo12
p. 196 fond © Wilfried Wirth/imageBroker/Photo12
p. 196 hg © Alamy/Photo12
p. 196 bg © Alamy/Photo12
p. 196bd © Alamy/Photo12
p. 198 © Nietfeld Kay/DPA/Abaca
p. 198 h © Interfoto/La Collection
p. 198 bas © Bilderwelt/Roger-Viollet
p. 200 © Anne Frank House
p. 201 © Anne Frank Fonds Basel/Getty Images
p. 202 © Soufeina Hamed – Tuffix.net
p. 205 h © Picture Alliance/Photo12
p. 205 bas © Jung/Ullstein Bild/Roger-Viollet

Crédits textes

p. 35 © Antonia Bauer, Franziska Bohn, *Dein SPIEGEL* 12/2017
p. 37 Elisabeth Etz, *Alles nach Plan* © Zaglossus e. U., Wien, 2015
p. 47 © Martin Suter, *Lila, Lila*, Diogenes Verlag, 2004, Zürich, p. 40
p. 44 © Nach Rudiger Safranski, *Goethe and Schiller, Geschichte einer Freundschaft* © 2009, Carl Hanser Verlag GmbH &Co. KG, München
p. 57 Übertritt nach der Grundschule FOCUS-Online-Autorin Jennifer Koch 23.11.2016. (D.R.)
p. 66 © Statistik Appinio Research Team
p. 67 © 2015 Verlag Jungbrunnen Wien
p. 69 © www.deutschland.de
p. 79 © Christine Keilholz, Lausitzer Rundschau, 12 April 2016
p. 89 Mechtild Borrmann, *Trümmerkind*, Verlagsgruppe Droemer Knaur GmbH & Co. KG, 2016 (D.R.)
p. 91 © Christian Frahm, SPIEGEL ONLINE, 15.11.2018
p. 101 © Tempelhof Projekt GmbH
p. 103 © title: *Aktuelle Modetrends für Teenager*, author: Benjamin Fickelscher, publisher: www.socko.de – Familienmagazin & Familienratgeber
p. 111 „Sind Waldorfschüler wirklich so anders?", Johannes Thanner, Lesbar 2010-2011 (D.R.)
p. 112-113 Que Du Luu, *Im Jahr des Affen* © Carlsen Verlag GmbH, Hamburg 2016
p. 125 © MitGEredet: Mit Zuversicht in Post-Bergbau-Ära
p. 125 © Deutschland gegen Ghana, "Boateng vs. Boateng"
p. 132 Uta Reimann-Höhn, Lern- und Erziehungsexpertin. (D.R.)
p. 133 Susanne Rohfling, 10.03.18. (D.R.)
p. 134 © Prinz, Claudia: *Die XI. Olympischen Sommerspiele in Berlin 1936*. In: Lebendiges Museum Online (LeMO), Deutsches Historisches Museum, Berlin, 25.5.2001, https://www.dhm.de/lemo/kapitel/ns-regime/innenpolitik/olympische-sommerspiele-1936.html
p. 145 © www.kinoamolympiasee.de
p. 156 www.schooljam.de (D.R.)
p. 167 *„Führerschein? Unnötig!"*, SPIEGEL ONLINE, Christian Engel, 21.07.2015. (D.R.)
p. 169 *„Wir brauchen weniger Autos in der Stadt"*, Deutschlandfunk, 28.02.2018. (D.R.)
p. 176 © Biovision Stiftung für ökologische Entwicklung http://www.clever-konsumieren.ch/infos-tipps/einkaufstipps/
p. 189 *„Die neue Lust an Tradition"* FOCUS-SCHULE Nr. 5 (2012) © FOCUS Online 1996-2018
p. 200 Anne Frank, *Das Tagebuch der Anne Frank* © 2002, S. Fisher Verlag GmbH, Germany
p. 208-219 © avant-verlag, 2018

Nous avons cherché en vain les éditeurs et les ayants droits de certains textes reproduits dans ce manuel. Leurs droits sont réservés aux Éditions Bordas (D.R.).

N° éditeur 10257441 imprimé en Italie par Rotolito S.p.A. - Août 2019